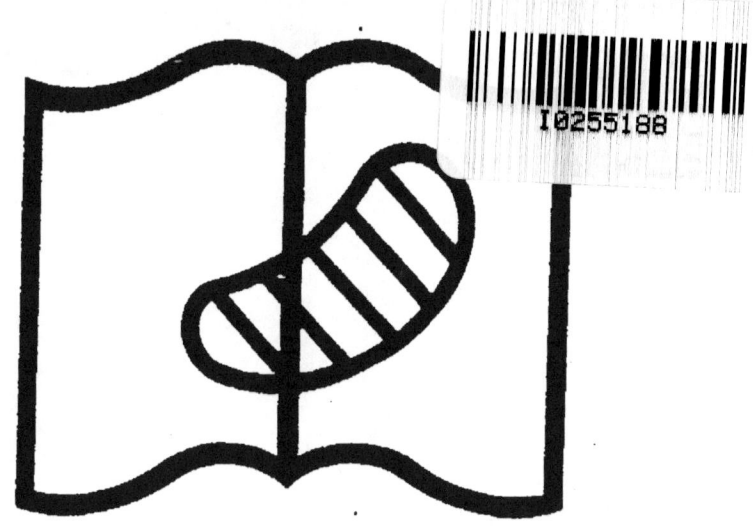

Original illisible
NF Z 43-120-10

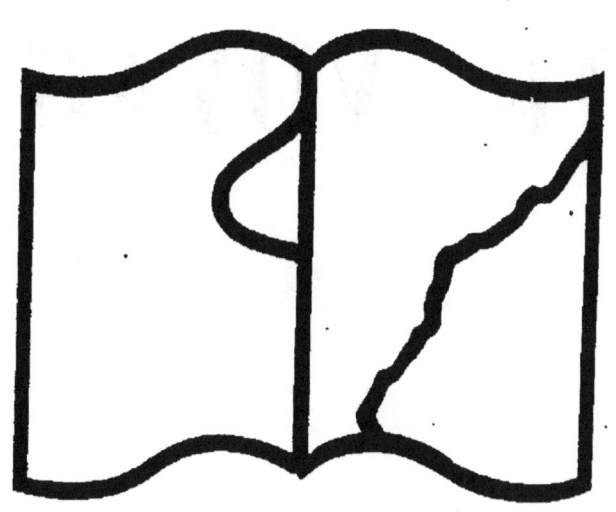

Texte détérioré — reliure défectueuse
NF Z 43-120-11

"VALABLE POUR TOUT OU PARTIE DU DOCUMENT REPRODUIT".

NOUVEAUX SOUVENIRS

DE VOYAGE

DE L'IMPRIMERIE DE CRAPELET
RUE DE VAUGIRARD, 9

NOUVEAUX SOUVENIRS

DE VOYAGE

Par X. MARMIER

—

FRANCHE-COMTÉ

—

PARIS

CHARPENTIER, LIBRAIRE-ÉDITEUR

17, RUE DE LILLE

1845

> The country wins me still
> I never framed a wish, or formed a plan,
> That flatter'd me with hopes of earthly bliss,
> But there I laid the scene. There early stray'd
> My fancy, ere yet liberty of choice
> Had found me, or the hope of being free
> My very dreams were rural; rural too
> The first-born efforts of my youthful muse.
>
> COWPER. *The Task.*

La campagne m'attire sans cesse. Jamais je n'ai formé un vœu, jamais je ne me suis fait un plan qui me séduisit par l'espoir d'un bonheur terrestre sans le placer dans les champs. C'est là que mon enfance suivit sa vive allure, avant que j'eusse trouvé une liberté de choix, ou l'espérance d'être libre. Mes premiers rêves ont été des rêves champêtres, et les premiers élans et les premiers efforts de ma jeune muse.

AVANT-PROPOS.

On a voulu dans ce simple livre, essayer de faire connaître, par quelques descriptions locales, par quelques scènes champêtres, une partie d'une des plus admirables provinces de France. Assez d'écrivains s'appliqueront dans leurs veilles laborieuses à retracer les pages épiques de l'histoire humaine et les drames du grand monde. Nous suivons d'un regard sympathique leurs efforts, et nous applaudissons avec joie à leurs succès. Puissent-ils aussi prendre quelque intérêt à ces humbles tableaux d'une nature trop méconnue, d'une population trop ignorée! Les rois, les dieux s'en vont, a dit un poëte; les provinces s'en vont aussi. Les provinces! c'est-à-dire les bons et naïfs usages, les coutumes rustiques, les pieuses mœurs d'autrefois. Déjà, dans la zone qui s'étend à une longue distance autour de Paris, on n'aperçoit plus qu'une plate et morne imitation des enjolivements et de l'esprit de la capitale : cafés et divans, boutiques d'épiceries et comptoirs de marchands de vins, maisons en plâtre et habits légers, journaux et romans, églises désertes et pavés d'estaminets bien remplis, voilà ce qui frappe les regards du voyageur dans maint département où l'on parle beaucoup de la loi du progrès. Pour retrouver quelque chose qui ressemble à ces bonnes, saines coutumes du temps passé, que nous connaissons par quelque livre naïf, si nous n'avons eu le bonheur de les observer nous-mêmes, il faut aller jusqu'aux frontières de la France, là où l'atmosphère de Paris n'a point encore exercé toute son action, là où l'on n'attend pas chaque matin, ou chaque soir, par le chemin de fer, ou par la malle-poste, le cours de la Bourse et le *Journal des modes*. Les provinces s'en vont, et quelle que soit la puissance de ceux qui voudraient leur conserver leur pur et mâle caractère d'autrefois, ils n'arrêteront point ce char qui est sur la pente, cette eau qui coule vers l'océan de l'industrie moderne, cette population qui marche par les canaux, par les grandes routes, en criant : Paris ! Paris ! comme au temps des croisades les pieux soldats du Christ criaient : Jérusalem ! Jérusalem ! Ce que l'avenir réserve à un tel mouvement, nous ne le savons, et les journalistes qui, chaque jour, poussent l'ardente locomotive de ce wagon, et les députés qui l'escortent, et les ministres qui croient le conduire n'en savent pas plus que nous.

Dans un tel état de choses, c'est un devoir pour tout homme qui aime sa vieille province d'en dire la beauté, d'en dépeindre les monuments et les mœurs primitifs.

On lit aujourd'hui avec un intérêt extrême le journal de voyage d'un étranger, *Arthur Young*, qui a fait le tableau de la France telle qu'il l'avait vue il y a seulement un demi-siècle, tant ce pays de France a, dans l'espace d'un demi-siècle, changé de face. Dans quelque vingtaine d'années, ne sera-t-on pas aussi surpris de lire tout ce qu'une jeune pléiade nous raconte aujourd'hui de la Bretagne; les dissertations historiques de M. de Courson, les scènes de villages si vives et si dramatiques de M. E. Souvestre, les contes traditionnels de M. de la Villemarqué, et les charmants poëmes de l'auteur de *Marie?*

Quoi que l'on fasse d'ailleurs pour annihiler l'action des provinces, pour les asservir à ce dur régime de centralisation qui ne permet pas même d'abattre un arbre pourri au bord d'une route sans qu'il en soit référé à l'administration centrale, quelle que soit l'action continue de Paris et du gouvernement constitutionnel sur leur fortune et sur leur destinée, on n'effacera point leur tendre prestige dans le cœur de leurs enfants. Les hautes places de l'administration, des arts et des sciences, des lettres et de l'industrie sont occupées, à Paris, par des hommes de la province. On vient à Paris pour y développer quelque talent, pour y recevoir le prix de quelque lutte difficile; mais sous l'auréole d'or de la fortune, ou sous le laurier académique, on se souvient des rives de la douce Argos, des champs paisibles de la province natale, et l'on aspire à y retourner. C'est là qu'il est bon de naître, et c'est là qu'il est bon de mourir. La poésie est là planant sur le berceau, la sincère et consolante affection au bord de la tombe, le combat parisien au milieu. Il n'est si petit marchand de la rue Saint-Denis qui, en amassant chaque soir le pécule de son labeur, n'entrevoie comme la plus riante des perspectives le bonheur d'aller acheter quelque jour une maison et des champs dans son village, et pas un poëte qui, dans le tumulte de la grande ville, ne rêve sans cesse avec un pieux désir à sa vallée natale, à sa chère Arcadie.

Dépeindre la province à laquelle on est attaché par tant de liens puissants, c'est donc, selon nous, un devoir de conscience, un devoir de cœur, et ce devoir a été vivement senti dans les derniers temps par une foule d'écrivains dont il serait trop long de relater les noms et d'analyser les œuvres.

En livrant au public ce très-modeste volume, nous ne lui offrons qu'une faible partie de la tâche que nous nous sommes prescrite, que nous voudrions poursuivre, et que d'autres écrivains francs-comtois peuvent certainement poursuivre mieux que nous. Lorsque nous avons tenté de tracer cette rapide esquisse des paysages et des mœurs des montagnes de Franche-Comté, nous n'avons obéi qu'à une pensée de cœur; d'autres y auraient mis plus de talent; nous n'avons fait que crayonner d'une main inhabile les scènes de la vie rustique; d'autres y auraient joint les souvenirs de l'histoire et les trésors de l'érudition.

Un de mes désirs littéraires les plus chers est de pouvoir faire quelque jour un tableau complet de cette province de Franche-Comté, de relater ses anciens souvenirs, de la représenter en entier sous ses différentes faces, au point de vue matériel et religieux, industriel et pittoresque, et je dois reconnaître d'abord que cette tentative, à laquelle j'apporte, à défaut d'autres moyens de succès, un profond sentiment d'affection, m'a déjà été considérablement facilitée par de nombreux travaux, par les excellents livres des Gollut, des Chiflet, des Dunod. Dans les derniers temps, l'histoire de Pontarlier, inscrite sur plusieurs monuments, fixée çà et là dans plusieurs chroniques, et chantée dans les chants populaires de la Suisse[1], a été racontée en grande partie par M. le conseiller Droz, par M. le professeur Bourgon; elle se continue aujourd'hui par le zèle intelligent et laborieux de M. Victor

---

[1] *Eidgenœssische Lieder Chronik*, p. 127.

Loiseau, qui, dans ses recherches patientes, a amassé une foule de chartes curieuses sur nos vieux villages et nos vieilles abbayes. L'histoire de Montbenoit et du Val de Morteau a inspiré plusieurs belles pages à MM. Vuillemin, qui joignent au poétique élan de la jeunesse un sage désir d'érudition. L'illustre Jouffroy avait entrepris de retracer les annales de Mouthe, ce charmant village des montagnes fondé par un descendant de Charlemagne. La mort fatale l'a empêché d'achever cette œuvre d'un pieux patriotisme, mais un jeune écrivain, M. Gustave Colin, a déjà repris le même thème, et un digne prêtre, M. Nicod, élabore la même question.

A Besançon, l'Académie poursuit avec un zèle et une sagacité qu'on ne saurait trop louer, la publication des *Mémoires inédits* relatifs à l'histoire de la Franche-Comté, entreprise à l'instigation de M. Jouffroy. La même Académie a mis au concours plusieurs points importants de cette histoire, et a eu le bonheur de les voir traités explicitement. M. Ed. Clerc consacre à cette belle et vaste étude tous les loisirs que lui laissent ses graves fonctions judiciaires. Un autre magistrat de la même ville, M. Bourgon, président à la Cour royale, rend un autre service à la littérature, aux sciences de notre province, en recueillant tous les ouvrages des Francs-Comtois. Pour former cette précieuse collection, il n'a reculé devant aucun sacrifice de temps ni d'argent, et, grâce à ses généreux efforts, sa bibliothèque franc-comtoise se compose déjà de plus de dix mille volumes. Ajouter que le savant Weiss est à Besançon, c'est dire tout ce qu'on peut attendre de cette ville dans tout ce qui tient aux conceptions sérieuses, aux travaux intellectuels.

Dans la Haute-Saône, dans le Jura, je vois éclater ce même dévouement aux illustrations francs-comtoises, je trouve là de nombreuses et intéressantes études parmi lesquelles j'aime à citer les *Recherches sur Salins*, de M. Béchet, le *Dictionnaire biographique*, les *Traditions populaires*, de M. D. Monnier, la *Statistique générale*, de M. Pyot, la *Statistique de l'arrondissement de Dôle*, publiée par M. Armand Marquiset; l'*Histoire de Gigny*, par M. B. Gaspard, et plusieurs Mémoires de la Société d'émulation de Lons-le-Saunier, où l'on remarque l'infatigable activité de M. Piard.

En énumérant ainsi tout ce qui se fait en Franche-Comté, dans l'intérêt historique et littéraire de cette noble province, je montre par ce petit livre combien j'ai peu fait moi-même. Mais, comme je m'associe déjà de cœur à la pensée de mes compatriotes, j'espère, si ce n'est pas trop de présomption, m'associer quelque jour plus efficacement à leurs travaux.

Plusieurs des chapitres qui composent ce volume ont déjà paru dans différents recueils, auxquels me lient d'anciennes amitiés : dans le *Magasin pittoresque*, la *Revue de Paris*, le *Moniteur*, et dans quelques journaux de Franche-Comté. Je les réunis, avec une pensée de tendresse et de douleur, pour les consacrer comme une couronne de deuil à la mémoire d'une femme bénie, que l'amour m'avait donnée au sein de mes belles montagnes, que la mort m'a enlevée dans la funeste atmophère de Paris.

Deux de ces chapitres : *le Mythe de la cigale et le Voyageur*, appartiennent à mon jeune frère. La même pensée qui me guidait en écrivant ce livre l'a porté à joindre son travail au mien. Mon devoir

est d'indiquer les pages qu'il a écrites;
le lecteur les aurait, je l'espère, distinguées facilement entre les miennes à leur parfum de jeunesse, à leur douce fraîcheur.

SOUVENIRS
DE FRANCHE-COMTÉ

SOUVENIRS

DE

FRANCHE-COMTÉ.

BESANÇON.

Voici, parmi nos vieilles villes de France, l'une des villes les plus nobles et les plus curieuses qui existent, ville de guerre et d'étude, rempart de granit aux limites du royaume, et pépinière de savants. Fière de son antique origine, plus fière encore de l'énergie qui l'a soutenue dans les plus orageuses catastrophes, de l'ascendant qu'elle a su garder dans toutes les révolutions, du mouvement qui l'anime, du travail intelligent qui fait sa richesse, elle porte dans ses armoiries le symbole de son histoire : un aigle à deux têtes qui regarde à la fois le passé et l'avenir; deux colonnes, signe de sa force, avec cette pieuse devise, signe de son espoir et de ses vœux chrétiens : *Plût à Dieu!*

Pour l'artiste et le poëte, c'est un admirable point de vue ; pour l'historien et l'archéologue, c'est une mine inépuisable de monuments précieux. Pendant un espace de dix-huit siècles, ce sol a été traversé, occupé par les tribus guerrières du Nord et du Sud, par des peuplades sur lesquelles les érudits ne nous donnent que d'incomplètes notions, et chaque peuplade, en passant là, a laissé sur sa route quelque vestige de ses mœurs et de sa religion. De même que le géologue, en sondant les différentes couches des montagnes, constate les révolutions du globe, de même l'archéologue, en fouillant cette terre franc-comtoise, peut établir par des témoignages palpables la succession des différentes races, des différents âges indiqués seulement dans nos anciennes annales. Là sont les restes très-mutilés, il est vrai, mais assez apparents encore, des anciennes divinités celtiques : les *dolmens*, pareils à ceux de la Bretagne ; les tombeaux remplis, comme les *tumulus* scandinaves, d'armes grossières et d'ornements en bronze ; puis les traces visibles d'une colonie égyptienne, puis les camps romains, les restes d'amphithéâtre, les médailles des empereurs, les statues gigantesques des idoles implantées dans la contrée gauloise par la reine du monde, les déesses-maires, protectrices des champs et des jardins, portant sur leurs têtes deux rameaux d'arbre, et entre leurs mains la corne d'abondance, les fruits de la vie rustique; puis enfin, à une époque plus récente, les monnaies frappées à Besançon, et les innombrables constructions du moyen âge. C'est toute une histoire lointaine, variée, écrite en caractères ineffaçables sur la pierre et sur l'airain, et léguée par des milliers de générations à la perspicacité de la science moderne.

On dit que cette histoire de la Séquanie, dont Besançon est la capitale, se perd dans la nuit des temps. C'est une prétention que l'on retrouve chez un grand nombre de peuples, et dont Zimmermann a fort spirituellement fait la critique dans son *Traité de l'orgueil national*. Mais qu'importe? Notre bon et naïf chroniqueur Gollut dit que la Séquanie fut peuplée par un fils de Japhet. Dunod prétend que le nom de Séquanais vient d'Ascanis, petit-fils de Noé. Le savant Chifflet raconte que la ville de Besançon fut construite par une colonie de Troyens, et Godefroy de Viterbe, qui vivait au XII° siècle, parle d'un roi Sequinus qui régnait à Besançon vers l'an 364 de Rome, et dont Brennus épousa la fille. Que ces assertions soient autant de fables ingénieuses, c'est ce que nous n'essaierons pas de nier; mais qu'importe encore? il nous est doux de penser que nos ancêtres ont tenu entre leurs mains les destinées de Rome, et qu'avant de subir son joug ils avaient jeté leur glaive de fer dans sa balance.

Trois siècles s'écoulent, et des hypothèses plus ou moins spécieuses nous passons à la réalité. Les Séquanais, menacés dans leur indépendance par Arioviste, l'audacieux chef d'une armée germanique, appellent à leur secours les Romains. César commande lui-même les troupes belliqueuses dont ils ont imprudemment invoqué l'appui, et l'une des premières pages certaines de notre histoire se trouve dans les Commentaires de César. Lui-même a décrit en termes si nets et si précis la position de Besançon qu'à dix-huit siècles de distance son récit est encore d'une rigoureuse exactitude. « Cette ville, dit-il, offre de grands avantages pour soutenir la guerre. Le Doubs l'enlace dans son large cercle. La partie du sol qu'il ne saisit point, et qui n'a pas plus de six cents pieds, est une haute montagne dont la base touche de deux côtés aux bords de la rivière. Une enceinte de murs fait de cette montagne une citadelle et la réunit à la ville. »

César fut reçu comme allié dans cette vieille Vesontio[1] et en devint le maître, mais un maître habile et indulgent. Il lui conserva la suprématie

---

[1] Les étymologistes ont donné à ce mot de *Vesontio* diverses explications qui nous semblent fort problématiques, mais qui du moins sont très-honorables. Selon les uns, *Vesontio* vient de *vestuny*,

qu'elle avait eue jusqu'alors sur les autres cités de la Séquanie. Elle devint l'une des *municipes* d'Auguste; elle eut son sénat, ses décemvirs, ses décurions; c'était là que résidaient les lieutenants romains, et c'était là que se réunissaient les assemblées de la province. Cette supériorité provinciale, Besançon l'a sans cesse accrue; cette liberté de commune, elle l'a gardée fièrement jusqu'à l'époque où elle fut vaincue par les armes de Louis XIV. C'est sous ce rapport une histoire remarquable dans l'histoire des villes de France, une histoire à laquelle nous ne pouvons comparer que celle de Strasbourg.

Cependant elle eut, dans ses premiers temps de grandeur, de terribles épreuves à subir, de rudes orages à traverser. Dévastée au IVe siècle par les Allemands, elle était encore dans la désolation quand l'empereur Julien y passa en 356. Mais la douloureuse description que Julien en a faite atteste l'état de splendeur où elle se trouvait précédemment. « Besançon, dit-il, n'est plus qu'une ville en ruines; mais elle était autrefois large et superbe, ornée de temples splendides, fortifiée par de bonnes murailles et par sa position. Au milieu des contours du Doubs, elle apparaît comme un rocher inaccessible aux oiseaux mêmes. »

forteresse; selon d'autres, des mots celtiques *wys-sunt-in*, qui signifient : lieu sain sur une rivière, dont les habitants sont pleins de valeur.

Au IIe siècle, deux nobles apôtres de l'Évangile, deux frères nés sous le beau ciel d'Athènes, étaient venus prêcher au milieu de la peuplade druidique les tendres lois du christianisme; tous deux moururent victimes de leur zèle; ils furent décapités au pied d'une idole en bronze qui portait une verge de fer, la verge de fer de la barbarie; mais leur sang fit germer dans le sol la douce plante qu'ils apportaient des rives de la Grèce, et cinquante ans après leur long apostolat, il y avait déjà tant de chrétiens à Besançon que Dioclétien se crut obligé de rendre un édit contre eux.

Voilà donc, dès le commencement de nos annales, les traces indubitables de la forte tribu des Celtes, les vestiges d'une colonie égyptienne, plusieurs batailles héroïques contre les Allemands, le christianisme enseigné par la Grèce, les premières pages de notre histoire écrites par César et par Julien, c'est-à-dire le monde entier en contact avec cette ville des rives du Doubs. Continuons; il n'y aura bientôt plus un seul peuple, plus un grand nom du moyen âge dont l'histoire ne se rattache à celle de cette antique cité, réduite, par les institutions constitutionnelles, à l'état de simple chef-lieu de département.

Au IIIe siècle, c'est là, dit-on, que Constantin aperçut son merveilleux labarum avec ses lettres de feu : *In hoc signo vinces*. Au ve, la ville repousse l'assaut des Alains et des Vandales, et succombe à la farouche invasion des Bourguignons. Un demi-siècle après, Attila la traverse sur son cheval au pied brûlant. Mais l'herbe, qui ne devait point renaître sur le sol où passait ce roi de la tempête, reverdit encore autour des murs de Besançon, et les maisons qu'il a détruites dans sa course impétueuse se relèvent sur leurs ruines. A peine a-t-elle réparé ces désastres du *fléau de Dieu*, que voici venir des régions méridionales les hordes de Sarrasins qui la brûlent et la saccagent; et pour que nulle nation ne manque à ce champ de bataille de l'Europe sauvage, au xe siècle, les Hongrois l'envahirent encore et la réduisirent en cendres.

Dans l'intervalle, la noble cité des Celtes, la capitale séquanaise des Césars, s'est reposée sous la puissante égide de Charlemagne qui l'avait prise en affection, et qui en mourant lui lègue d'une main amicale une table d'or et une table d'argent. Louis le Débonnaire lui continue les témoignages de distinction que lui a donnés son noble père, et Charles le Chauve la dote d'un hôtel de monnaies.

Assujettie à la domination sévère des comtes de Bourgogne, puis réunie à l'empire germanique, elle devient, au xiie siècle, ville libre et impériale; elle reprend ses anciennes franchises et son gouvernement communal. En 1157, elle est le siége temporaire d'une cour plénière, et quelle cour! toute l'élite de la noblesse d'Europe, toute une armée de pages, de chevaliers, de comtes, et, en tête de ce magnifique cortége, le vaillant prince de Souabe, dont les traditions d'Allemagne ont immortalisé la mémoire, le héros germanique de la troisième croisade, l'empereur Frédéric Barberousse, qui n'est point mort, comme le disent les impitoyables historiens, sur les rives du Cydnus, mais qui repose, la tête appuyée sur ses mains, dans les grottes du Kyffhauser, et attend que sa barbe blanche fasse le tour de la table de marbre devant laquelle il est assis pour sortir de sa profonde retraite, et commencer, dans son vieil empire, une nouvelle ère de gloire et de liberté.

A partir de cette époque jusqu'aux mémorables événements du XVIIe siècle, l'histoire de Besançon est encore curieuse à étudier; mais il faudrait de longues pages pour la suivre dans tous ses détails, et un jeune conseiller à la cour royale, M. Ed. Clerc, a entrepris cette tâche laborieuse avec un zèle et un talent dont nous pouvons sans crainte attendre les plus heureux résultats. La ville grandit d'année en année par son industrie; la science et les écoles s'y développent à côté du commerce. Quelques luttes des bourgeois contre les archevêques, quelques désastres accidentels, maladies épidémiques, incendies, inondations, n'y jettent qu'un désordre temporaire. En l'an 1362, les Anglais, égarés par leur ambition, essaient de l'envahir et sont cruellement repoussés par Jean de Vienne et la brave noblesse franc-comtoise. Il n'était point encore question de l'entente cordiale. En 1530, Charles-Quint confirme tous les priviléges de la vieille cité, et ajoute un nouvel emblème aux armoiries dont elle pare déjà ses monuments.

En 1654, l'empereur d'Allemagne cède la ville de Besançon au roi d'Espagne, en échange de Frankendal. L'échange est ratifié, le 17 mai de la même année, à la diète de Ratisbonne; mais la vieille ville libre et impériale n'entend point qu'on dispose ainsi d'elle comme d'un fief; elle veut conserver ses droits et son indépendance. En vain Léopold Ier écrit aux magistrats pour les requérir avec clémence, et leur ordonner avec douceur (ce sont les termes de sa lettre) de reconnaître pour leur prince souverain et seigneur immédiat le Roi Catholique[1]; en vain le roi d'Espagne délègue des commissaires pour prendre possession de la ville, les magistrats protestent énergiquement contre cette violation de leur charte. Ils envoient à Madrid des députés chargés de prouver l'indépendance de

---

[1] Extrait de l'histoire de Besançon, par le P. Prost, de la compagnie de Jésus, publiée en partie par la *Revue franc-comtoise*.

Besançon, et ils devaient le prouver, dit le respectable écrivain auquel nous empruntons ce passage, 1° par les témoignages de plusieurs historiens, comme Medula, Paradin, Ortésius, Bouin, Gaspardon, et surtout de Chenancas, qui assurent que Besançon ne s'agrégera à l'empire d'Allemagne qu'à la condition de demeurer dans son entière liberté ; 2° par la déclaration authentique d'un grand nombre d'empereurs ; 3° par un usage continuel de l'autorité supérieure depuis sa fondation; par le pouvoir de faire des lois et des constitutions, de prononcer définitivement sur le civil et le criminel, de condamner à mort et de faire grâce, de battre monnaie d'or et d'argent et de tout autre aloi, avec cette inscription : *Vesontio civitas imperialis libera*; de faire prêter serment à ses archevêques avant leur entrée en possession ; d'avoir sous sa juridiction la justice de la régale, de la vicomté et de la mairie, desquelles on pourrait appeler au jugement souverain des magistrats; d'avoir la préséance sur les commis même impériaux, de ne reconnaître aucun vicaire de l'Empire ; d'avoir le souverain usage de l'épée, d'armer et de désarmer pour et contre qui bon lui semblerait; enfin par une infinité d'autres actes possessifs qui marquent une juridiction libre de politique et souveraine.

Le cabinet de Madrid, après mainte et mainte

délibération, finit par accéder à ces honnêtes remontrances. Les droits de la cité furent maintenus, et sa juridiction augmentée de cent villages. Le roi d'Espagne se réserva seulement le droit de nommer cinq sénateurs qui revisaient les sentences des juges municipaux.

Mais cette convention ne fut pas de longue durée. En 1664, le marquis de Castel Rodriga arrivait à Besançon au nom du roi d'Espagne. Quatre ans après, Louis XIV faisait la conquête de la Franche-Comté. Forcé de la rendre au traité d'Aix-la-Chapelle, il la reprenait de nouveau en 1674, et le 22 mai de la même année, il faisait son entrée solennelle dans l'antique cité romaine.

Dès cette époque, commence pour Besançon une nouvelle ère historique, trop connue pour qu'il soit besoin de la relater en détail, mais dont il importe cependant de signaler les principaux faits.

Depuis la fin du XIIIe siècle, la ville libre et impériale de Besançon possédait une forme d'administration parfaitement démocratique à laquelle, pendant cet énorme cours de quatre cents années, il n'avait été apporté que de très-légères modifications. La cité se divisait en sept quartiers représentés par sept bannières. Au jour de la Saint-Jean, à ce jour solennel du solstice d'été, les habitants des sept quartiers se réunissaient pour faire leur élection. Chaque citoyen avait son droit de suffrage, chaque bannière choisissait quatre notables; les vingt-huit notables élisaient quatorze magistrats qui prenaient le titre de gouverneurs, administraient la ville pendant un an, et ne pouvaient être réélus qu'après un intervalle d'un an au moins. Les vingt-huit élus du peuple, c'est-à-dire les notables, formaient le conseil d'administration, et leurs fonctions ne devaient aussi durer qu'un an. Dans les circonstances importantes on pouvait cependant convoquer ceux dont le pouvoir était déjà expiré. Ces grandes réunions étaient annoncées plusieurs jours d'avance, et l'on faisait connaître à tous en même temps les questions sur lesquelles l'assemblée aurait à délibérer. Les décisions prises par elle étaient considérées comme l'expression des vœux de la ville entière, et l'on disait: *Le peuple a été convoqué, le peuple a décidé.* C'était bien, en effet, le vote du peuple, autant qu'il est possible de le concevoir dans la plus large extension du mot. C'était l'élection au troisième degré, descendant jusqu'aux derniers rangs de la bourgeoisie, tout ce que demandent aujourd'hui les démocrates les plus intrépides. Les gouverneurs alliaient à leur charge administrative les sentences judiciaires; mais ils ne pouvaient instruire les causes criminelles qu'en s'adjoignant les vingt-huit notables, les premiers élus de la cité.

Un fait suffira pour prouver jusqu'à quel point les magistrats de Besançon portaient le sentiment d'honneur et de liberté de leur cité. En l'année 1673, pendant une absence de don Francisco Gonzalvès d'Alveda, gouverneur de la Franche-Comté, l'autorité espagnole fait arrêter et conduire à la citadelle, sans en demander la permission aux chefs de la ville, un nommé Clément, accusé de haute trahison. A l'instant même, réclamation énergique des magistrats contre cette violation des droits de la cité; réponse évasive de M. d'Alveda, nouvelle requête des magistrats, refus positif du seigneur espagnol. Alors, sans autre forme de procès, le gouvernement de Besançon fait saisir par une de ses compagnies et incarcérer dans les prisons de l'hôtel de ville l'adjudant du régiment de Soye, qui avait conduit Clément à la citadelle. L'arrêt exécuté, on se met en état de défense contre la garnison, on sonne le tocsin, on tend les chaînes dans les rues, et le peuple prend les armes. M. d'Alveda s'humilia et rendit le prisonnier.

Après la seconde conquête de la Franche-Comté, toute cette fière indépendance s'anéantit avec le pouvoir absolu d'une royauté nouvelle. Louis XIV raya d'un trait de plume la constitution démagogique de Besançon, et remplaça l'assemblée des notables et l'assemblée des gouverneurs par un bailliage investi des fonctions judiciaires, et par un corps de magistrats.

Mais en dépouillant la capitale de la Séquanie de ses anciens priviléges, il s'occupa du moins de ses intérêts matériels et fit refleurir dans ses murs la science et le commerce. En 1676, il y transféra le parlement de Dôle, établi par les premiers comtes de Bourgogne; en 1691, il y transféra encore l'université de Dôle, fondée par Philippe le Bon, université déjà célèbre au xvie siècle, et qui l'est devenue plus encore par les savants professeurs qui y ont été attachés, et les brillants élèves qui en sont sortis. Les anciennes murailles furent abattues et remplacées par de magnifiques remparts ; les rives du Doubs furent bordées de deux larges quais, et sur la montagne que César indiquait comme un excellent point de défense, on vit s'élever, sous la direction de Vauban, une citadelle de premier ordre.

En 1790, Besançon perdit son titre de capitale de Franche-Comté pour devenir tout simplement chef-lieu du département du Doubs. Les orages de la révolution éclatent, et Besançon les traverse dignement. On n'a point vu dans cette ville, au temps de la plus grande effervescence populaire, les épouvantables drames de Paris, de Nantes, de Lyon, les cruelles réactions de la Vendée et du Midi. Les nobles traditions d'idées libres qui animaient cette antique cité semblaient éloigner de son sein les horribles égarements qui traînaient dans la fange et plongeaient dans le sang l'image auguste de la liberté.

Fidèle à la mission qui lui était confiée, elle soutint héroïquement, en 1814, l'attaque des Autrichiens, et le prince de Lichtenstein, à la tête d'une armée nombreuse, essaya en vain d'envahir ses murs et de conquérir sa citadelle.

Dépouillée de son titre officiel de capitale de la province, elle n'en est pas moins encore la première ville de cette belle et vaste province, par ses attributions judiciaires, par son importance militaire, commerciale et scientifique. C'est le siége d'un des plus anciens archevêchés de France, d'une cour royale, d'une lieutenance générale, d'une académie qui s'est signalée par d'intéressants travaux, d'une faculté des lettres et des sciences.

Sa citadelle, soutenue maintenant par les nouvelles constructions de Bregille et de Chaudanne, fait de cette ville l'un des boulevards les plus formidables du royaume, et l'une des premières places de guerre de l'Europe.

Sa position sur les limites de la Suisse, entre l'Alsace, la Bourgogne et la route du Midi; le canal du Rhin au Rhône, qui traverse ses murs, lui donnent un très-grand mouvement industriel et commercial [1].

La loi de 1842 sur les chemins de fer lui ouvre une nouvelle perspective. Un de nos plus habiles ingénieurs, M. Parandier, a tracé le plan d'un embranchement qui réunirait Besançon à l'Océan par Dijon et Paris; à l'Allemagne, par l'Alsace; à la Méditerranée, par Lyon; et le conseil général du département du Doubs a voté une somme de 1 500 000 fr. pour concourir à l'exécution de ce magnifique projet.

Besançon compte aujourd'hui, y compris sa population flottante, environ quarante mille habitants. Ses rues sont larges et élégantes, ses maisons bâties, pour la plupart, en pierres de taille. Çà et là s'élèvent des monuments anciens et modernes qui méritent d'attirer l'attention des voyageurs. Je citerai entre autres la porte Noire, arc de triomphe de l'époque romaine, couvert, du haut en bas, d'images païennes et de riches ornements; le palais Granvelle, vaste et imposant édifice à trois étages, construit par l'illustre ministre de Charles-Quint; et la bibliothèque, bâtie dans les premières années de la restauration. Un homme a fait de cette bibliothèque l'un des plus précieux trésors littéraires de la France:

---

[1] Il passe environ 4 000 bateaux par an à Besançon, et les droits de la navigation s'élèvent là, chaque année, à environ 300 000 fr.

on y compte à présent quatre-vingt mille volumes de choix et neuf cents manuscrits. Toute la vie de cet homme dévoué a été employée à une œuvre de science et de patriotisme. L'Europe entière le connaît par ses écrits, les érudits l'ont maintes fois pris pour guide dans leurs recherches, les bibliographes ont sans cesse recouru à ses travaux lumineux. Mais, de tous les succès qu'il a obtenus par son savoir, il n'en est pas un qui vaille pour lui le bonheur d'avoir été utile à sa ville natale et aux enfants de son pays; et, de tous les noms de Francs-Comtois illustres dont cette province s'honore, il n'en est pas un qu'elle doive entourer de plus de respect et conserver avec plus d'amour que ce noble nom de Charles Weiss.

J'ai essayé de raconter les diverses phases historiques de Besançon, et je n'ai point dit encore combien cette ville est belle avec les hautes montagnes qui la dominent, la rivière qui l'enlace, et les charmantes prairies qui se déroulent le long de cette rivière. En hiver, quand tous les champs sont couverts de neige; quand, au déclin du jour, on voit se dessiner sous un ciel sombre ces pics de rochers et ces remparts de la citadelle, qui semblent flotter dans les nuages, ah! c'est un aspect imposant et triste comme une ballade de deuil des régions du Nord, idéal et terrible comme une vision d'Ossian. En été, c'est le tableau le plus riant, le plus varié, le plus pittoresque. Les collines sont revêtues de vignes ou de forêts, et coupées de distance en distance par des vallons étroits, paisibles, parsemés de jardins et d'habitations champêtres voilées comme des nids d'oiseaux par des rameaux d'arbres fruitiers. Des sentiers bordés de fleurs serpentent à travers ces mystérieuses prairies, entre le ruisseau limpide et la haie odorante d'aubépine. Heureux le temps où l'on s'en va, le long de ces sentiers, avec un livre en main, qu'on voulait lire, et qu'on oublie pour ce charmant livre de Dieu! Heureux les rêves que l'on fait là, au premier âge de la vie, dans l'adorable prestige des premières croyances, seul avec les bois, les fleurs, la source argentine qui se plaint doucement comme une âme de poëte, et les oiseaux qui, dans leurs vives chansons, semblent gazouiller toutes les joyeuses pensées que l'on a dans le cœur! Il y a là, dans les paysages que l'on contemple, dans l'air que l'on respire, je ne sais quelle influence balsamique, quel indéfinissable sentiment de calme et de bonheur qui saisit à la fois les sens et l'imagination.

Au fond d'une de ces attrayantes vallées qui entourent les montagnes de Besançon, s'élève une enceinte de rocs : on l'appelle le *Bout-du-Monde*. D'un côté, on n'aperçoit que le clocher du joli village de Beurre, quelques maisons de vignerons ombragées par les feuilles de l'abricotier, un verger où les arbres plient sous le poids de leur précieux fardeau. De l'autre côté, on ne voit que la muraille rocailleuse qui enclôt la vallée et borne l'horizon. La ville est près de là, et l'on s'en croirait très-éloigné, car on n'entend plus d'autre bruit que celui du vent qui agite les branches mobiles des saules, et du ruisseau qui s'échappe des flancs de la colline. C'est vraiment le bout du monde ; et que de fois je me suis dit qu'il serait doux d'avoir, pour y abriter le reste de sa vie, un enclos et une maison à ce bout du monde !

LES MONTAGNES DU DOUBS.

Il en est de certains pays comme de certains livres qui, jetés dans le monde avec toutes les conditions possibles de succès, restent oubliés ou méconnus, jusqu'à ce qu'un heureux hasard, une justice tardive les arrache à leur obscurité. *Habent sua fata libelli*, disaient les anciens, et cet axiome tout littéraire peut être appliqué aux plus belles choses de ce monde. Que de cités pittoresques, que de contrées charmantes qui, après avoir été pendant un long espace de temps honorées à peine d'une brève mention dans les nomenclatures géographiques, ont tout à coup acquis l'éclat de la célébrité! Un peintre y a porté ses pinceaux, un poëte les a chantées dans ses vers, un romancier y a placé quelque scène d'amour, et la curiosité s'éveille, et les touristes se mettent en route pour voir ces lieux naguère encore si ignorés. Jamais les montagnes d'Écosse n'eussent été parcourues par tant de voyageurs sans la rapide illustration que leur ont donnée les livres de Walter Scott, ni les vallées du pays de Bade et les bords du Rhin, sans les capricieuses fantaisies de la mode.

Mais tandis que pour suivre les traces d'un homme de génie, ou pour obéir à une fantaisie de salon, nous nous en allons ainsi chercher au loin de nouveaux points de vue et de nouvelles scènes de mœurs, nous oublions qu'il y a près de nous, sur notre sol natal, dans le pays que nous devons avant tout autre connaître et aimer, les points de vue les plus variés, les mœurs les plus curieuses et les traditions les plus attrayantes. J'en appelle à tous ceux qui, après avoir visité au gré d'un entraînement poétique, soit les plages mélancoliques du Nord, soit les chaudes contrées du Midi, sont revenus voir notre terre de France; il n'en est pas un qui, à certain jour, en certain lieu, ne se soit écrié : Non, il n'y a pas un plus beau pays que celui-ci.

Dans ce beau pays, il est une province dont on n'oublie point, une fois qu'on l'a vue, la douce et noble image. Ceux qui ont été bercés dans le parfum de ses vallons, ceux qui ont respiré l'air pur de ses montagnes, emportent à jamais au fond de leur cœur l'amour de sa grâce et de sa majesté. Son nom seul les émeut, son souvenir les suit jusque dans les régions les plus reculées; l'agreste harmonie de ses bois, la plaintive musique de ses pâturages, résonnent au loin à leur oreille, et le long de leur route il suffit d'un paysage semblable aux paysages qu'ils ont aimés, d'une mélodie champêtre qui leur rappelle les mélodies de leurs collines, pour éveiller dans leur âme le sentiment de nostalgie que les Suisses éprouvent en entendant le ranz des vaches, la vague et douce tristesse que les Suédois expriment si bien par ce mot intraduisible de *langtan*. Les plus heureux n'ont point quitté cette terre bienfaisante ; les autres, après l'avoir follement abandonnée pour s'en aller ailleurs accomplir un vain rêve d'ambition, y reviennent comme l'oiseau à son nid, comme le malade à l'air salubre qui le guérit. L'ancien nom de cette province est *Séquanie*, son nom moderne *Franche-Comté* : cette vieille terre de Celtes, couverte jadis d'impénétrables forêts, soumise, mais non vaincue par la puissance des Romains, a été alliée librement et fièrement au noble duché de Bourgogne, puis à l'Espagne, puis enfin à la France ; elle est aujourd'hui l'une des premières provinces de la France par l'industrie et par l'intelligence. Si elle a eu des maîtres, ce n'étaient que des maîtres forts et redoutables : le glaive de fer de Brennus, le génie victorieux de Jules César, le courage indompté de Charles le Téméraire, la puissance de Charles-Quint, la grandeur de Louis XIV ; et de toutes ces dominations il ne lui est resté que des traces glorieuses ou salutaires. Les Celtes l'ont revêtue d'une cuirasse de bronze, les Romains ont fendu ses rocs et ouvert aux routes de l'Italie ses montagnes ; les seigneurs de l'époque bourguignonne ont défriché ses forêts et peuplé d'abbayes ses retraites les plus sauvages; l'Espagne lui a enraciné dans le sein ses traditions religieuses, la France l'a associée à tous les travaux, à toutes les tendances de son génie civilisateur. De ce sol ferme et fécond il est sorti une foule d'hommes dont on ne prononcera jamais le nom sans respect, peu de poëtes et peu de beaux esprits, mais des soldats qui ont illustré les armes de la république[1], des savants, des érudits qui ont employé leur vie entière à de patientes recherches[2], des prélats qui ont attiré à eux par leur piété et par leur science l'amour et la vénération de tous leurs diocèses[3], des artistes et des industriels,

---

[1] Moncey, Morand, Lecourbe, Michaud, d'Arçon, Ravier, Delort, Baudrand, Pajol, Bachelu, Oudot, Pichegru, Bernard, Longchamp. L'arrondissement de Pontarlier a fourni à lui seul aux armées de la république et de l'empire quatre lieutenants généraux, six généraux de brigade, dix colonels, et une quantité d'officiers d'un grade inférieur.

[2] Dans l'histoire, Boissard l'antiquaire, l'abbé Oultier, l'abbé d'Olivet, Bichat, Cuvier, Suard, Loiseau, l'illustre jurisconsulte, Joseph Droz, Marjolin, Charles Nodier, Jouffroy, dont les sciences et les lettres déploreront longtemps la perte, et le bon et modeste Ch. Weiss, que les érudits proclament le premier bibliographe de l'Europe.

[3] A quelques siècles de distance, Guy de Quingey, élevé au pontificat sous le nom de Caliste II ; le cardinal de Granvelle, ministre de Charles-Quint; Claude de la Baume, Ferdinand de Rye, archevêque de Besançon. Dans les temps modernes, Lezay de Marnesia, évêque d'Évreux ; de Villefrancon, archevêque de Besançon ; mon-

que l'on compte par milliers. Le goût des sciences mathématiques et mécaniques est en Franche-Comté une qualité pour ainsi dire innée. Il n'y a pas de paysan qui ne le possède comme par instinct, et il n'y a pas une province qui chaque année fournisse proportionnellement autant d'élèves à l'École polytechnique.

La position topographique de la Franche-Comté indique au premier coup d'œil les qualités distinctives de cette province et le caractère particulier qu'elle doit conserver. D'un côté, elle est bornée par les hautes sommités du Jura attenant aux grandes chaînes des Alpes; de l'autre, elle s'aplanit, elle s'abaisse graduellement vers les sillons féconds de la Bresse, les vignes de la Bourgogne et de la Champagne, et les villages industriels de la Lorraine. Là, est le boulevard de granit, la forteresse de la nature, l'une des plus puissantes défenses du royaume; ici, la fusion de la vieille terre séquanaise avec les autres provinces de la France; là est le majestueux plateau des Rousses où quinze cents ouvriers travaillent à élever en face de la Suisse un nouveau rempart; le fort de Joux, dont les bastions s'étendent comme deux ailes d'aigle sur les rocs escarpés qui bordent la route de Lausanne, de Neufchâtel, et la cita-

---

seigneur de Chaffois et monseigneur Cart, évêques de Nîmes, Gousset, archevêque de Reims, Donney, évêque de Montauban.

delle de Besançon, qui de ses longs replis entoure toute la ville et garde comme une cotte de mailles inflexible et impénétrable la poitrine de la France ; ici enfin, le large et riant espace, la grande route de Paris serpentant à travers les feuilles de vigne, et la grande route du Midi sillonnant les rives du Rhône.

Par sa position entre trois degrés de latitude (46, 47, 48), par l'extrême diversité de son sol et de ses productions, la Franche-Comté doit attirer l'attention du géologue, du physicien, du botaniste. Par la multitude de ses sites riants ou grandioses, elle devrait fixer les regards des artistes et des gens du monde. Cependant, chaque année, les touristes la traversent sans s'y arrêter. On s'en va en toute hâte accomplir sa pérégrination helvétique, et l'on ignore, ou l'on ne se rappelle pas qu'il y a de ce côté du Jura des vallées aussi fraîches, des lacs aussi purs et des cascades aussi imposantes que les vallées, les lacs et les cascades de la Suisse.

Les statisticiens divisent le territoire franc-comtois en trois régions agricoles : haute montagne, moyenne montagne, et pays bas ou plaine. Je n'oserais point entreprendre de décrire sous tous ses aspects cette grande province, j'essaierai seulement d'en faire connaître l'une des parties les plus pittoresques et les plus intéressantes, celle qui tient à la région de la haute montagne et qui embrasse dans son cercle tout l'arrondissement de Pontarlier.

Pour ceux qui désirent se faire une idée des rudes climats du nord, il n'est pas besoin de s'aventurer jusque dans les fiords du golfe de Bothnie ou sur les plateaux de la Norvége, il leur suffirait de voir les environs de Pontarlier, dans la saison d'hiver. Dès le mois de novembre, toutes les plaines de cet arrondissement sont couvertes de neige ; tous les ruisseaux, les étangs, les lacs, revêtus d'une épaisse couche de glace. La neige tombe parfois en si grande quantité que les passages les plus larges et les plus faciles sont interceptés. Dans l'hiver de 1843, par exemple (il est vrai que ce fut un hiver d'une rare âpreté), il fallait tout un jour pour conduire, avec plusieurs chevaux, un léger traîneau à quelques lieues de distance. Plusieurs fois le courrier de la Suisse ne put continuer son chemin ; les paysans qui viennent chaque semaine apporter leurs denrées à la halle de Pontarlier étaient condamnés à rester dans leurs fermes, et la ville, bloquée par les amas de neige comme par une armée ennemie, courait risque de souffrir de la famine, si quelques bienfaisants rayons de soleil n'eussent mis fin à cet état de siége. On m'a montré, à la Chapelle-des-Bois, une cheminée en pierre élevée de quelques mètres au-dessus d'une assez grande habitation : c'était derrière cette cheminée que les employés de la douane venaient le soir se mettre en embuscade ; le faîte de la maison était juste au niveau de la plaine par les masses de neige qui la remplissaient. Dans plusieurs villages, on a vu de larges toits construits en bonnes poutres de sapin s'effondrer sous le poids de cette neige qui, pendant des semaines entières, tombait nuit et jour sans interruption. Les cantonniers ont à cette époque une pénible tâche à remplir. Ils élèvent, de distance en distance, de hauts poteaux pour indiquer l'invisible direction et les contours effacés des grandes routes. Ils s'en vont avec la pelle et la pioche, taillant des remparts, creusant des tunnels, ouvrant une étroite issue à l'étroit traîneau; puis un coup de vent survient qui, en quelques minutes, défait tout leur travail. Le soir, lorsque le ciel est revêtu d'un voile ténébreux, qu'on n'entrevoit aucune étoile, et qu'on ne distingue aucune trace de chemin, les sacristains sonnent les cloches dans les villages pour guider les pas de celui qui, à cette heure périlleuse, erre encore dans la campagne. Ah ! c'est une triste chose que d'entendre le son de ces cloches vibrant au sein de la nuit, à travers les sifflements de la tempête et les rafales du vent! Ceux qui se trouvent alors à l'abri sous la vaste cheminée de bois se resserrent autour du foyer, en se comptant pour voir s'ils sont bien tous réunis, et les mères de famille, en se mettant à genoux, ajoutent à leur prière ordinaire un *pater* et un *avé* pour les voyageurs égarés. Si, dans ces moments d'obscurité profonde, il s'élève un tourbillon, ou, comme on le dit dans le pays, une *poussée*, le péril est extrême, il y va de la vie. Le tourbillon flotte de toutes parts, enlace le voyageur dans ses sombres replis, lui trouble la vue, l'aveugle. On chemine péniblement, sans savoir où l'on porte ses pas. On croit se diriger dans la voie la plus sûre, et l'on tombe dans un précipice. Je me souviens qu'un soir, à huit heures, nous quittions le village de Mouthe, le village cher à Jouffroy, pour nous rendre au Sarrageois. Nous n'avions qu'un quart de lieue de chemin à faire par un vallon qui longe la rivière du Doubs, et cependant nos amis s'effrayaient pour nous et s'efforçaient de nous retenir; mais nous étions attendus dans une douce et chère maison, et nous voulûmes partir. Pour nous préserver de tout danger, on alla chercher un grand et robuste garçon du village qui, dans le cours de sa vie, avait bien été quelque milliers de fois d'un de ces endroits à l'autre. Il monta à cheval, une lanterne à la main, et se mit en marche devant nous. A peine avait-on quitté la dernière habitation de Mouthe, que déjà on déviait de la route. Le vent sifflait, la neige nous entrait comme de petites pointes d'aiguilles dans les yeux, nous ne pouvions plus rien voir, plus rien entendre. En tâtant le terrain, nous nous aperçûmes seulement que nous descendions tout droit dans le Doubs. Nous nous hâtâmes de reprendre une autre direction, et il ne nous fallut pas moins d'une grande heure pour accomplir notre pérégrination nocturne.

Peu d'hivers s'écoulent dans ce pays sans être marqués par quelque douloureuse catastrophe. En voici une entre autres qui produisit, il y a quelques années, une terrible impression. Deux jeunes époux partent un soir de Pontarlier pour regagner leur demeure située à une demi-lieue de là, tout près de la grande route de Besançon. Un tourbillon les surprend, ils ne voient plus rien, et pourtant il faut marcher; en avant, ou en arrière, n'importe, le péril est le même. Les voilà donc qui traînent leurs pieds dans la neige, persuadés qu'ils vont en ligne droite vers leur maison. Ils marchent, ils marchent et n'arrivent pas. La jeune femme était enceinte et hors d'état de supporter longtemps une telle attente et une telle fatigue. Son mari, la voyant s'affaiblir, chanceler, l'asseoit au pied d'un arbre et continue sa route dans l'espoir d'atteindre bientôt sa demeure et d'en amener du secours. La tourmente pourtant continuait, un vent âpre, aigu, sifflait et mugissait sans cesse. Le lendemain, on trouva les cadavres des pauvres époux étendus sur la neige, la jeune femme glacée par le froid au pied de l'arbre où elle attendait un dernier moyen de salut, et le mari mort à quelques centaines de pas de sa maison qu'il n'avait pu voir.

La mission des prêtres dans ces contrées est une mission pleine de fatigues et de graves sollicitudes. Il y a là des paroisses de deux ou trois cents habitations dispersées sur une ligne de plusieurs lieues d'étendue. Souvent, au milieu de l'hiver, par les nuits les plus obscures, par les temps d'orage les plus impétueux, on vient les chercher pour porter une consolation à un affligé, ou pour entendre la confession d'un malade. Le prêtre se lève, prend son surplis sous le bras, le saint ciboire entre ses mains, et ferme la porte de son presbytère. Deux hommes le précèdent pour lui frayer le chemin. Mais bientôt ces guides, harassés par une marche si pénible, s'arrêtent, et c'est lui qui reprend la tête de la colonne, qui s'avance dans la neige où il plonge parfois jusqu'à la ceinture. Puis un autre le remplace encore, et l'on arrive ainsi dans l'humble chalet où toute une famille est dans l'angoisse, où des enfants pleurent et prient à genoux devant le lit d'une mère mourante. L'aspect du bon pasteur ravive le cœur désolé de ces pauvres gens. On court au-devant de lui, et on le remercie d'avoir bravé tant d'obstacles pour accomplir un pieux devoir, on l'écoute parler et l'on espère. Lui pourtant s'approche avec un doux regard et de doux accents de la couche du malade, il prête l'oreille au dernier cri de sa conscience, recueille son dernier vœu, lui donne au nom du Dieu dont il est l'organe les dernières consolations de ce monde, et après avoir béni de l'œil et du geste la famille éplorée, il s'en va, suivi lui-même des plus tendres bénédictions.

L'autorité ecclésiastique a soin de choisir pour les paroisses les plus populeuses des montagnes des hommes jeunes et forts. Cependant, si robustes qu'ils soient, ils vieillissent et s'épuisent rapidement dans leur poste si difficile, et quelquefois ils courent risque de succomber aux dangers de leur tâche en un instant. J'en connais un près de Pontarlier, un des plus fermes et des plus dévoués, dont la communauté embrasse un cercle de six grandes lieues. Il s'en revenait un matin du côté de son église, après une de ses pieuses excursions, et se traînait accablé de lassitude à travers un plateau où l'on ne trouve qu'à de grandes distances l'une de l'autre quelques habitations. Saisi tout à coup par ce besoin extraordinaire qu'on appelle dans ce pays la *fringale*, il sentait ses jambes s'affaisser et son cœur défaillir, lorsque par un hasard providentiel il rencontra un charretier, qui, le voyant près de tomber, tira de sa poche une croûte de pain, un flacon d'eau-de-vie, et le pauvre prêtre réconforté poursuivit sa route.

Si cette saison d'hiver est effrayante à voir, elle offre aussi parfois d'admirables spectacles. Quand l'atmosphère s'éclaircit, quand les nuages se dispersent, il est beau de voir ces plaines de neige déroulées dans l'espace comme des nappes d'argent, ces lacs et ces rivières dont la glace miroite au soleil, et ces majestueuses forêts de sapins qui sur leur tige gigantesque et sur leurs longs rameaux portent si fièrement le poids des frimas. Le ciel alors est d'un bleu limpide, l'horizon vaste et sans tache, et il y a dans l'air vif que l'on respire une action énergique qui fortifie les muscles et dilate le cœur. Quel plaisir alors de s'asseoir dans un traîneau, au bruit des grelots d'un cheval animé par cette vive température, de courir, de voler à travers monts et ravins, sur la neige étincelante, de franchir l'espace sans cahots et sans secousses, avec la rapidité d'un rêve! Car la neige alors efface toutes les aspérités du terrain, et si elle est ferme et compacte, une voiture à patins y glisse comme sur un chemin de fer.

Et l'été vient, l'été dont on jouit avec tant de charme après l'avoir attendu si longtemps.

L'hirondelle rase le sol du bout de l'aile et monte au bord des fenêtres où est placé son nid, que l'on regarde avec un sentiment d'hospitalité, que les enfants apprennent à respecter comme un heureux augure pour la prospérité de la maison. Le coucou prophétique répond dans les bois à ceux qui lui demandent combien d'années il leur reste à vivre[1] ; la bergeronnette sautille gaiement le long des rivières. Dans les prés et sur les collines, on voit refleurir la pervenche chère à Rousseau; l'ancolie chantée par Nodier; la centaurée, la camomille, la guimauve, remèdes des malades. Sur la lisière des bois, la violette attire le passant par sa douce odeur, et les feuilles veloutées de la menthe parfument le bord des ruisseaux. Au pied des sapins couverts d'une mousse épaisse, les enfants s'en vont découvrir la morille recherchée des gastronomes, tandis que dans les sentiers de la prairie la jeune fille rêveuse effeuille d'un doigt attentif les petites feuilles savantes de la marguerite. Dans l'espace de quelques jours, toute cette contrée, couverte pendant plusieurs mois d'un immense linceul de mort, a pris un autre aspect. L'air est chaud; le soleil darde un ardent rayon sur les remparts de neige, qui se fondent et achèvent, en les arrosant, de féconder les sillons qu'ils ont impré-

[1] Tieck a fait revivre cette croyance populaire dans une de ses plus jolies pièces de théâtre.

gnés de sels pendant l'hiver, et dont ils ont par leur masse compacte protégé les germes débiles contre l'action de la gelée. De temps à autre, on entend de longs craquements et des bruits sourds pareils à ceux de l'avalanche. Ce sont les forêts de sapins qui jettent à terre leur lourd manteau et reparaissent fièrement avec leurs larges rameaux dont nulle saison ne ternit l'éclatante verdure. Autour de ces sapins majestueux s'élèvent les pesses à la veine plus fine et plus serrée, le taillis de hêtres dont les teintes sont plus molles et plus pâles, les frênes à la tige tortueuse, le sorbier qui porte des grappes de corail, le platane à l'écorce argentée, l'alizier et l'épine-vinette dont on tire des sucs savoureux ; le saule dont les branches pendantes pleurent au bord des eaux, le genévrier armé encore de petits dards aigus comme pour arrêter ceux qui voudraient abuser de sa liqueur enivrante. Et toutes les diverses nuances de ces arbres, de ces arbustes, de ces tiges pyramidales, de ces voûtes profondes et de ces chapiteaux arrondis, forment un ensemble harmonieux qui fascine le regard et charme la pensée.

Bientôt tout s'anime, tout est en mouvement sur cette terre où l'on ne rencontrait il y a quelques semaines qu'un traîneau aventureux, où l'on n'entendait que le sifflement plaintif de la brise et la vibration plus plaintive encore des

cloches de l'église. Le laboureur attelle gaiement ses chevaux à la charrue; le berger traverse le village avec sa corne rustique, et conduit les troupeaux au pâturage en chantant la vieille chanson de ses pères. Toute cette belle saison d'été éclôt en un instant comme une plante vigoureuse, et présente pendant des mois entiers au pinceau de l'artiste, à la rêverie du poëte, une splendeur étonnante, ou un tableau d'une douceur mélancolique sans égale. Il faut voir cette contrée, quand le soleil couchant dore de ses derniers rayons la cime des montagnes, quand une ombre flottant çà et là, imprégnée encore de lueurs de pourpre, pénètre sous les majestueux arceaux des forêts de sapins, quand l'oiseau s'endort sous la feuillée en jetant dans les airs un dernier cri d'amour, que tout est calme et silencieux, et qu'on n'entend dans la vallée que les tintements lointains de l'*Angelus* : oh! l'on éprouve alors je ne saurais dire quelle émotion profonde de religieux respect et de pieuse tristesse qui vous ravit le cœur et vous fait venir les larmes dans les yeux !

De tout côté des paysages superbes appellent l'attention du voyageur. Le Doubs est une des plus charmantes rivières qui existent. A partir du coteau voisin de Mouthe, où il prend sa source, il s'en va serpentant à travers le département auquel il donne son nom, tantôt paisible et riant comme un ruisseau de bergerie, tantôt fier et large comme un grand fleuve, ou impétueux comme un torrent. Chaque année les habitants de ses deux rives, Suisses et Français, se réunissent près de l'endroit où il se précipite du haut des rochers en cascades écumantes. On arrive là sur des barques portant le drapeau des deux nations et avec des chœurs de musiciens. On regarde avec admiration ces masses de flots qui, dans leur chute impétueuse, reflètent tous les rayons de lumière, et ressemblent tour à tour à des guirlandes de perles, à des flocons de neige emportés par le vent, à des gerbes de rubis et d'émeraudes. C'est une fête populaire, une fête pleine de joyeuses chansons qui rassemble, en dehors de tous les traités de diplomatie, deux populations étrangères, mais ralliées l'une à l'autre par le même sentiment de la beauté poétique. Des bassins de Chaillexon et des bassins non moins majestueux de Blancheroche, il faut aller voir les délicieux lacs de Saint-Point et de Labergement, véritables étoiles du ciel descendues sur une plaine de verdure; la source de la Loue, qui au sortir de son rocher féconde le travail de l'industrie; l'étonnante vallée de Consolation, solennelle retraite où l'on n'entend que le bruit du travail de l'homme et les chants de la maison de Dieu; puis la route de Mouthier, œuvre merveilleuse, entreprise avec la pensée la plus hardie, et achevée avec un rare courage. On n'entend point parler dans le monde de cette route tracée au milieu de tant de périls, et, au dire des gens les plus experts, elle est digne d'être mise en parallèle avec le fameux passage du Simplon.

Çà et là, dans ce même district de la Franche-Comté, s'élèvent des habitations, des monuments qui remontent à une époque lointaine et auxquels se rattachent d'importantes notions historiques : Pontarlier, vieille ville où passait, du temps des Romains, une des grandes voies impériales qui réunissaient l'Italie aux Gaules; la vénérable abbaye de Montbenoît dont les titres remontent au commencement du XIIe siècle; l'abbaye de Sainte-Marie, établie en 1199 dans une ceinture de sapins, entre deux lacs limpides, comme un austère désir qui surgit entre deux riantes pensées; Jougne, vieux fief cédé par Jean de Châlons à l'empereur Rodolphe, et occupé au XVe siècle par une chambre impériale; Mouthe, qui doit son origine à Saint-Simon de Crépy, comte de Valois et de Vexin, descendant de Charlemagne par les rois d'Italie.

Les cultivateurs qui sont nés dans ce pays de montagnes et qui l'aiment comme on aime une mère, ne tirent pourtant des sillons de leurs champs qu'une maigre récolte : de l'avoine et des pommes de terre presque partout, des pois et des lentilles dans différents villages, de l'orge et du seigle en divers endroits, mais peu de blé. La nature des récoltes imposait à nos pères une vie dure et austère, une vraie vie de cénobites. L'argent à cette époque était rare dans leurs maisons. Ils n'en avaient que juste ce qu'il fallait pour payer leurs fermages, acquitter leurs impôts, et parer à un accident. On ne voulait point l'employer à se procurer des denrées étrangères, et l'on n'usait journellement que des produits du sol. Je me souviens encore du temps où, à Frasnes, dans le village natal de mon père, un riche et grand village, on n'eût peut-être pas trouvé deux pièces de vin, et il n'existait là que deux auberges exclusivement réservées aux voyageurs. Les paysans les plus aisés ne se nourrissaient toute la semaine que de petit-lait, de pommes de terre, de pain d'avoine, et quel pain ! Figurez-vous des morceaux de pâte noire mal pétrie et durcie au four comme une tuile. On cuisait ces *bollons* (c'est ainsi qu'on les appelle) deux fois par an, et certes ils ne moisissaient pas; mais ni la dent ni le couteau ne pouvaient les entamer; et pour pouvoir les mâcher, il fallait ou les humecter dans l'eau, ou les rompre avec la hache. Les galettes en seigle dont se nourrit le paysan de Suède pourraient être regardées comme une délicate friandise à côté d'un aliment pareil. D'autres fois, c'était un pain frais, mais humide, gluant, pire encore que le bollon de rude mémoire. Et voilà ce qu'on portait dans les champs avec une cruche d'eau, une bouillie de pommes de terre ou quelques tranches d'une espèce de fromage qu'on appelle *cérat*. Le dimanche seulement, il y avait dans la maison des plus riches et des plus généreux propriétaires un dîner qu'on pouvait considérer, vu les habitudes du temps, comme un vrai gala. Au retour de la grand'messe, le chef de la famille s'asseyait au bout de la table, ayant à côté de lui sa femme, ses enfants, puis les petits-enfants et les domestiques : car le domestique n'est point, dans nos campagnes, comme dans les villes, un être en dehors du cercle intérieur, que l'on sonne quand on a un ordre à lui donner, et que l'on renvoie à l'antichambre ou à la cuisine; c'est un ouvrier qui s'associe utilement à tous les travaux du maître, qui l'accompagne à la grange, à la charrue, et contribue pour une bonne part à la prospérité de la maison. Sur cette table du dimanche on servait un morceau de lard et de bœuf bouilli, un plat de légumes, et l'on voyait, chose superbe, apparaître vers le milieu du dîner une ou deux bouteilles de petit vin, qui se partageaient également entre tous, sauf les petits enfants, à qui l'on recommandait bien gravement la sobriété, quand on leur avait versé quatre gouttes du liquide précieux dans un verre plein d'eau. Tout le monde s'en allait ensuite aux vêpres, la mère et ses filles en tête, les hommes portant dans leurs larges basques d'habit leur livre de psaumes pour unir leur voix à celle des chantres du lutrin. En sortant de l'église, les jeunes gens se rassemblaient au jeu de quilles, et luttaient entre eux de force et d'adresse. Les vieillards, qui par leurs longs travaux avaient acquis le droit de se permettre une légère licence, s'asseyaient autour d'une table où l'on apportait encore une bouteille de vin, et causaient entre eux des travaux de la campagne, des apparences de la récolte, de l'administration du village, quelquefois des nouvelles politiques qu'on n'apprenait point alors par les journaux, mais par les ouï-dire de la ville, recueillis aux jours de foire et de marché. Le soir, à l'heure de l'*Angelus*, toute la famille était rentrée au bercail; après un frugal souper, composé des débris du splendide dîner, la maîtresse de maison donnait le signal de la prière, toute la communauté se rangeait à genoux autour du foyer, l'enfant répondait aux *orémus* et aux litanies; s'il se trompait, l'aïeul le regardait d'un air sévère, et s'il achevait convenablement sa pieuse tâche, la grand'mère, en l'embrassant, promettait à sa gourmandise un œuf pour son déjeuner du lendemain. Quelquefois, dans les jours de travail, au temps où l'on teille le chanvre et où l'on rouit le lin ; en hiver aussi, quand les femmes filent leur quenouille, on prolongeait la soirée à la lueur des rameaux de sapin pétillant dans le foyer. Des voisins, apportant leur ouvrage, venaient se joindre à la veillée, et quelque bonne vieille femme racontait alors les traditions populaires de la contrée. Elle parlait des vouivres qui ont un œil de diamant, des dames vertes, qui, comme les elfes de Danemark, dansent le soir dans les prairies, des *pleurants des bois* qui, la nuit, épouvantent par leurs lugubres gémissements le voyageur solitaire, des feux follets qui l'égarent dans les vallées marécageuses, des sorcières qui, le samedi soir, enfourchent le manche à balai et montent par la cheminée pour se rendre au sabbat, et des fées bienfaisantes que l'on rencontre, après avoir fait une bonne action sur son chemin. J'écoutais d'une oreille attentive ces récits fantastiques que plus tard je devais relire en vers et en prose dans les régions du Nord, et je m'abandonnais naïvement à toutes les émotions de terreur ou de confiance qu'elles éveillaient dans mon esprit, tandis qu'à côté de moi un incrédule (il y a des incrédules partout) souriait d'un air moqueur, et qu'une jeune fille baissait les yeux auprès d'un futur fiancé qui lui balbutiait timidement quelques mots à voix basse, en roulant d'une main embarrassée le coin de son tablier.

Mais, à heure dite, il fallait que la vieille femme terminât son conte, que l'amoureux mît fin à ses tendres discours. Chacun regagnait sa dure couche de paille pour se lever le lendemain à l'aube du jour et s'en aller dans les champs.

Toutes les familles étaient alors si étroitement unies que lorsque le père et la mère venaient à mourir, on ne songeait point à partager leur succession. Les enfants continuaient à vivre sous le même toit, et à gérer ensemble, comme par le passé, leurs propriétés. On a vu une fois, dans ce même village de France que j'aime à citer, trois frères épouser trois sœurs, et s'établir ensemble dans la même demeure. Au bout d'un an, il y avait dans la maison trois berceaux ; si un enfant pleurait, celle des jeunes femmes qui se trouvait là le prenait dans ses bras, l'allaitait, l'endormait, sans s'inquiéter de voir si c'était son propre enfant, ou celui de sa sœur.

Pendant très-longtemps on n'a point su dans nos villages ce que c'était que billets, protêt et autres termes de la chicane commerciale. Celui qui avait quelque argent à sa disposition le prêtait tranquillement sur parole à celui qui en avait besoin, et aurait considéré comme un affront la proposition de lui souscrire un engagement. L'huissier était alors une sorte de personnage fabuleux dont bien peu de paysans savaient le nom, et que nul n'avait jamais vu entrer dans le village.

Grâce aux habitudes de travail et de sobriété implantées parmi les paysans de nos montagnes, s'ils ne connaissaient pas les dons brillants de la fortune, ils y étaient, au moins généralement, à l'abri du besoin, et pouvaient encore prélever sur leurs récoltes la part des pauvres. Outre les pauvres ambulants, auxquels on ne manquait jamais de donner l'aumône, chaque maison aisée avait ses pauvres attitrés, qui venaient quand bon leur semblait s'asseoir au foyer commun, qui en hiver s'installaient là parfois pendant des semaines, des mois entiers, et que l'on considérait, pour ainsi dire, comme des membres de la famille.

Telles étaient les mœurs simples, pleines d'honnêteté primitive de nos aïeux. On ne voyait alors dans nos campagnes ni cornettes de tulle ni robes de mousseline, mais de bons et solides vêtements en toile ou en laine filée, tissée, teinte dans le village. Les hommes portaient de longs habits en *droguet* brun, des hauts-de-chausses à braguettes recouverts sur le genou par des guêtres en cuir, ou par des bas de laine ornés d'une jarretière rouge, un chapeau de feutre à larges bords, et de gros souliers enrichis d'une boucle en cuivre. Les femmes se revêtaient, pour les jours de fêtes, d'une ample robe de serge, et portaient sur leur tête un bonnet en velours noir, surchargé sur les bords d'une épaisse frange de soie, et traversé par une massive épingle d'argent. Habits de droguet, robes de serge ou de camelot, épingles et chaînes d'argent, tout était de nature à durer longtemps et à faire l'ornement de plusieurs générations. La plupart des maisons n'étaient construites qu'en bois, et à une époque un peu plus reculée que celle dont je fais mention, ces maisons se composaient d'une pièce de quinze pieds d'étendue, dont les lambris se terminaient en pointe. Au milieu de cette pièce était le foyer, et la fumée s'échappait par un trou carré pratiqué dans le toit, comme dans une tente de Laponie. A côté de cette unique chambre, servant à tous les besoins du ménage, s'élevaient la grange et l'écurie, et c'était là que tous les membres de la communauté allaient coucher sur quelques planches revêtues d'une paillasse ou sur une meule de foin.

Maintenant ce village de Frasnes, dont je viens de parler, est traversé par une route royale, parsemée de larges habitations bâties en pierre. On y trouve des auberges, des restaurants, des cafés, plusieurs jeux de billard, et un très-beau débit de tabac autorisé par la régie. Plus de bollon ni d'autre sorte de pain d'avoine, les familles renouvellent chaque semaine leur bonne provision de pain d'orge ou de froment. Le boucher tue régulièrement une respectable quantité de bœufs et de veaux pour la consommation du village. Chaque paysan un peu aisé a dans sa cave un tonnelet de vin du Jura et un baril d'eau-de-vie. Après dîner, on s'en va prendre une tasse de café en fumant des cigares timbrés par le gouvernement, et il vient de se former un casino où l'on reçoit les journaux de la province et les journaux de Paris à 40 francs. Le dimanche, à l'heure de la messe, vous croiriez assister à une exposition du *Journal des Modes* en voyant passer tant de petits bonnets empanachés, tant de fichus de soie, et tant d'habits bleus à boutons dorés. Les bonnes vieilles gens secouent la tête d'un air chagrin, en énumérant toutes ces innovations. Mais que faire? le siècle marche, comme on dit, et la jeunesse marche à la lueur rapide du siècle. Si cette lueur est celle de la colonne de feu qui guidait les Israélites vers la terre promise, ou celle du feu follet qui égare les esprits crédules, c'est ce que l'avenir nous apprendra. En attendant, il est certain que les populations de nos montagnes jouissent d'un bien-être matériel inconnu dans la plupart de nos villages il y a trente ans.

Le bien-être dont jouit actuellement la Franche-Comté tient à deux causes : d'abord à la valeur des bois qui peuplent nos campagnes, et dont le prix s'est accru d'année en année;

puis à l'industrie, qui a fait partout d'immenses progrès, et qui a ouvert dans notre pays une source de richesses mille fois plus précieuse que les flots du Doubs, qui jadis, dit-on, roulaient, comme un autre Pactole, des paillettes d'or. Avec le temps, on a appris aussi à tirer un meilleur parti des terres. Il y a à Besançon une société d'agriculture, et dans les quatre arrondissements plusieurs comices agricoles qui remplissent avec zèle et intelligence la tâche spéciale dont ils sont chargés. De plus, une chaire d'agriculture a été établie dans le département par les soins éclairés de M. Tourangin. Le titulaire de cette chaire, M Bonnet, s'en va chaque année de commune en commune, rassemble les paysans autour de lui, et leur explique, dans le langage le plus simple, le plus net, les améliorations à introduire dans la culture de leurs terres, selon la nature et selon les besoins particuliers de la localité. Grâce à cet utile enseignement, grâce à l'activité persévérante des comices agricoles, et aux expériences faites par quelques agronomes entreprenants, parmi lesquels j'aime à citer M. Longchampt du Sarrageois [1] et M. Cupillard de Morteau, l'esprit de

---

[1] Dans sa dernière session, le conseil général du département du Doubs a appelé l'attention des agronomes sur le résultat des cultures de M. Longchampt qui obtient sur des terres situées dans la partie la plus élevée du département, à 1 420 mètres au-dessus du niveau de la mer, de belles récoltes en froment, tandis qu'avant lui

routine a été vaincu sur plusieurs points, et d'importantes réformes ont été opérées dans notre ancien système de culture. Là où l'on travaillait autrefois péniblement, et souvent en vain, à faire germer quelques rares épis, on fait aujourd'hui des prairies artificielles qui engraissent des bestiaux, et la vente de ces bestiaux rapporte à l'habile agronome plus de beaux écus en un jour qu'il n'en entrait jadis dans l'armoire de nos pères en toute une année. Il résulte de ce même procédé d'exploitation du sol une notable augmentation dans la fabrication des fromages de Gruyère, et cette fabrication est l'un des plus grands produits de nos montagnes. Il n'y a pas un village dans l'arrondissement de Pontarlier qui n'ait plusieurs fruitières. Chaque fruitière fait des milliers de livres de fromages qui se vendent de 50 à 55 francs le cent, sans la moindre difficulté, et sans qu'on ait besoin d'aller chercher le marchand. On les expédie par tonnes dans toute la France, en Angleterre, en Allemagne et jusqu'en Afrique, où ils doivent, je suppose, remplacer avantageusement ce que l'on peut tirer du laitage des chameaux [1].

on n'y récoltait que de faibles produits en céréales du printemps. M. Longchampt se distingue plus particulièrement encore par les élèves de ses étables qui renferment en ce moment deux cent cinquante pièces de gros bétail parmi lesquelles on remarque un superbe taureau de la race de Durham.

[1] « La fabrication du fromage, dit le célèbre jurisconsulte Loi-

D'autres industries ont pris, par l'invention des mécaniques, un rapide accroissement. Au bord des courants d'eau s'élèvent des scieries qui fendent nuit et jour les poutres et les lambris, des moulins à tan qui broient l'écorce nécessaire aux corroyeurs; sur les plateaux élevés, où la terre ne donne qu'une faible récolte, des manufactures d'horlogerie. On les compte par milliers. Le village de Chapelle-des-Bois, au pied d'un rempart de rocs dans la partie la plus aride de l'arrondissement, est tout peuplé d'ouvriers qui fabriquent des seaux en sapin, des tavaillons dont on recouvre les toits, ou des mouvements de montres. Le village des Gras est de même occupé par une population active, intelligente, qui travaille le cuivre, le fer, le bronze. Il sort chaque année de ce village, encaissé entre deux collines, des pièces d'un fini parfait, des instruments de mathématiques qui feraient honneur au plus habile artisan de Paris[1]. Près de là, sur le sommet de la mon-

---

sceau dans son *Traité des Fromageries*, est une véritable opération chimique. « La cuisine d'un fromager n'est qu'un laboratoire, et on n'énumère pas moins de vingt-huit instruments nécessaires pour cette opération. — Outre le fromage connu sous le nom de gruyère, on fabrique encore dans nos montagnes le septmoncel, qui a le goût du roquefort, le fromage de crème en boîte, et le chevretin, ou fromage de chèvre.

[1] Dans ce village des Gras, qui ne renferme pas plus de huit cent vingt-six habitants, on compte vingt fabriques, dont les produits peuvent être évalués annuellement à une somme de 150 000 fr.

tagne, dans une habitation isolée, un homme doué de cet instinct mécanique qui distingue les habitants de nos montagnes, M. Baron, a fondé un atelier qui est devenu une importante maison de commerce. Hommes, femmes, enfants, tout le monde travaille à la même œuvre, et l'on y fait, devinez quoi? une simple petite roue à échappement. On prend une barre d'acier anglais, que l'on coupe, que l'on taille, qui passe dans une mécanique de l'invention de M. Baron, puis dans une autre, qui se polit, qui se perce à jour, se contourne et se dentelle avec une rapidité extrême. L'ouvrier tient son instrument d'une main, de l'autre sa loupe, car il y va, pour que son travail soit acceptable, non pas d'une ligne, mais d'un millimètre de ligne de précision; il imprime un mouvement à sa mécanique, et voilà un morceau d'acier qui devient un petit bijou et qu'on enchâsse dans les plus belles cuvettes, entre l'or et le rubis. A Morteau, un mécanicien qu'on peut citer comme un véritable artiste, M. Bouttey, dirige l'école d'horlogerie fondée par le département, et contribue puissamment à déplacer au profit de la France une industrie dont la Suisse a eu pendant longtemps le monopole. Dans la même ville, deux hommes habiles et laborieux, MM. Bournez et Humbert, fabriquent, pour la Suisse, des pompes à incendie, et réalisent chaque jour, en jetant la cloche dans le moule, le beau poëme de Schiller. Toute cette belle et vaste vallée de Morteau est comme un immense atelier rempli d'une quantité de métiers, et retentissant du matin au soir de tous les bruits de l'industrie : ici le souffle ardent de la fournaise, là les actives scieries des Teverots, ou le son de la lime mordant le lingot de cuivre et la barre d'acier; plus loin, à l'extrémité de l'arrondissement, les belles forges de la Ferrière, le retentissement du marteau tombant à coups précis et cadencés sur la faux aiguë, et la hache du bûcheron qui frappe et renverse les géants de la forêt. Le hameau d'Entre-les-Fourgs, humble et timide hameau caché par une ceinture de bois entre deux revers de collines, présente une autre particularité industrielle. Les habitants de cette petite communauté, dépendant de la paroisse de Jougne, exercent deux professions. Pendant l'été, ils s'engagent dans les chalets pour prendre soin des vaches et diriger les fruitières; en automne, ils rentrent chez eux avec le gain de la belle saison, allument le feu de leurs forges, mettent leur chien dans une roue qui fait mouvoir le soufflet, et fabriquent des clous tout l'hiver. Chacune de ces forges présente un coup d'œil riant dont un peintre habile ferait un délicieux tableau de genre. La femme vient s'asseoir avec son aiguille ou son tricot près de son mari; le chien court avec une patience admirable dans la roue où il s'est précipité à un signe de son maître, et les petits enfants, posés comme de petits oiseaux babillards au bord du foyer, regardent avec de grands yeux tout le travail qui se fait, jasent à tort et à travers, et de temps à autre, au commandement de leur mère, se remettent gravement à épeler leur alphabet. A midi, le père dépose son marteau, le rouage du soufflet s'arrête, toute la famille se réunit autour de l'enclume pour manger les pommes de terre cuites sous la cendre, et le chien fidèle vient se coucher aux pieds des enfants, qui lui passent la main sur les oreilles et jouent avec lui, comme pour le récompenser d'avoir si bien rempli sa tâche. Les habitants de ce hameau élèvent aussi un grand nombre d'abeilles, et l'un d'eux exerce la plus poétique, la plus charmante des industries. Il a cent vingt ruches; les collines et les prés appartiennent à ses essaims; les beaux jours de l'été, les fleurs odorantes composent son revenu. Au commencement du printemps, quand l'herbe de nos montagnes n'a pas encore reverdi, il place toutes ces ruches sur une charrette disposée exprès, et les conduit dans les vallées de la Suisse où la terre est plus précoce. Là, il lâche dans les airs ses bataillons ailés et leur fait faire une première récolte; puis il les ramène dans son village natal au temps de la floraison, et au mois de septembre les reconduit de nouveau en Suisse pour leur donner à recueillir les derniers sucs de l'automne. L'hiver, il clôt l'entrée de chaque ruche, range autour de sa chambre toutes ces maisons aériennes, et s'endort, comme un pâtre de l'Arcadie, au milieu de ces républiques assoupies et de ces rayons de miel, qui, j'en suis sûr, valent au moins ceux de l'Hymette. On estime que chaque ruche rapporte, année commune, environ vingt francs, et il n'y a pas un de nos villages où l'on ne compte plusieurs ruchers. C'est de l'argent qu'on gagne en regardant une idylle. Mais l'avide intérêt qui corrompt les choses les plus gracieuses a déjà mêlé un triste calcul à cette riante industrie des abeilles. On a remarqué que les habitants de la ruche consommaient pendant l'hiver une bonne partie de la moisson qu'ils avaient faite pendant l'été; on s'est dit qu'en les tuant, en leur ôtant toute leur provision de miel, et en achetant chaque été en Suisse de nouveaux essaims, qui ne coûtent pas plus de six à huit francs, on tirerait un parti plus avantageux de son rucher, et chaque année il y a des milliers de ces industrieux insectes qui, après avoir joyeusement bourdonné sous les arbres et butiné les sucs des prairies, tombent victimes de la spéculation. Le temps actuel est plein de semblables méfaits. Ceux-là seuls comptent dans la vie qui toujours agissent et toujours produisent. Marche, marche, dit le siècle de sa voix d'airain, et celui qui se sent las et qui ne peut plus marcher reste abandonné au bord de la route.

Mais où m'emporte un caprice misanthropique ? Je voulais parler du travail de nos montagnes, et j'y reviens. En énumérant les diverses industries de ce pays, je ne dois pas en oublier une qui remonte à une époque immémoriale, qui est connue de l'Europe entière, qui a résisté à tous les canaux, et qui résiste encore aux chemins de fer : je veux parler du charriage de nos voituriers, désignés généralement sous le nom de *grandvalliers*. En voyageant le long des grandes routes, vous avez vu sans doute plus d'une fois votre calèche arrêtée par des files de voitures chargées comme des chameaux, recouvertes d'une toile blanche, et attelées chacune d'un gros et robuste cheval. Un homme en roulière, portant un large feutre et d'épais souliers ferrés, quelquefois un enfant, conduit une demi-douzaine de voitures et transporte, sous une couverture de paille et de chanvre, les plus précieuses marchandises de Lyon à Mulhouse, du Havre à Bâle. Le cheval est sûr, l'homme hardi et infatigable. Pour une misérable somme de quelques francs par cent kilogrammes, il se met en route avec un convoi. Un commissionnaire lui donne un chargement de coton, de fer, de denrées coloniales pour une ville dont le pauvre voiturier n'a peut-être jamais entendu prononcer le nom, et il prend le chemin de cette ville. Arrivé là, il cherche un nouveau chargement qui le conduit peut-être à une autre extrémité de la France. Qu'importe? il lit en tête des lettres d'expédition qui lui sont remises avec sa cargaison : *A la grâce de Dieu!* et il s'en va vers une province ou vers une autre *à la grâce de Dieu.* Ni la pluie, ni le vent, ni les mauvais chemins ne l'arrêtent. En 1812, dans cette déplorable campagne dont le nom seul nous afflige, l'armée aurait été privée de ses derniers convois sans les grandvalliers francs-comtois qui pénétrèrent intrépidement jusqu'à Vilna. Joyeux voyageur, le grandvallier a peu de goût pour la vie sédentaire; l'espace est son domaine, et sa charrette lui sert de tente. C'est là qu'il se retire sous une espèce d'auvent en toile quand la pluie tombe à flots, et qu'il s'endort nonchalamment avec la confiance que lui donne son attelage exercé à suivre tous les sentiers de la route. Le soir, il s'arrête dans quelque auberge rustique, et le lendemain de grand matin continue sa marche. A certaines époques, il revient à son village natal. S'il n'a subi aucun accident, si les denrées qu'il conduisait n'ont éprouvé aucune de ces désastreuses avaries dont il est responsable, il rapporte à sa femme un beau sac d'argent qui servira à acheter un nouveau cheval ou peut-être un petit bout de champ. Il s'occupe alors des travaux de la maison, des semailles ou des foins, et à l'heure du repos raconte à sa famille réunie les divers incidents de ses lointaines pérégrinations. Il énumère les différents lieux qu'il a parcourus, les villes où il est entré, et les gens du village apprennent à connaître par ses récits, souvent mieux que par les livres, la géographie de la France.

Parmi les ressources pécuniaires de nos montagnes, je dois citer encore celles que l'on tire de la culture de l'absinthe. Un industrieux propriétaire, M. Chastaing, a couvert de sillons d'absinthe toute une de nos collines, et plusieurs centaines d'ouvriers sont employés chaque année à bêcher la terre, à planter, à cueillir et à porter sur les séchoirs cette plante dont la manutention exige des soins minutieux[1]. On l'expédie ensuite dans de larges sacs à Montpellier, où l'on en fait une liqueur apéritive dont le goût n'est malheureusement que trop répandu, car elle produit sur l'organisation de

---

[1] L'auteur de l'*Annuaire du Doubs*, M. Laurens, évalue à 99 000 fr. par an le produit des distilleries d'absinthe provenant de Pontarlier, et à 120 000 fr. le produit de la brasserie de M. Damitio.

ceux qui en usent habituellement des résultats funestes. J'enlèverais à nos montagnes une assez belle place dans la carte gastronomique de France si j'omettais de signaler le gibier qui peuple nos forêts, les truites saumonées, les carpes aux flancs argentés qui fendent les flots de nos rivières, et les écrevisses qui occupent les bords de nos ruisseaux.

Il est une dernière spéculation d'argent que je n'ai point encore mentionnée et que je ne mentionne qu'à regret, car elle a eu dans notre pays une déplorable influence, je veux parler de la contrebande. Il fut un temps où tous ces villages, riverains de la Suisse, se livraient, en dépit de la surveillance des douanes, à une fraude active, continue, audacieuse. Des bandes de contrebandiers étaient organisées sur toute la frontière. Elles avaient leurs correspondants, leurs entrepôts comme d'honnêtes maisons de commerce, leurs espions comme des agences de police, et leurs assureurs comme une compagnie d'armateurs. Les jeunes gens les plus forts et les plus hardis s'engageaient au service de ces sociétés de contrebande. Pour quelques pièces de cinq francs ils se chargeaient d'apporter, de Suisse en France, un ballot de mousseline, une caisse de montres, des pièces de dentelle ou des sacs de tabac. C'était la nuit, et pendant les nuits les plus sombres, par les taillis les plus épais, par les sentiers de rocs les plus escarpés qu'ils accomplissaient leur périlleux trajet. S'ils étaient surpris par les employés de la douane, ils jetaient leurs ballots par terre et prenaient la fuite ; s'ils étaient saisis, ils passaient six mois en prison, et recommençaient ensuite le même métier. Le jugement du tribunal n'avait à leurs yeux rien d'humiliant, et les rigueurs de la prison n'étaient pour eux qu'un minime accident. Mais souvent ils ne se laissaient pas arrêter sans faire une vigoureuse résistance. Souvent ils s'avançaient en bataillons si serrés et si nombreux que les postes de douanes, composés d'une demi-douzaine d'hommes, ne pouvaient les attaquer. Que si, pourtant, les employés de l'administration, pour obéir à leur consigne, voulaient s'opposer à cette invasion de marchandises prohibées, le contrebandier mettait la cartouche dans le fusil et tirait le couteau. On en venait aux mains courageusement, rudement, comme en pays ennemi, et plus d'un malheureux douanier a payé cher le désir de remplir son devoir et d'obtenir l'approbation de ses chefs ; plus d'un audacieux contrebandier, atteint d'une balle dans le flanc, a été précipité, du haut des pics de rocs aigus, au fond des précipices. J'ai souvent pensé que le caractère énergique de ces ennemis de la loi, leur vie aventureuse pleine d'épisodes étranges et d'événements dramatiques, leur mâle physionomie et leurs rudes habitudes, le tout encadré dans ces longues lignes de montagnes pittoresques où ils glissaient dans les ténèbres comme des ombres, formeraient un curieux sujet de roman. Walter Scott a dessiné quelques scènes de contrebandiers écossais moins curieuses peut-être et moins saisissantes que ne le seraient celles-ci, si nous avions notre Walter Scott.

A présent cette forte race d'hommes qui la nuit tenaient en éveil toutes les brigades de douanes, qui, le jour, faisaient retentir de leurs chansons bruyantes les cabarets du village, n'existe plus. La plupart d'entre eux ont vieilli dans la misère, après avoir employé toute leur jeunesse à un métier très-chanceux, mais souvent très-lucratif. Leur cohorte s'est dissoute d'elle-même et ne s'est point reconstruite. Grâce aux progrès de notre industrie nationale, à nos manufactures d'étoffes, à nos fabriques d'horlogerie, dont les produits se vendent à si bas prix, grâce aussi à la réduction des tarifs sur plusieurs objets d'importation, la grande contrebande est en quelque sorte anéantie, et il n'y a plus guère d'autres contrebandiers sur nos frontières que quelques pauvres gens qui, par l'appât d'un faible lucre, s'en iront encore en Suisse chercher une charge de sel, de sucre ou de tabac. L'administration des douanes a considérablement modifié son ancien système de prohibition et diminué, pour un assez grand nombre de denrées, les droits excessifs qui, en réalité, équivalaient à une prohibition. Depuis la révolution de Juillet, il est facile de remarquer que cette administration est mue par une pensée plus intelligente et plus libérale qu'autrefois. Sans sortir de la prescription des lois qu'elle est chargée de faire exécuter, elle apporte plus de ménagements dans ses différents services, plus de bienveillance dans ses transactions, et prend à tâche d'encourager, de soutenir les diverses industries qui s'exercent sur nos frontières, en leur accordant des facilités d'importation et d'exportation qu'elles réclamaient vainement il y a vingt années. Ces sages mesures, dont chaque jour, sur nos frontières, on ressent les heureux effets, peuvent être attribuées en partie au mouvement général de notre époque, mais c'est un honneur pour le directeur de cette administration, M. Gréterin, d'avoir su si bien en comprendre la portée et de les avoir si habilement mises à exécution. En agissant ainsi, l'administration qu'il dirige a pris, au sein des populations qu'elle enlace d'un triple cordon, une position toute nouvelle. Il fut un temps où elle n'éveillait qu'un sentiment de haine ou de terreur; maintenant elle est généralement aimée et considérée. Tout le monde comprend qu'elle a un devoir rigoureux à remplir, et chacun lui sait gré de le remplir avec délicatesse. On lui rendra encore un autre hommage si l'on a voyagé en pays étranger, si l'on a connu les habitudes vénales des douaniers autrichiens et l'ignoble rapacité des douaniers russes. En France, les employés subalternes de la douane sont en général mal rétribués; les simples préposés, qui font un service très-pénible, qui chaque semaine passent plusieurs nuits, en hiver comme en été, sur la terre nue, ne reçoivent pas, toute retenue faite, plus de cinq cents francs par an. La plupart d'entre eux sont mariés, pères de famille. Qu'on juge de l'état de gêne où ils doivent se trouver avec de si minimes appointements. Mais c'est en vain qu'un voyageur soumis à leur visite s'aviserait de vouloir tenter leur conscience.

Malgré les modifications que le temps, les progrès de l'industrie et du bien-être matériel ont apportées peu à peu dans les mœurs de la population de nos montagnes, elle a conservé tous les points essentiels de son caractère primitif. Sous des apparences nonchalantes, le paysan de nos montagnes garde un esprit ferme et résolu, habile à saisir le côté pratique des choses et poursuivant avec ténacité le but qu'il s'est proposé. Il est en général religieux et tendre, expansif et hospitalier, et en même temps fin et adroit. C'est le signe distinctif de tous les montagnards, en France comme en Écosse, et dans les Pyrénées comme dans le Jura. Qu'il arrive, à quelque jour que ce soit de l'année, ou un parent, ou un ami, ou un étranger recommandé par un ami, à l'instant même la table est mise, on s'en va chercher dans l'armoire le linge le plus blanc, à la cave le vin le plus vieux; on détache de la vaste cheminée en bois qui occupe toute la largeur de la cuisine le jambon fumé, et il faut pour faire plaisir à tous les maîtres de la maison s'asseoir à côté d'eux sans façon et boire pendant de longues heures. Mais s'il vient un homme inconnu qui s'annonce avec de belles phrases et de beaux projets, le paysan le reçoit son bonnet à la main, l'écoute patiemment sans mot dire, puis, après l'avoir reconduit jusqu'à la porte, revient fumer en silence sa pipe au coin du feu, en songeant à ce qu'il vient d'entendre et en secouant la tête. L'humeur processive se manifeste aussi très-souvent dans cette honnête population. A la moindre occasion de débat judiciaire, le paysan entre en conférence avec les avocats, les avoués, les clercs de la ville, et quelquefois leur prouve par ses arguments qu'il a très-attentivement lu, relu et étudié son Code civil.

L'instruction élémentaire est universellement

répandue dans nos montagnes. Il n'y a pas un de nos villages qui n'ait sa maison d'école, son instituteur plus richement rétribué que dans les autres parties de la France. Pendant tout l'hiver, les enfants suivent avec assiduité les leçons de l'école. En été, un grand nombre d'entre eux la quittent pour seconder leurs parents dans les travaux de la campagne, mais il n'en est pas un qui, en faisant sa première communion, ne sache au moins couramment lire et écrire. Plusieurs communes ont, en outre de cette institution, un établissement spécial pour les filles dirigé par des sœurs de charité. Ces bonnes sœurs rendent de grands services dans les villages où elles sont appelées. Elles gouvernent leurs élèves avec une douceur et une sollicitude touchantes. A les voir prendre tant de soin des pauvres enfants qu'elles sont chargées d'élever, on dirait que, par une révélation providentielle, ces saintes femmes connaissent tous les pieux devoirs de la maternité. Puis elles parent l'autel, elles ornent aux jours de fête d'une guirlande de fleurs et d'une broderie faite de leurs mains la statue de la Vierge ou du patron de la paroisse. Elles prennent aussi soin du malade. Elles s'asseyent comme des sœurs au chevet de son lit, elles le soutiennent dans ses douleurs et l'encouragent dans l'expression de son repentir, dans l'élan de sa piété. Leur zèle suffit à tout, à tout ce qui est sérieusement bon et doucement utile. Il faut voir avec quel soin elles entretiennent leur humble demeure et cultivent leur petit jardin. En posant le pied dans leur retraite, on éprouve je ne sais quelle suave émotion de calme et de bien-être. Tout y est si net, si frais, si reposé! On sent que les fausses agitations de la vie n'ont point séjourné dans cette chaste enceinte. La paix du cœur y a jeté son harmonie, et l'indulgente piété y a répandu son charme. Et ce jardin dont elles tracent avec tant de régularité les vertes allées, et cette maison qu'elles ornent si affectueusement des fruits de leur labeur, elles ne sont pas sûres d'en jouir longtemps. Un ordre de leur supérieure peut d'un jour à l'autre les faire sortir de là et les envoyer à une longue distance, et elles obéissent à cet ordre sans en demander la raison et sans se plaindre. Elles embrassent en pleurant les enfants qu'elles élevaient et s'en vont comme elles étaient venues, sans autre trésor que l'espoir d'avoir fait un peu de bien aux lieux où elles ont passé, et l'espoir d'en faire encore aux lieux où elles se rendent.

Grâce à tant de sages moyens d'enseignement, la population de nos montagnes peut être considérée comme l'une des populations les plus éclairées de la France. Nos paysans parlent encore entre eux un patois assez remarquable, un patois mêlé d'expressions celtiques, espagnoles, allemandes, et qui mérite d'attirer l'attention des philologues[1]. C'est le dialecte traditionnel de leurs pères, l'héritage de plusieurs races d'origine différente, la langue qu'ils ont appris à balbutier au foyer de la famille, sur les genoux de leur mère; et l'usage de cette langue chérie ne les empêche point de très-bien comprendre, de très-bien parler le français, ni d'employer leurs heures de loisir et leurs veillées d'hiver à lire un grand nombre de livres instructifs[2].

Les prêtres exercent sur cette population une très-grande autorité; l'affection qui les entoure, le respect qu'ils inspirent se manifestent à chaque instant dans les plus importantes comme dans les plus petites circonstances. Quand ils traversent leur village, il n'y a pas un paysan qui ne les salue avec empressement, pas une femme assise sur le seuil de sa porte qui ne se lève à leur approche, et pas un enfant qui n'accoure au-devant d'eux pour leur faire une humble révérence. Presque toutes nos communes

[1]. Un des plus doux projets de Charles Nodier était de faire quelque jour l'histoire et l'analyse de ces dialectes populaires de Franche-Comté, et un savant prêtre de notre pays, M. l'abbé Dartois, travaille depuis plusieurs années à remplir cette tâche, qui par ses différentes ramifications, offre un grand intérêt et nécessite de patientes études.

[2] Le goût de la lecture est si répandu dans l'arrondissement qu'il existe dans la petite ville de Pontarlier deux imprimeries, trois librairies, et deux journaux qui paraissent chaque dimanche.

donnent à leur curé un supplément de traitement pour remplacer son chétif casuel, et la plupart des maisons aisées lui apportent fréquemment le tribut de leur industrie agricole. C'est une espèce de dîme, mais une dîme volontaire que l'on offre avec joie et que l'on serait désolé de ne pas voir accepter. Les prêtres justifient cette affection et ce respect par leur charité pour les pauvres, par leur dévouement pour tous les habitants de la paroisse, par leur esprit prudent et éclairé. Le clergé du diocèse de Besançon a toujours été cité comme un des plus dignes clergés de France, et la moralité des habitants actuels de nos montagnes ajoute un nouveau titre à ceux qui lui ont donné une si noble réputation. A une époque où les saines traditions de la foi éprouvent de si violentes secousses, où le poison dissolvant du doute pénètre au fond de tant de cœurs, où, d'une part, les prédicateurs de l'Évangile crient à l'indifférence, et de l'autre à l'incrédulité, il est doux de trouver un coin de terre où la naïve croyance des aïeux n'a point encore subi cette fatale atteinte, où l'on aime ce qu'ils ont aimé, où l'on suit pieusement les cérémonies de l'Église, où l'on se fait honneur de célébrer toutes les religieuses fêtes d'autrefois. Cet état de stabilité salutaire, à une époque d'ébranlement général, est dû en partie aux qualités natives de cœur et d'esprit qui distinguent nos montagnards, et à leur vie de famille; mais il est dû aussi à l'active vigilance et à l'intelligente coopération des prêtres. Que ne puis-je citer ici plusieurs de ces vénérables apôtres de l'Évangile, et les dépeindre tels que je les ai vus dans diverses occasions, si graves et si imposants dans l'exercice de leurs hautes fonctions, si gais, si aimables dans les entretiens d'un cercle intime! Leur modestie me défend de prononcer leur nom, mais je leur adresse de loin mon discret hommage.

Par le salutaire effet de ses habitudes religieuses, par son goût pour l'instruction, par les produits naturels de son sol et les produits de son commerce, l'arrondissement de Pontarlier occupe, au point de vue intellectuel et matériel, une place notable dans la statistique de la France. Ses usines, par suite du renchérissement des bois, sont, il est vrai, déchues de leur ancienne prospérité, et la cherté du sel entrave encore une grande partie de ses spéculations agricoles; mais il a su créer, à côté de l'industrie vacillante des forges, de nouvelles industries solides et fécondes : il espère que les droits sur le sel seront considérablement diminués. Enfin, il est sur tous les points en voie de progrès, et quand les idées de progrès sont entrées dans l'esprit d'une population sérieuse et forte comme celle-ci, elles ne peuvent qu'y jeter de profondes racines et s'y développer sans interruption.

LE MYTHE DES CIGALES

ET LA LÉGENDE DE L'OISEAU BLEU.

Lorsqu'en été, dans nos prairies, et parmi les blés nouveaux, on entend les cigales chanter depuis le matin jusqu'au soir, on ne se doute guère que sous la frêle enveloppe de ces petits insectes sont cachées des âmes humaines à qui il a été donné de vivre des accords du chant, sans avoir jamais à souffrir ni de la faim ni de la soif.

Il est vrai que les naturalistes ne disent rien dans leurs livres de l'existence merveilleuse de ces âmes privilégiées; de sorte qu'on n'ose y croire entièrement. Cependant c'est une histoire qui nous vient des Grecs dont la vive imagination pénétrait si bien les mystères poétiques de la nature. Et si la Fontaine, qui a une grande autorité en pareille matière, semble les contredire sur ce point dans celle de ses fables où une cigale va crier famine

Chez la fourmi, sa voisine,

c'est sans doute qu'à l'époque où il fit cette fable, qui est, comme on sait, la première de son recueil, il ne connaissait pas encore Platon, et n'avait point lu l'histoire des cigales, telle qu'elle est admirablement racontée et embellie dans *le Phèdre.*

Socrate et Phèdre, son jeune ami, s'entretiennent ensemble, assis sur l'herbe touffue, près de la source de l'Ilissus, à l'ombre des arbres en fleurs qui embaument l'air de leurs parfums, dans un lieu charmant et solitaire, dont le chant animé des cigales a troublé seul le silence. Après avoir entendu la lecture d'un discours de l'orateur Lysias sur l'amour, Socrate en fait deux nouveaux à la suite l'un de l'autre, sur le même sujet, pour réfuter celui de Lysias. Cependant l'heure est venue de se reposer; c'est le milieu du jour, et la chaleur invite au sommeil. Mais Socrate engage alors la discussion sur la forme du discours de Lysias, comme ouvrage de rhétorique : — Nous avons du loisir, dit-il; d'ailleurs n'entends-tu pas les cigales chanter, comme elles en ont l'habitude, et converser au-dessus de nos têtes? Sois sûr qu'elles nous regardent et nous surveillent; et si elles nous voyaient, comme la multitude, sommeiller en plein midi, et, faute de savoir occuper notre esprit, céder à l'influence de leurs voix assoupissantes, elles pourraient avec raison se rire de notre paresse, croyant voir des esclaves venus dans leur asile pour dormir près de la fontaine, comme des brebis qui se reposent au milieu du jour. Mais si elles nous voient continuer notre entretien sans nous laisser charmer par leurs chants de sirènes, peut-être, en récompense, nous accorderont-elles le bienfait que les dieux leur ont permis d'accorder aux hommes.

— Quel est ce bienfait? demanda Phèdre. Je ne crois pas en avoir jamais entendu parler.

— Cependant, dit Socrate, il n'est pas permis à un amant des Muses d'ignorer cette histoire. On dit donc que les cigales étaient des hommes avant la naissance des Muses. Quand les Muses vinrent au monde pour enseigner aux hommes l'art du chant, plusieurs d'entre eux furent pris d'une telle passion de chanter qu'ils en perdirent le sentiment de la vie, et moururent sans même s'en apercevoir. Après leur mort, ils furent changés en cigales, et, sous cette nouvelle forme, ils ont reçu des Muses le privilége de n'avoir jamais besoin de nourriture. De là vient que les cigales chantent sans boire ni manger depuis le moment de leur naissance jusqu'au terme de leur vie; après quoi, elles vont rejoindre les Muses et leur font connaître ceux par qui chacune d'elles est honorée sur la terre.... Par exemple, à la plus âgée, Calliope, et à la cadette, Uranie, elles font connaître ceux qui, vivant au sein de la philosophie, rendent ainsi hommage aux chants de ces deux déesses, les plus mélodieux de tous....

— Voilà bien des raisons pour parler au lieu de dormir. — Parlons donc.

Si, après ce récit, on refuse encore de croire à l'origine merveilleuse des cigales et à leurs relations avec le chœur sacré des Muses, je ne veux pas disputer, n'ayant pas d'autre preuve à donner de la vérité de cette histoire; mais si on la prend comme une fable, on en appréciera du moins la belle invention, et l'on admirera la morale élevée que Socrate y a introduite, en mêlant aux croyances de la religion populaire ses hautes idées sur Dieu, dont l'œil, toujours ouvert sur les hommes, voit leur conduite, pénètre leurs pensées; de sorte qu'ils doivent prendre garde de jamais céder au mal, étant sans cesse en la présence de ce juge sévère de leurs actions.

L'histoire de ces hommes de la Grèce, qui furent pris d'une telle passion pour le chant qu'ils en perdirent le sentiment des besoins du corps, m'en rappelle une autre dont l'origine est moins antique et la source moins éloignée; c'est la légende allemande de l'Oiseau bleu.

« Un matin, le moine Félix sort de son couvent; et, comme il se promène dans la forêt voisine, il entend gazouiller un petit oiseau dont la chanson le réjouit. C'était une belle journée de printemps; les rayons du soleil scintillaient entre les feuilles naissantes des arbres, la terre était couverte de fleurs nouvelles, l'air était doux et parfumé. L'oiseau continue sa chanson, et le moine s'arrête à l'écouter. C'étaient des sons d'une harmonie merveilleuse, des accords d'un charme indéfinissable, et, comme pour accompagner cette mélodie, s'élevaient de toutes parts des bruits qui avaient une douceur infinie. Jamais il n'avait assisté à un concert aussi ravissant : les chants de l'orgue, dans la froide église du couvent, n'étaient rien auprès de cette musique inexprimable de la nature qu'il entendait, couché dans les hautes herbes, sous le ciel bleu, au milieu des bois. Il écoute, il écoute, et plus il écoute, plus il est ravi. Cependant il se fait tard, l'heure de la retraite est venue, Félix s'achemine vers son couvent; mais, ô surprise! quand il arrive, il ne reconnaît pas le portier, et le portier ne le reconnaît pas et lui refuse l'entrée. Un dialogue s'établit, les autres frères accourent, nouvelle surprise : aucune de ces figures ne lui est connue. Alors, sur ses instances, on le conduit vers le prieur, et le digne homme, qui tombait de vieillesse, se rappelle en effet qu'autrefois on lui a parlé d'un jeune novice appelé Félix dont le portrait se rapporte à la figure de la personne qu'on lui amène. On consulte les anciens registres du couvent. Le nom de Félix s'y trouve : cent ans s'étaient écoulés pendant qu'il écoutait chanter l'oiseau bleu. »

Le caractère différent de ces deux contes exprime bien la différence du génie des Grecs et du génie des Allemands. Ce long ravissement où tombe le moine de la légende allemande est cet état de rêverie sans fin dans lequel l'âme, s'oubliant elle-même, devient le jouet des illusions des sens et de l'imagination; de sorte qu'elle demeure sans action, sans pensée, sans essor vers le ciel, plongée et comme perdue dans le sentiment et la jouissance des beautés terrestres du monde visible.

Au contraire, dans la fable grecque le chant des Muses qui enseignent aux premiers hommes la poésie et la philosophie, est pour eux, dans l'ignorance où ils vivaient, exilés du ciel, et nouveaux sur la terre nouvelle, comme la révélation consolante de leur divine origine et des beautés invisibles du monde céleste, leur antique séjour, d'où ils sont tombés, et dont ils avaient perdu jusqu'au souvenir. Lorsque la mémoire leur est ainsi rendue, ils sont comme éclairés d'une lumière merveilleuse, dans laquelle ils revoient en esprit les belles choses dont la vue plus distincte faisait leur félicité avant qu'ils fussent tombés sur la terre; et ce spectacle les pénètre encore d'une joie pure, et en même temps si vive qu'ils ne se lassent point de le contempler. Ils ne voient plus, ils n'entendent plus : les images de la terre ne les touchent plus; recueillis en eux-mêmes, ils sont dans ce ravissement divin où l'âme, détachée du corps et des sens, et appliquée tout entière au chant des Muses, c'est-à-dire à la poésie et à la philosophie, jouit véritablement de la vue du ciel. Car telle est, suivant les idées platoniciennes, l'explication de ce mythe populaire, demi-religieux, demi-philosophique, qui exprime avec une admirable poésie la félicité de ceux qui honorent les Muses, c'est-à-dire qui s'appliquent à la sagesse et à la connaissance du beau et du vrai.

Cette belle tradition et le respect des cigales devaient donc être mieux conservés, et sans doute, si Socrate revenait sur la terre, et voyait les systèmes des philosophes de notre temps et les vers de nos poëtes, il ne manquerait pas de dire que les cigales méconnues et sans honneur parmi nous, sont allées s'en plaindre aux Muses, qui, pour les venger de nos mépris, nous ont retiré le don de l'inspiration et des lumineuses pensées.

UNE FAMILLE PAUVRE.

A M. ROCHER,
CONSEILLER A LA COUR DE CASSATION.

CHAPITRE PREMIER.

LES ENFANTS DU NOTAIRE.

Par une sombre et humide soirée d'automne, un jeune homme et une jeune fille, frère et sœur, étaient assis sous le vaste manteau d'une de ces vieilles cheminées en bois qui, dans les fermes agrestes des montagnes de la Franche-Comté, occupent presque toute la largeur de la maison, le jeune homme, la tête penchée avec une profonde expression de tristesse, la jeune fille tirant d'un doigt distrait le fil de lin attaché à sa quenouille, et jetant à tout instant un regard pensif et inquiet sur son frère. Le vent sifflait et gémissait à travers les ais disjoints de l'habitation, une pluie fine et froide tombait de temps à autre comme une rafale et ruisselait sur les vitres des fenêtres, élevées de quelques pieds au-dessus du sol. Une tige de sapin à demi consumée ne projetait plus dans l'âtre qu'une flamme terne et blafarde. A la lueur de cette flamme mobile agitée par le vent, on pouvait cependant encore distinguer dans l'ombre tout l'ameublement de cette pièce rustique : ici une longue table en bois, façonnée grossièrement avec la hache d'un menuisier villageois, mais propre et luisante, et quelques chaises taillées de la même façon ; plus loin une de ces armoires ouvertes, désignées dans le pays sous le nom de *dressoir*, et chargée d'assiettes en terre, au milieu desquelles brillaient quelques plats d'étain qui jadis faisaient l'ornement des plus riches habitations de nos montagnes. Au-dessous de ce dressoir de larges seaux destinés à contenir le lait, une beurrière et une seille à eau avec un bassin en cuivre, où chacun allait boire après ses repas l'onde fraîche puisée à la citerne. Voilà tout. Le sol de la cuisine n'était point planchéié ; les murailles, mal crépies et suintant de tout côté, étaient çà et là sillonnées de longues taches vertes, résultat de l'humidité. Au-dessus de ces murailles, qui n'avaient pas plus de quatre pieds de hauteur, s'élevait jusqu'au toit une espèce de palissade en planches, fendue et crevassée en maint endroit. Une porte s'ouvrait d'un côté au niveau du sol sur le jardin et le potager ; une autre sur la grange et l'écurie. Dans un angle de la cuisine, sous une rampe d'escalier conduisant au premier étage, une vieille servante reposait sur un grabat ; et dans la pièce voisine attenante au foyer, dans le poêle, pour parler le langage du pays, on entendait la respiration bruyante et saccadée d'une personne dormant d'un sommeil pénible. Tout dans cette habitation indiquait un état de fortune gêné, voisin de la misère, et cependant les meubles, les ustensiles vulgaires qui la garnissaient étaient si soigneusement entretenus et si propres, qu'on pouvait encore éprouver, en entrant là, une douce pensée, la pensée qui naît des habitudes d'ordre et de prudente économie.

Après avoir tourné quelques instants en silence la bobine de son rouet, la jeune fille se leva, s'avança avec précaution sur le seuil du poêle, prêta l'oreille aux sons qui s'y faisaient entendre, puis venant s'asseoir près de son frère, et lui prenant affectueusement la main : — Notre père dort, dit-elle, et nous pouvons causer en liberté ; voyons, mon cher Georges, conte-moi ta journée.

— Ma journée, dit le jeune homme en relevant la tête d'un air chagrin et en arrêtant sur sa sœur un regard douloureux, ah ! je voudrais ne pas t'en parler, car elle a été bien triste, et je n'en rapporte que de nouveaux regrets et de nouvelles sollicitudes.

— Allons, allons, voilà comme tu te laisses toujours abattre au moindre accident. Les hommes parlent perpétuellement de leur force, et lorsqu'ils trouvent sur leur route un obstacle inattendu, les voilà qui chancellent comme s'ils étaient frappés par un coup de tonnerre. Mais que dis-je, reprit-elle vivement en serrant la main de son frère et en le regardant avec un doux sourire, ce n'est pas à toi que je devrais parler ainsi, à toi que j'ai toujours vu si courageux et si résolu, à toi qui du matin au soir travailles avec tant d'ardeur et de patience pour donner encore un peu de bien-être à notre pauvre père.

— Non, ma chère Hélène, je n'ai pas la force que tu m'attribues. Je ne puis pas, comme toi, supporter gaiement le poids de notre situation, montrer un visage riant quand je ressens dans l'âme une affreuse douleur, et chanter pour égayer notre père quand j'ai le cœur plein de larmes. Dieu t'a donné une puissance de résignation, une énergie de tendresse que je n'ai pas. Je sais bien aussi que la souffrance est dans ton âme comme dans la mienne, et que cette souffrance éclate quand tu crois être seule. Je t'ai surprise plus d'une fois essuyant furtivement les larmes de tes yeux; mais que tu entrevoies quelqu'un, te voilà vive et gaie, sautillant et courant, comme si nul souci n'avait jamais effleuré ta pensée.

— Ta, ta, mon petit frère, que de belles choses vous dites là; c'est la fumée des branches de sapin qui parfois humecte mes paupières, et voilà ce que vous avez pris pour des larmes. Mais ne perdons pas notre temps à des réminiscences inutiles, la vieille Brigitte dort d'un profond sommeil, notre père vient de s'assoupir. C'est le seul moment de la journée où nous puissions causer en liberté, parle, mon cher Georges, et dis-moi ce que tu as fait?

— Eh bien! j'ai d'abord été à Montbenoît, chez M. Renardeau, je l'ai trouvé seul dans cette espèce de repaire, où il exerce son infâme trafic d'usurier, entouré de paperasses, de registres, qu'il compulsait la plume à la main, et comme il y avait sur sa table une vingtaine de piles d'écus, j'ai pensé que le moment était favorable pour lui demander un délai de paiement, mais il est resté inflexible.

— Inflexible, s'écria Hélène avec un accent de terreur, puis réprimant aussitôt cette émotion soudaine; mais lui as-tu bien parlé avec ta douceur et ta politesse habituelles? Tu sais que cet homme-là est fier, que fils d'un berger de village, il demande qu'on le traite avec respect comme pour lui faire oublier à lui-même la cabane de son père et l'origine de sa fortune.

— Je suis entré, dit Georges, le chapeau à la main dans sa chambre. J'ai attendu un grand quart d'heure, debout et sans mot dire, qu'il voulût bien quitter des yeux ses additions et me regarder. Je me suis courbé, humilié devant lui; j'ai prié, j'ai supplié, j'ai prodigué les promesses. Je me sentais rougir moi-même d'implorer ainsi cet être odieux que je méprise, mais il y allait du repos de notre père, de ton repos à toi, ma bonne sœur, et je m'adressais tour à tour à toutes les cordes qui peuvent vibrer dans le cœur d'un homme, je n'ai pu en ébranler aucune. — Aux termes de notre contrat, m'a-t-il dit, sans se lever de sa place, et en fixant sur moi son œil fauve, le remboursement de la somme de six mille francs, que j'ai prêtée à votre père, n'est exigible qu'en décembre prochain; mais vous me devez un demi-terme des intérêts de l'année dernière, et le terme entier des intérêts de cette année, ce qui fait à six pour cent, en y ajoutant le taux égal ou arriéré par votre retard, une somme ronde de cinq cent quatre-vingt-dix-huit francs vingt-deux centimes. Voyez, jeune homme, ajouta-t-il, en me montrant un de ses registres, voilà votre compte. Si dans huit jours, cette somme n'est pas ici, sur ma table, je fais rendre un arrêt du tribunal contre vous, et alors exploit d'huissier, frais de justice, inscription de jugement, vous aurez tout à payer. Vous n'avez point voulu me vendre ce misérable petit bois des Jarrons, auquel je n'attache quelque prix, que parce qu'il touche à une de mes propriétés, je l'aurai en dépit de votre obstination, et votre maison ensuite, et votre dernier coin de champ. Votre père étendu malade sur son lit, et réduit à la misère, se permet encore de faire le fanfaron avec moi, parce qu'il a été notaire et que...

A ces mots, la patience m'a échappé. N'outragez pas la dignité de mon père, me suis-je écrié en serrant les poings avec fureur, et souvenez-vous du temps où vous mendiez la faveur de lui servir de scribe. Dans huit jours nous nous reverrons.

— Eh bien, dans huit jours, a-t-il dit, d'un air sardonique, en faisant tomber à grand bruit dans un coffre ses piles d'écus.

Et je suis sorti, la rage dans l'âme, mes genoux tremblaient, la sueur me ruisselait du front, j'aurais voulu m'élancer sur cet infâme usurier dont les fourberies sont la première cause de notre ruine. J'aurais voulu le prendre à la gorge, le rouler sous mes pieds.... Et en parlant ainsi, l'œil du jeune homme étincelait encore d'un feu ardent, et ses doigts se crispaient sur la petite main de sa sœur.

— Calme-toi, calme-toi, mon cher Georges, lui dit Hélène, je comprends tout ce que tu as dû souffrir; mais tu le sais, la vengeance n'est point permise à l'homme; c'est à Dieu à punir les méchants; et s'il est en ce monde des êtres si durs et si mauvais, il en est aussi dont le cœur reste ouvert à la pitié, aux sentiments d'affection et de générosité. N'as-tu point après cette pénible tentative trouvé de salutaires consolations chez nos amis?

— Nos amis..., j'ai été chercher à Ville-du-Pont, à l'Argillat tous ceux qui autrefois se plaisaient à prendre ce titre, tous ceux qui en s'asseyant à la table de notre père vantaient son noble caractère et nous comblaient de caresses. J'ai demandé à l'un deux cents francs, à un autre plus riche, trois cents; mais celui-ci n'a pu vendre encore ses fromages; cet autre a perdu deux bœufs qu'il doit remplacer; un troisième a si peu récolté de foin, qu'il est forcé d'en acheter. Bref, tous m'ont éconduit avec de belles paroles, et pas un d'eux n'a même eu la pensée de m'offrir un verre d'eau. Les gens de nos montagnes sont pourtant renommés pour leur hospitalité, mais il semble que l'infortune soit comme un germe pestilentiel, dont l'approche seule met en fuite les gens heureux. Il n'y a que les pauvres qui le bravent, et je dois à une pauvre femme le seul témoignage réel d'affection que j'aie reçu aujourd'hui. Je m'en revenais vers le soir, harassé de fatigue après mes courses inutiles, et à jeun depuis le matin, lorsqu'en passant par Montbenoît, je m'entends appeler par mon nom, je me retourne, et je vois la bonne Jeanne, la femme de Ferrand, le cabaretier, qui me regardait, debout sur sa porte. — Eh! monsieur Georges, me cria-t-elle, comme vous passez sans rien dire à vos vieilles connaissances! Entrez donc un instant. Ne savez-vous pas que nous sommes de vieux serviteurs de votre famille? Comment va votre père? Ah! le bon et digne monsieur, c'est à lui que nous devons notre petit bien. Il prenait soin de nos intérêts comme si nous avions été ses enfants. C'est lui qui nous a fait acheter cette maison et qui l'a recommandée à tous les gens du voisinage comme une honnête maison, et je me flatte qu'il n'y en a pas une plus honnête dans tout le canton.... Et votre gentille sœur? En voilà une qui est aimable, et bonne, et pas fière, c'est tout le portrait de sa mère, que Dieu ait son âme! J'ai bien connu aussi votre frère, celui qui est parti à seize ans pour l'armée, un beau et fort garçon! Il disait qu'il voulait revenir colonel, et on ne l'a pas revu, il est à croire qu'il est mort! Ah! Seigneur, que d'adversités on a quelquefois! Tout en causant ainsi avec sa volubilité habituelle, la bonne femme m'avait pris par la main et me conduisait dans la plus belle chambre de son auberge. Je vous ai vu traverser le village ce matin, me dit-elle, et vous avez l'air fatigué; peut-être que vous n'avez pas encore dîné; attendez, mon mari n'est pas ici, mais il me ferait de grands reproches s'il savait que je vous ai laissé partir sans vous offrir seulement un verre de vin. A ces mots elle sort, et revient un instant après, apportant un jambon, une tranche de veau, une bouteille de vin dont elle me verse un grand verre. — Buvez, me dit-elle, c'est le meilleur vin que nous ayons, celui que nous ne donnons qu'aux *richards* et aux gourmets du pays. M. Renardeau le trouve trop cher, aussi il n'y goûte pas souvent, et il est vrai que la piquette est assez bonne pour lui.

Et la vieille Jeanne s'arrêtait un instant pour reprendre haleine, puis me regardait en silence, les bras croisés, puis se levait pour me servir, et se remettait à causer, prononçant à tout instant avec vénération le nom de notre père et le tien. Ce ne fut pas sans peine que je parvins à la quitter, il aurait fallu pour la contenter attendre son mari, coucher dans sa maison, dîner avec eux le lendemain; toutes choses auxquelles je ne pouvais pas même songer; tu m'attendais, et rien ne pouvait m'empêcher de revenir ce soir.

— Ah! je te remercie, à quelle mortelle inquiétude j'aurais été livrée, si tu n'étais pas revenu! Et maintenant, dis-moi, qu'allons-nous faire?

— Tu le vois, il ne nous reste plus d'autre ressource que de vendre ce bois convoité par notre impitoyable créancier.

— Mais notre père seul peut faire cette vente,

et nous n'oserions le lui proposer, car il ignore, grâce au ciel, notre affreuse situation. Nous ne lui avons pas dit que le marchand qui, cette année, a acheté nos fromages, a fait faillite, que notre récolte d'avoine a été presque entièrement détruite par les pluies. Il croit que nous avons payé à M. Renardeau les intérêts qui lui sont dus, que toutes nos affaires sont parfaitement en règle, et le détromper, c'est peut-être lui porter un coup mortel.

— Hélas! dit Georges, tout cela n'est que trop vrai, et pour pouvoir contracter un emprunt chez un banquier ou un notaire de Pontarlier, il faudrait également que notre père y souscrivît; et il ne nous reste pas un sac de froment, pas une botte de foin à vendre. Oh! mon Dieu, mon Dieu, ayez pitié de nous! S'il m'était permis de vous quitter; si vous n'aviez pas l'un et l'autre besoin de moi, ah! je sais bien ce que je ferais.

— Que ferais-tu?

— Je me vendrais comme remplaçant de quelque conscrit riche et peureux. Je suis assez grand, assez fort. On me donnerait bien deux mille francs.

— Tais-toi, tais-toi, c'est une affreuse pensée qui ne devrait même jamais passer par ton esprit. L'armée nous a déjà enlevé un frère, et sans toi que deviendrais-je, que deviendrait notre pauvre père?

—Eh bien, s'il le faut, s'écria Georges, en relevant la tête avec l'impression d'une triste et ardente résolution, s'il le faut, je connais un autre moyen.

— Ne formons pas de projets imprudents, mon cher frère, n'entreprends rien, je t'en conjure, sans me faire part de tes desseins. Je connais le dévouement de ton caractère, et ce dévouement pourrait te tromper. Soyons encore fermes et patients. Que de fois, tu te le rappelles, notre mère nous a dit, en abaissant sur nous son regard angélique : —Mes enfants, Dieu n'abandonne point ceux qui ont confiance en lui. Il nous reste encore huit jours pour satisfaire aux conditions qui nous sont prescrites. Qui sait ce qui peut arriver dans cet intervalle? Dieu n'a pas besoin de huit jours pour donner le grain de sénevé aux petits oiseaux, et nous sommes devant lui comme de pauvres oiseaux inquiets et tremblants dans notre nid.

En ce moment on entendit dans la pièce voisine un long soupir, puis quelques mots confusément articulés.

— Voilà notre père qui s'éveille, retire-toi, tu as besoin de repos, je vais aller m'asseoir près de lui, jusqu'à ce qu'il s'endorme de nouveau.

— Est-ce donc à toi à le veiller toujours? Laisse-moi prendre ta place ce soir?

—Non, non, je n'ai pas été comme toi tout

le jour à travers monts et vallées, et je suis pleine de force et de santé. Va, mon cher frère, te reposer, demain peut-être le bon Dieu nous inspirera une heureuse idée, et peut-être nous enverra un secours imprévu.

En disant ces mots, elle donna un baiser à son frère, alluma une lampe et se mit à fredonner à voix basse, mais assez haut cependant pour que son père l'entendît :

> La légère hirondelle
> Qui revient au printemps
> Effleurer de son aile
> Les saules des étangs
>
> Est comme l'espérance
> Dont le rayon d'azur
> Annonce à la souffrance
> L'aurore d'un jour pur.

— Comment, dit le vieux notaire, comment, c'est toi, ma bonne petite, qui chantes encore. Quelle heure est-il donc ? Il me semble que tu devrais déjà être couchée

— Il n'est pas bien tard, répondit Hélène, en s'élançant gaiement dans la chambre de son père, et j'ai passé quelques instants avec Georges qui, après avoir bien travaillé tout le jour, se reposait au coin du feu, en nous racontant toutes sortes de jolies histoires. Et comment êtes-vous ? Avez-vous dormi paisiblement ? Tenez, voilà votre oreiller qui tombe d'un côté, et votre couverture qui s'en va d'un autre.

En parlant ainsi, la tendre jeune fille réparait le désordre du lit, puis prenant avec précaution, de ses mains délicates, la tête de son père, et la replaçant au milieu de l'oreiller :

— Vous voilà mieux, dit-elle, n'est-ce pas? Mais non, votre bonnet vous tombe encore sur les yeux, et vos pieds ne sont pas assez chaudement enveloppés. A présent, c'est bien, donnez-moi votre bras. Vous verrez que je suis très-forte en médecine, depuis que j'ai entendu les grandes phrases du docteur de Montbenoît. Votre pouls n'est pas mauvais, et votre visage est reposé. C'est ainsi qu'il parle, et, toute plaisanterie à part, je crois que vous avez fait un bon sommeil.

— Pauvre douce enfant, murmura le vieillard d'une voix émue, en lui serrant la main, ange consolateur, bénédiction de Dieu.

— Oh! ne parlez pas ainsi, vous me rendez toute honteuse. Je ne fais rien. Je ne puis rien faire, hélas! je ne puis pas vous empêcher de souffrir.

— Non, ma chère enfant, je ne souffre plus quand je te vois. Je te regarde et je me dis que le ciel a été bien miséricordieux pour moi ; tant de douceur et de tendresse, tant de gaieté généreuse, lorsque, j'en suis sûr, ton cœur n'est pas gai! et le cher Georges, quelle ardeur au travail, quel dévouement! Oh! mon Dieu, votre mère qui est là-haut, et qui vous voit, vous bénit, et moi je vous bénis ici, chaque jour, à tout instant. Mais à peine suis-je seul, que je me sens saisi par de sombres souvenirs et de tristes idées. Dans mes veilles, je pense que tu devais être riche, heureuse, et que tu es là avec ton excellent frère, dans une pauvre maison, à côté d'un père malade, en proie aux sollicitudes de l'avenir. Dans mon sommeil, toutes ces pensées me suivent et me donnent des rêves affreux. Tout à l'heure encore, j'étais en proie à je ne sais quel songe étrange, je tressaillais et me torturais dans une espèce de cauchemar. Je voyais flotter devant moi, dans une ombre indécise, la figure de ton frère aîné, la figure de Louis, ce brave garçon que tu as à peine connu, mais qui était comme toi si doux et si tendre; puis je voyais s'élever à côté de lui comme un fantôme sinistre et menaçant, tu ne devinerais jamais qui, Renardeau, ce même Renardeau, qui a été mon clerc pendant dix ans, et en qui j'ai eu toute confiance. Je sais bien que du jour où j'ai été forcé d'abandonner mon étude, il s'est éloigné de moi, et j'ai même entendu par-ci par-là sourciller à son égard certains mots qui ne me plaisent point. C'est pourtant un honnête homme, j'en suis sûr; mais il m'est apparu dans mon rêve avec des yeux si sombres et une physionomie si cruelle.... Oh! non, ce sont des folies de l'imagination, c'est le fiévreux état d'une tête malade, n'est-ce pas Hélène, et puisque tu es là, près de moi, avec ton doux regard, le regard de ta mère, et ton charmant sourire, qu'ai-je à craindre, tous les méchants fantômes disparaissent à ton aspect.

— Oui, mon père, répondit la jeune fille, en surmontant à la hâte l'émotion que lui causaient ces paroles du vieillard, ce sont de ces rêves sans cause qui surprennent le malade dans son lit solitaire, et je vous l'ai déjà demandé bien des fois, vous devriez me laisser passer la nuit dans votre chambre. Mes yeux se fermeraient près de vous, mais mon cœur veillerait, et au moindre soupir, et au moindre cri de douleur, j'accourrais pour vous arracher à un de ces accidents de sommeil pires que l'insomnie, je vous égaierais par une de ces chansons de notre pays que vous aimez, et je vous redirais les contes des montagnes que vous m'appreniez vous-même autrefois à la veillée; vous savez, quand j'allais m'asseoir toute petite sur vos genoux et qu'en passant votre main dans mes cheveux, vous me parliez de ces bonnes fées que l'on rencontre le soir dans les prairies, de ces vouivres qui se baignent dans les ruisseaux, et qui, avant d'entrer dans l'eau, déposent sur l'herbe une grosse escarboucle qu'elles portent au front comme un œil lumineux, puis de ces gentils lutins qui secondent les braves filles dans leur ouvrage, et tourmentent les paresseuses. Oh! je n'ai point oublié toutes ces jolies histoires, que vous me racontiez quand j'avais été sage, obéissante, et point trop gourmande, ce qui était mon défaut. Je vous les redirais toutes, et puisque vous m'appelez votre ange, vous savez bien que les anges doivent nuit et jour veiller sur ceux que Dieu a confiés à leur garde. Laissez-moi donc me mettre ici, à côté de votre lit, et passer la nuit près de vous. Tenez, voilà une tisane qu'il faut que vous preniez de deux heures en deux heures. Vous ne devez pas sortir vos bras de votre couverture, et vous voyez bien qu'il faut que je sois là.

— Non, non, il faut que vous vous en alliez, folle causeuse que vous êtes, avec tous vos vieux contes de fées, vous me prenez pour un enfant qu'on endort avec des récits de bonne femme, allez vous coucher, il est tard, et les petits oiseaux, babillards comme vous, sont endormis depuis longtemps.

Puis, l'attirant sur son lit, et la baisant au front.

— Va, ma douce fille, ajouta-t-il; je t'en prie, je le veux, et maintenant, sois-en sûre, je vais bien dormir.

Hélène se retira à pas lents, non sans avoir jeté de côté et d'autre encore un regard pour voir si rien ne manquait à son père. Puis elle rentra dans la cuisine; mais au lieu de monter dans sa chambre, elle s'assit près du feu, sur une chaise, joignit les mains, invoqua Dieu et le souvenir de sa mère, et s'endormit.

CHAPITRE II.

MONSIEUR RENARDEAU ET MONSIEUR DURAND.

— Oui, monsieur Durand, je puis vous l'affirmer sur ma parole d'honneur, disait l'usurier, avec qui nous avons déjà fait connaissance, à un homme d'une quarantaine d'années et d'une physionomie respectable, assis à côté de lui, dans le cabaret de la mère Jeanne; oui, ce vieux notaire Valbois est ruiné, complétement ruiné, il ne lui reste plus d'autre propriété que cette ferme de Lièvremont, où il s'est retiré avec ses enfants, et il doit plus que cette propriété ne vaut. C'est l'intérêt que je vous porte qui m'engage à vous parler ainsi; car, sur ma foi, je ne lui en veux pas le moins du monde, au pauvre homme, quoiqu'il soit resté fier, et qu'il m'ait traité comme un petit garçon. Je lui ai rendu toutes sortes de services, et je puis bien dire que sans l'argent que je lui ai prêté gratuitement, il serait peut-être à l'heure qu'il est, emprisonné pour dettes. Mais vous êtes récemment arrivé dans notre pays, vous n'avez fait qu'entrevoir le ressort de votre perception, et c'est à moi, qui suis un de vos plus forts contribuables, à moi, membre du conseil municipal de Montbenoît, et probablement bientôt membre du conseil d'arrondissement, à vous donner les conseils dont vous devez avoir besoin. Je crois que ce notaire est en retard d'une année pour le paiement de ses impôts, et je vous engage à le serrer de près, si vous ne voulez vous exposer à quelque fâcheux désagrément.

— Je vous remercie de vos bonnes intentions, répondit M. Durand d'un air calme et digne. Cependant, dites-moi, comment un notaire qui, si je ne me trompe, avait une fortune honnête, en est venu, dans ses vieux jours, à se trouver si mal dans ses affaires? Quoique je ne sois installé que depuis peu de temps dans ma nouvelle perception, j'ai déjà entendu parler de lui par plusieurs personnes, et l'on s'accorde généralement à louer son intelligence; de plus, j'ai remarqué que son nom est prononcé avec respect, et qu'en faisant la peinture de sa situation actuelle on en est touché, et que chacun lui garde une profonde estime.

— Ah! oui, reprit M. Renardeau, quelques gens auxquels il aura serré la main une ou deux fois dans sa vie, et dont il aura rédigé le contrat de mariage. Le fait est, voyez-vous, que cet homme s'est laissé aller à toutes les folies imaginables. Il avait un peu de bien et une place dont les revenus bien ménagés eussent suffi pour lui assurer à lui et à sa famille une honnête existence.. Mais M. Valbois voulait trancher du grand seigneur; monsieur tenait table ouverte pour tous les habitants du voisinage et tous les passants affamés qui lui apportaient une lettre de recommandation. On faisait des offrandes à l'église, des aumônes aux pauvres. On souscrivait tantôt pour un monument national, tantôt pour une nouvelle édition de quelque gros livre, car M. Valbois aimait aussi les livres, et il voulait avoir, disait-il, une bibliothèque pour ses enfants, et des collections de minéraux et un jardin botanique, et que sais-je, moi, un tas de choses aussi inutiles que ruineuses. Tant il y a qu'un tel train de vie ne pouvait durer longtemps. Puis, pour comble de misère, il avait un mauvais sujet de fils qui, après avoir achevé ses études de collége, ne se sentant de goût pour rien, ni pour la médecine, ni pour le droit, s'est engagé un beau matin, à Besançon, dans un régiment d'artillerie. Le père l'a racheté, et cela lui a coûté gros; le fils, après avoir passé six semaines dans l'étude de son père, où il n'était pas en état de copier proprement un acte de vente, s'est engagé de nouveau, et il a fallu lui envoyer de l'argent ; enfin ce qui a achevé le pauvre homme, c'est une faillite, une mauvaise affaire dans laquelle il s'était jeté tête baissée le plus niaisement du monde, et dont il est sorti plus niaisement encore.

Pendant que M. Renardeau parlait ainsi, la cabaretière était entrée plusieurs fois dans la chambre, et elle s'arrêtait devant l'usurier, et elle le fixait en entr'ouvrant les lèvres avec l'intention manifeste de prendre la parole, mais lui ne voyait rien, et continuait son récit. Mais à ce mot de faillite, Jeanne sortit précipitamment, puis revint ramenant par les épaules son mari qui hésitait, et faisait mine de vouloir retourner en arrière :

— Allons, allons, lui disait-elle à voix basse, un peu de courage, tu vois bien que c'est une honte, et qu'il faut raconter les choses comme elles sont.

— Qu'est-ce donc ? s'écria d'un ton aigre M. Renardeau interrompu dans son récit par ces paroles. Ne peut-on pas, mère Jeanne, venir boire tranquillement une bouteille chez vous, et causer sans être dérangé ?

— Pardon, monsieur, dit Jeanne en s'adressant au percepteur et en traînant près de lui le cabaretier, c'est que nous connaissons bien aussi la famille de M. Valbois, et comme il me semble que vous désirez avoir des renseignements sur elle, voilà mon mari qui pourra vous dire au juste ce qu'il en est.

— Au diable la méchante commère ! murmura entre ses dents l'usurier en jetant sur elle un regard de colère.

Puis prenant un ton de voix imposant :

— Nous n'avons pas besoin de vous, dit-il, pour apprendre à M. le percepteur l'histoire des gens du pays, et je pense que les souvenirs d'un homme comme moi, s'écria-t-il en appuyant sur ces derniers mots et en levant la tête, valent bien ceux d'un cabaretier.

— Sans doute, sans doute, répliqua M. Durand d'un air conciliant ; mais je ne sais pourquoi ce M. Valbois m'intéresse particulièrement, et je ne serai pas fâché de recueillir tout ce qui pourra m'être dit à son sujet par l'un et par l'autre. Jeanne, apportez un verre à votre mari, il s'assiéra là près de nous, et causera plus à son aise en trinquant, selon la coutume du pays, avec nous.

Le cabaretier s'assit au bout de la table, du côté du percepteur, n'osant regarder M. Renardeau, et roulant son bonnet de coton entre ses mains, comme pour se donner une contenance.

— Eh bien ! lui dit sa femme en plaçant un verre devant lui.

— Eh bien ! Jeanne, cela viendra.

M. Durand lui versa à boire, l'honnête et timide

cabaretier vida son verre d'un seul trait, puis tout à coup levant la tête avec une mâle fermeté :

— Oui, monsieur, dit-il au percepteur; nous avons beaucoup connu M. Valbois; nous avons été pendant plus de douze ans, ma femme et moi, à son service, et jamais, je puis vous l'affirmer, on ne vit un plus brave homme, ni une meilleure famille. Il succéda dans l'emploi de notaire à un de ses oncles qui était aussi très-estimé de tout le pays. Il était riche, c'est-à-dire qu'il avait ce qui constitue une assez belle fortune dans nos montagnes, environ cent mille francs de bon bien au soleil; la maison que vous voyez là en face, et qui appartient aujourd'hui à M. Renardeau, était à lui, et le grand pré des moulins, qui a été acheté aussi par M. Renardeau, et un chalet du côté du Larmont. Avec le revenu de ses domaines et ceux de sa place, il avait certainement de quoi vivre bien largement, et il faut avouer qu'il n'a pas assez ménagé sa fortune. Mais, monsieur, ce n'est point en plaisirs ni en folles dépenses qu'il a épuisé ses ressources. Il vivait le plus simplement du monde. Une redingote de droguet en hiver, une veste de toile en été, voilà tout ce qu'il lui fallait, et les jours où il était seul à dîner avec sa famille, un plat de pommes de terre, un morceau de bœuf, rien de plus. Mais pas un malheureux n'implorait en vain son secours, et pas un accident n'arrivait dans le pays sans qu'il voulût y porter remède. —Joseph, me disait-il, il y a eu hier un incendie aux Élais, les pauvres gens qui en ont été victimes n'ont sans doute ni pain ni vêtements, il faudra leur porter cet argent pour qu'ils achètent ce dont ils ont besoin ; tu n'en parleras pas à ma femme, qui peut-être me gronderait. Je m'en allais avec son aumône ; et je trouvais sur la porte la bonne et vénérable madame Valbois occupée à rassembler des vêtements et du linge : —Joseph, me disait-elle, il y a eu hier un incendie aux Élais, portez ceci aux pauvres gens, qui doivent être bien dénués de tout ; demandez-leur s'ils ont encore besoin de quelque autre chose, et n'en parlez pas à mon mari. Et, une autre fois : —Joseph, le fermier de Spey a perdu une de ses vaches. C'est un brave homme qui mérite qu'on vienne à son secours ; il m'a prié de lui prêter cent francs, tu vas les lui remettre, et tu lui diras qu'il ne me les rendra que quand il pourra le faire sans se gêner. Un instant après, madame Valbois venait à moi, et me disait : —Joseph, la petite fille de notre brave voisin Guillaumot n'a point de robe pour faire sa première communion, vous lui porterez celle-ci et ce petit bonnet que je viens de finir. Le soir même, ou le lendemain, toutes ces charitables *cachoteries* se découvraient ; ceux qui avaient reçu le service de monsieur venaient remercier madame, et ceux qui voulaient rendre grâces à madame rencontraient par hasard monsieur. Le soir à souper, M. Valbois disait en riant à sa femme : — Ah! ah! madame la sournoise, je sais encore un de vos traits. Vous avez donc envoyé du linge aux Élais! — Oui, répondait madame Valbois d'un petit air innocent; je crois que c'était le jour où vous faisiez remettre cent francs au fermier de Spey. Et les deux bons époux se serraient la main avec tendresse. Et c'était une touchante chose à voir! Ah! que j'en ai vu de ces pauvres gens qui me remerciaient les larmes aux yeux, qui bénissaient le nom de mon excellent maître, et qui aujourd'hui ne se souviennent plus de lui.

— Allons! s'écria M. Renardeau en se levant avec impatience, vous nous faites là des histoires qui ne finiront pas. La bouteille est vide, et je proposerai à M. Durand de venir terminer la soirée chez moi.

— Tout à l'heure, tout à l'heure, s'écria le percepteur, qui prenait un vif intérêt au récit du fidèle Joseph, asseyez-vous encore un instant, et vous, mon brave homme, continuez.

M. Renardeau s'assit d'un air mécontent, en se tournant vers la fenêtre, comme si les paroles du cabaretier ne valaient pas la peine d'être écoutées.

Joseph, qui, en voyant l'usurier, avait fait

aussi un mouvement pour s'éloigner, reprit sa place et continua :

— Tant de dons répandus de côté et d'autre, tant d'écus prêtés à des gens qui ne les rendaient pas, les charités faites chaque jour à tous les mendiants, formaient, au bout de l'année une somme ; puis la pension de M. Louis, au collége de Besançon ; puis ensuite celle de M. Georges ; puis le généreux notaire ne touchait pas la moitié des émoluments que devait lui rapporter sa place. Ceux qui n'avaient pas le moyen de payer un acte ne le payaient pas ; et j'en connais bon nombre qui auraient bien pu mettre sans se gêner leur louis sur la table, mais qui criaient misère, et M. Valbois leur disait : — Allez, allez, ne vous inquiétez pas de ce qui m'est dû, nous retrouverons cela une autre fois. Et il ne retrouvait rien. Tant il y a, que se voyant lui-même embarrassé, il fut d'abord obligé d'emprunter, ensuite de vendre quelques petits coins de terre, et d'en vendre encore, pour racheter du service militaire M. Louis, qu'il espérait garder près de lui. Mais le jeune homme, ah ! un beau et brave jeune homme, monsieur, voulait à toute force marcher sous les drapeaux. Il essaya de rester ici, et il ne put y tenir. On faisait la guerre en Allemagne ; il y alla. Et l'on voit bien tout de même qu'il était né pour être soldat, car, à une bataille dont je ne me rappelle pas le nom, mais enfin une grande bataille de l'Empereur, il fut nommé officier et décoré de la Légion d'honneur.

— Cela lui a bien servi, s'écria M. Renardeau en se retournant brusquement. Il est mort.

— Mort, monsieur! Il est bien vrai que tout le monde le dit, que l'on n'a plus de nouvelles de lui depuis la campagne de Russie, où il servait avec le grade de chef de bataillon; il est bien vrai que sa pauvre mère l'a pleuré jusqu'à ses derniers moments, et que son père le pleure encore tous les jours; mais personne n'a encore vu son extrait mortuaire, et moi, j'ai idée qu'on pourrait bien quelque jour le revoir au pays, comme on a vu, il y a deux ans, le fils de Henriot, qu'on croyait bien mort aussi, même que ses frères s'étaient déjà partagé son héritage.

— L'écoutez-vous, dit l'usurier, avec tous ses rêves de bonne femme. Pour peu que vous ayez l'air de faire attention à lui, il est dans le cas de vous ressusciter tous les soldats ensevelis dans les neiges de la Russie. Venez, monsieur Durand, j'ai chez moi un jeu de cartes neuf qui vous amusera plus que ces contes de cabaret.

Mais, en ce moment, la figure de l'usurier était contractée par un violent effort, et il y avait un trouble dans son regard, une altération dans sa voix, qui produisirent sur l'esprit de M. Durand une impression pénible. Il répondit d'un ton sec qui ne lui était pas habituel, qu'il se trouvait bien là, et qu'il voulait entendre la fin de cette histoire.

— Un événement terrible, reprit Joseph, acheva la ruine de M. Valbois. Un homme de notre pays revint du Mexique avec une fortune considérable. Il avait soixante mille francs à placer, et il s'adressa au notaire pour faire ce placement. Le notaire les mit chez un négociant de Besançon, qu'il connaissait depuis longtemps, et en qui il avait toute confiance. Un mois après, ce négociant était en pleine faillite. M. Valbois vendit aussitôt pour soixante mille francs de propriétés, et remit cette somme à celui qui la lui avait apportée dans son étude. Dans le même temps, madame Valbois tomba malade de la maladie dont elle est morte; son pauvre mari, occupé d'elle du matin au soir, plein d'anxiété et de douleur, incapable de poursuivre aucune affaire, abandonna à M. Renardeau le soin de recouvrer, s'il était possible, une partie de la dette du négociant de Besançon; mais il paraît qu'il n'y avait rien à en retirer.

— Rien, rien, s'écria M. Renardeau en proie à une agitation visible; le passif dépassait l'actif de plus de cent mille francs.

— Enfin, monsieur, dit le cabaretier, la bonne madame Valbois étant morte, son mari vendit la maison qu'il habitait, fit revenir de Besançon son fils Georges dont il ne pouvait plus payer la pension, et se retira avec lui, sa fille et une vieille servante qui n'a pas voulu les quitter, dans une petite ferme qui avec son bois des Jarrons compose aujourd'hui toute sa fortune. Il est là depuis près de deux ans, retenu au lit par une espèce de paralysie, et ses enfants travaillent comme des manœuvres pour lui procurer ce dont il a besoin. M. Georges qui devait aller étudier le droit à Paris, laboure les champs, récolte les foins, prend soin des bestiaux. Mademoiselle Hélène passe une partie des nuits à veiller près de son père, ou à filer du lin qu'elle envoie vendre au marché de Pontarlier. Ce sont deux enfants sans pareils, et j'espère que le bon Dieu les bénira ; mais, rien que de penser au sort de cette brave famille et de ces deux beaux enfants que j'ai vus si petits et si heureux, j'ai le cœur tout bouleversé, et ma pauvre Jeanne ne parle de ses anciens maîtres que les larmes aux yeux.

— C'est bien, mon bon Joseph, dit M. Durand ; je vous remercie de tout ce que vous m'avez dit, et je m'en souviendrai.

— Ah ! monsieur, s'écria Joseph, quoique vous ne soyez pas depuis longtemps dans le pays, il y a déjà des gens qui ont dit que vous étiez humain et compatissant pour le pauvre monde. M. Valbois est peut-être en retard pour le paiement de ses impôts ; quand je dis M. Valbois, je devrais dire son fils, car le vieux notaire ne peut plus s'occuper d'aucun compte, et ses enfants pour éloigner de lui tout souci, lui persuadent qu'il est plus riche qu'il ne l'est en effet. Si vous pouvez patienter un peu et ne pas inquiéter ces deux tendres enfants, vous ferez une œuvre charitable. D'ailleurs, vous n'aurez rien à perdre, ma femme et moi nous nous engageons bien, s'il le faut, à payer pour eux ; n'est-ce pas Jeanne ? ajouta-t-il en s'approchant de sa femme qui venait de rentrer dans la chambre.

— Oh ! oui, monsieur, de bon cœur, dit Jeanne, et Dieu veuille que je puisse rendre heureux M. de Valbois, je donnerais bien pour cela tout le peu que j'ai.

— Soyez tranquille, mes braves gens, dit M. Durand en se levant, et en leur serrant à tous deux la main, vous n'aurez pas à vous plaindre de moi.

M. Renardeau s'avança à son tour vers les deux époux, pendant que le percepteur ouvrait la porte pour sortir, et leur remettant une pièce de dix sous pour prix de la bouteille de vin :

— Regardez bien cette pièce, dit-il, c'est la dernière que vous recevrez jamais de moi. Quand je voudrai passer un instant à l'auberge, j'aurai soin de chercher une maison dont les maîtres soient moins bavards que vous.

— Allez, s'écria Jeanne en colère, nous ne regretterons point des pratiques telles que vous. Nous sommes de braves gens, et je souhaite que tous ceux qui achètent chaque semaine des champs et des bois puissent en dire autant d'eux.

— Tais-toi, Jeanne, tais-toi, lui dit le prudent Joseph.

— Laisse-moi donc, répliqua-t-elle, lui faire entendre une bonne fois tout ce que je pense; j'en connais de belles sur son compte, et il faut que je me soulage le cœur.

Mais M. Renardeau voyant l'orage prêt à fondre sur lui, jugea prudent de l'éviter, et se hâta de courir sur les pas du percepteur qui était déjà dans la rue. — Ne me ferez-vous pas l'honneur de venir souper avec moi? lui dit-il d'un air doucereux.

— Non, je vous remercie, répondit M. Durand avec une froideur marquée, il faut que je rentre. Bonsoir.

— Et demain, pourrais-je vous avoir à dîner?

— Demain, j'ai une tournée à faire.

Et il s'éloigna; l'usurier le regarda un instant en silence, puis serrant les lèvres avec colère:

— En voilà encore un, dit-il, qui m'a l'air de vouloir me donner de la besogne; mais j'en ai battu de plus malins que lui. Il a déjà été disgracié une fois; qu'il y prenne garde.

M. Durand avait été en effet disgracié. D'une des bonnes perceptions d'un département du midi, on l'avait envoyé à cent cinquante lieues de son pays, dans une perception secondaire, pour satisfaire aux rancunes d'un député ministériel dont il n'avait point voulu soutenir l'élection. Mais cet événement, si pénible qu'il fût pour lui par les regrets qu'il éprouvait de quitter son village natal, ses parents, ses amis, n'avait porté aucune atteinte à sa trempe énergique de caractère, ni à sa règle de conduite. C'était un de ces hommes simples et droits que rien ne peut faire dévier de la voie honnête où ils sont entrés par la puissance de leurs convictions, un de ces hommes dont la raison saisit de prime abord tout ce qui est vrai, dont le cœur s'émeut à tout ce qui est bien, un de ces hommes doués des plus doux dons de Dieu, qui mettent leur joie à faire une bonne action, leur orgueil à remplir les devoirs de la vie journalière, ou les devoirs accidentels qu'une circonstance fortuite leur indique. Nobles et généreuses natures, qui, sous les apparences d'une froide réserve, portent une âme ouverte à toutes les tendres sympathies, qui, sans s'inquiéter des suffrages de la foule, sans songer au sentiment de reconnaissance qu'elles peuvent inspirer, tendent la main à ceux qui souffrent, et s'en vont chercher ceux qui pleurent dans la retraite. De telles natures sont rares, mais lorsqu'on a le bonheur d'en rencontrer une de la sorte, il faut s'attacher à elle comme à un bienfait de Dieu.

M. Durand était arrivé à cet âge de maturité où les bons comme les mauvais penchants sont à peu près fixés, où celui qui n'a obéi qu'à de salutaires maximes s'affermit dans l'amour et la pratique de ces maximes, où celui qui s'est abandonné à de dangereuses passions descend rapidement la pente fatale de ces passions. Libre encore, et possesseur d'une honnête fortune, il pouvait d'ailleurs suivre sans gêne ses instincts de générosité, et garder sans péril son indépendance d'opinion.

Le récit simple, cordial du cabaretier l'avait attendri. Le langage haineux et l'embarras visible de M. Renardeau en certain moment l'avaient frappé. Rentré chez lui, il se mit à récapituler dans sa mémoire tous les incidents de la soirée, puis il se dit : — Il y a là une situation touchante qui m'attire, un vague problème qu'il faut que je m'explique, une honnête famille à soutenir, un misérable peut-être à démasquer. Il faudra que j'aille voir demain M. Valbois.

Le lendemain matin, en effet, il gravissait l'étroit sentier qui conduisait à la ferme du vieux notaire. La servante en le voyant venir courut l'annoncer à sa jeune maîtresse, et la douce fille fut toute troublée de cette visite inattendue ;

elle avait peur qu'il ne vînt réclamer le paiement de l'impôt arriéré, et elle cherchait dans sa tête un moyen d'empêcher que cette requête ne fût faite devant son père. Mais avant qu'elle eût pris une résolution, le percepteur était entré d'un air si ouvert, si amical qu'elle se sentit aussitôt rassurée. Il s'assit au chevet du malade, disant que nouvellement arrivé dans le pays, il avait hâte de faire connaissance avec l'un des hommes les plus honorables du pays. Il séduisit l'esprit du vieillard par la description de la province qu'il venait de quitter, par quelques récits de voyage. Il s'entretint ensuite avec les jeunes gens d'un ton pénétrant et affectueux. Quand il quitta la maison, il y laissa une de ces douces impressions de vertu et de bonté qui rafraîchissent, comme une rosée céleste, le cœur des malheureux ; et lui se disait en s'en allant : — Oui, ce sont là de braves et dignes gens ; il faudra que je les aide, et je les aiderai.

CHAPITRE III.

UNE SEMAINE D'ANGOISSE.

Qui n'a pas remarqué maintes fois qu'il arrive dans le cours de la vie, des moments frappés d'une espèce d'indéfinissable fatalité, des jours, des semaines où tout ce que l'on espère échoue, où toutes les tentatives que l'on fait restent infructueuses, où par un concours de funestes circonstances, les mauvaises nouvelles se réunissent et se rejoignent l'une à l'autre comme les nuages d'un ciel d'hiver, où l'on en vient enfin à se sentir le cœur saisi de je ne sais quelle pénible appréhension qui écrase le courage le plus ferme, et trouble jusqu'aux rares lueurs de joie qu'on pourrait entrevoir dans ces transitions sinistres. J'ai connu un digne vieillard, d'un esprit lucide, mais crédule, qui s'était formé à cet égard une singulière superstition. Si le dimanche matin, il s'éveillait avec une vague inquiétude, si le facteur lui apportait quelque lettre fâcheuse : — La semaine commence mal, me disait-il, vous verrez que ce sera une déplorable semaine, il me tarde d'en voir la fin; et en effet, soit par la disposition d'humeur où il se trouvait, soit par l'effet de quelques incidents inattendus, presque toujours ses prévisions se réalisaient, et toute la semaine était d'une nature affligeante.

Les pauvres enfants du notaire commençaient tristement une de ces semaines fatales. Dès la matinée du dimanche, Hélène avait revêtu selon l'usage du pays, sa plus belle robe, et placé sur sa tête son bonnet neuf, et sans s'en douter elle-même, elle se regardait avec une agréable complaisance féminine dans le petit miroir suspendu à sa croisée. Personne ne lui avait encore dit qu'elle était belle, et elle savait bien elle-même qu'elle ne l'était pas. Mais deux longs bandeaux de cheveux noirs tombaient avec grâce sur ses joues ; ses yeux bruns, bordés de deux sourcils arqués, étaient à la fois pleins de vivacité et de douceur ; ses petites mains blanches sortaient délicatement de ses manches en laine brune, et toute sa physionomie, animée presque constamment par un sourire de bienveillance, offrait une rare expression de candeur, de franchise et de bonté. Au premier abord, on pouvait se dire : ce n'est pas une jolie personne. En la regardant encore, en observant de plus près ce doux visage d'enfant, où se reflétaient tous les tendres penchants d'un cœur affectueux, toutes les qualités d'une âme sans tache, en écoutant le son argentin et pur de sa voix, en suivant les légers mouvements de sa taille amincie et un peu frêle, on la trouvait charmante, et l'on éprouvait auprès d'elle une sérénité heureuse, un bien-être moral, adorable effet de la grâce et de la vertu.

Georges avait aussi par respect pour le dimanche changé son costume ; à la place de la blouse en toile des jours de travail, il portait une longue redingote en droguet bleu, une cravate noire, sur laquelle se rabattait un large col de chemise, et un gilet en soie brodé par sa sœur. C'était un beau et fort jeune homme, à la figure imberbe encore, mais mâle, aux poignets musculeux, au pied agile, véritable montagnard pour la force et la prestesse, également taillé pour porter le soc de la charrue, et pour gravir les rocs les plus escarpés.

Quand ils eurent fini leur toilette, le frère et la sœur descendirent à la cuisine. Hélène appela Brigitte, la vieille et fidèle servante, tous trois se mirent à genoux pour faire la prière du matin; puis les deux jeunes gens se levèrent et se tendirent la main, en se regardant sans mot dire, d'un regard douloureux. Car tous les deux avaient la même préoccupation inquiète, triste, et ce regard exprimait leur pensée.

— Viens près de notre père, dit Hélène, il est éveillé; mais tâche de prendre une figure gaie, et de causer comme tu causes quand tu n'as nul chagrin. Il ne connaît pas tous nos soucis, et Dieu veuille qu'il ne les connaisse jamais.

En parlant ainsi, elle courut en riant dans la chambre du vieillard.

— Regardez un peu, mon père, dit-elle, comme nous sommes beaux aujourd'hui; je veux que vous me fassiez compliment de ces jolis rubans que j'ai attachés à mon bonnet, je suis sûre qu'on n'en trouve pas de plus jolis dans tout Pontarlier. Et Georges, voyez-vous comme il est fier avec sa redingote bleue, et ce gilet superbe que je lui ai fait moi-même bien mieux qu'aucun tailleur. C'est grand dommage que l'église soit si éloignée, et que nous ne puissions aller à la messe. Je parie que les jeunes filles de Montbenoît n'auraient eu des yeux que pour monsieur mon frère. Mais nous nous passerons des plaisirs de Montbenoît, Georges s'en ira compter les pieds de hêtres qu'il veut abattre, moi, je viendrai vous lire les livres de voyage que vous aimez. A midi, nous apporterons ici la table. Nous dînerons près de vous, nous ferons dîner la bonne Brigitte avec nous, et quand vous nous verrez partager si joyeusement une magnifique épaule de mouton que Brigitte va faire cuire, je parie que vous voudrez dîner avec nous.

Le vieux notaire arrêta sur ses deux enfants un regard d'une tendresse ineffable; puis, comme il ne disait rien et qu'Hélène craignait qu'il ne s'abandonnât à de tristes réflexions :

— A propos, reprit-elle, d'un air encore plus enjoué; vous savez cette chanson des montagnes que vous me chantiez quand j'étais toute petite, je ne sais comment j'en avais oublié l'autre jour, dans mon étourderie, le second couplet; à présent je me la rappelle tout entière, je veux vous la dire.

Et sans attendre la réponse du vieillard, elle entonna d'une voix mélodieuse, une ballade des montagnes.

Tout en chantant ainsi et en essayant de rire, la pauvre fille avait le cœur cruellement oppressé, et dès qu'elle quittait un instant son père, qu'elle se retrouvait seule, elle passait la main sur son front, comme pour en chasser le nuage qui l'assombrissait, et quelquefois levait les yeux au ciel avec une douloureuse ferveur. De son côté, Georges était torturé par les mêmes sollicitudes. Tantôt il revenait s'asseoir pensif auprès du foyer, tantôt il se promenait d'un air inquiet, de long en large, dans la cuisine, ou s'en allait avec précipitation dans le jardin. La vieille Brigitte ne connaissait point les pénibles secrets de ses jeunes maîtres; mais, en les voyant tous deux si tristes et si agités, elle baissait la tête et s'attristait avec eux. Le vieillard seul, grâce aux tendres précautions de sa fille et de son fils, ne se doutait de rien, et souffrait seulement de se voir cloué sur son lit de malade, lui qui faisait autrefois consister une partie de son bonheur dans son activité.

C'était cette semaine que M. Renardeau allait réclamer l'argent qui lui était dû, et les deux pauvres enfants savaient que l'impitoyable usurier n'exécuterait que trop ponctuellement toutes ses menaces. Ils avaient beau chercher dans leur tête un moyen de se procurer de l'argent, ils n'en trouvaient pas. Georges avait fait l'inventaire de tout ce qui restait à la cave, au grenier, et, à moins de vouloir affamer la maison, il était impossible de rien vendre. Hélène avait visité son armoire : quelques robes en soie fanées, quelques bijoux en or, héritage de sa mère, une demi-douzaine de services en argent, dernier reste d'une ancienne opulence, voilà tout ce qu'elle trouvait. En portant le tout chez un marchand, elle n'en aurait pas la moitié de la somme réclamée par M. Renardeau ; puis c'était chose si triste que de se défaire de ces derniers trésors de famille !

Georges essaya encore une nouvelle tentative; il alla revoir quelques anciens amis de son père, et n'en obtint rien ; il alla le lendemain en visiter d'autres, et ne fut pas plus heureux. Par la contagieuse influence de l'infortune, tout était de glace autour de lui. Le jeune homme s'en revint dans une sorte d'état fébrile. A voir l'étincelle ardente de son regard, l'étrange expression de sa physionomie, on pouvait deviner qu'il était en proie à une de ces crises violentes où l'âme se contracte dans l'attente de quelque grave événement, et tour à tour accepte ou repousse une résolution désespérée. Sa sœur le devinait avec ce don merveilleux, ce don de *seconde vue*, comme disent les Écossais, que les âmes généreuses trouvent dans leur tendresse ou dans leurs souffrances. Mais elle essayait en vain, tantôt par une question directe, tantôt par ses gentilles câlineries, de pénétrer les projets que son frère formait évidemment. Il était muet et impassible.

Le jeudi, le délai fatal expirait. L'avant-veille, au matin, Georges appela sa sœur à l'écart, et lui dit :

— Je vais essayer un dernier moyen ; si je ne suis pas revenu ce soir, ne t'inquiète pas ; trouve seulement une raison d'expliquer mon absence à notre père, je serai ici demain.

— Où vas-tu donc? s'écria la jeune fille. Depuis deux jours, tu ne dis rien, tu rêves, la tête baissée, et ton silence m'effraie. Je t'en conjure, dis-moi ce que tu veux faire.

— Tu le sauras demain ; ne m'en demande pas plus aujourd'hui. Tout ira bien, j'espère ; demain nous serons tous deux à l'abri du danger qui nous menace.

— Non, tes paroles mystérieuses ajoutent encore à mon effroi. Ne pars pas ainsi, je t'en supplie ; conte-moi tes desseins. Ne suis-je pas ta sœur, une sœur tendre et dévouée pour laquelle tu n'as jamais eu le moindre secret? Veux-tu donc me laisser seule ici, livrée à mille tourments, ne sachant pas même ce que tu vas entreprendre, et par quels sentiers ma pensée peut te suivre?

Et, comme il essayait de partir :

— Non, reste encore, disait-elle ; tiens, ta blouse est mal boutonnée, ta cravate mise à rebours. Jamais je ne t'ai vu un air si effaré ni un costume si en désordre. Reste encore, assieds-toi là, près de moi, causons à cœur ouvert, comme nous l'avons toujours fait.

— Demain, demain! s'écria Georges avec impatience. Embrasse-moi, adieu, que le ciel te bénisse!

Et il partit.

— O mon Dieu! mon Dieu! dit la jeune fille, atterrée de ce départ. Quelle douleur nous réservez-vous encore?

Au même instant, son père l'appelait. Elle se hâta de composer son visage, et se rendit près de lui.

— Que fait Georges? demanda le vieillard.

— Mon père, répondit la pauvre enfant en hésitant et en cherchant un pieux mensonge qu'elle n'avait pas encore eu le temps de préparer, Georges vient de partir.... Il a été forcé de partir de bonne heure, sans vous voir, craignant de vous éveiller.... Il va.... Mais que je suis folle.... je ne sais plus à quoi je pense.... Ah! il va conduire un chariot d'avoine à Pontarlier, et, comme il n'est pas sûr de pouvoir terminer son compte aujourd'hui, il m'a dit que peut-être il ne reviendrait que demain. C'est moi seule, à présent, qui vais avoir soin de vous. Vous voulez bien, n'est-ce pas?

— Il n'y a pas de meilleurs soins que les tiens, ma bonne Hélène, répondit le notaire qui n'eut pas le moindre soupçon de l'innocente ruse de la jeune fille. Pourtant, lorsque Georges s'éloigne, cela me fait mal. Tout un jour sans le voir, vois-tu, c'est bien long pour moi qui n'ai plus d'autre joie que de voir mes enfants, de les entendre causer auprès de mon lit, de les regarder tous deux à la fois, et de penser à leur bonheur commun à tous deux. Puis, s'il allait lui arriver quelque accident! Les vieillards qui ont souffert dans leur vie ont l'âme triste et portée aux fâcheux pressentiments. Pauvre Georges! A-t-il pris au moins un cheval sûr, et sa charrette est-elle en bon état?

— Oui, oui, vous pouvez vous en rapporter à lui. Vous savez qu'il est adroit et prudent. La route est belle, le temps est bon. Il voyage de jour et ne peut éprouver aucun accident.

— Hélas! Un de mes plus grands chagrins, c'est qu'il soit obligé de faire ce triste métier, lui qui se distinguait déjà dans ses études, lui que je voyais déjà dans mes rêves revêtu de la toge de procureur du roi à Pontarlier. Voilà pourtant le résultat de ma trop grande confiance et de mon fol abandon.

— Oh! je vous en conjure, mon père, dit la jeune fille, en se penchant sur lui et en lui prenant les deux mains qu'elle serrait dans les siennes, ne parlez pas ainsi, si vous ne voulez pas me faire pleurer. Ce que Dieu veut est pour le bien. Il dispose à son gré de la fortune et du destin des hommes. Souvent, c'est lorsque nous accusons sa providence, que nous devrions la remercier. Qui sait à quelle catastrophe, à quelle douleur irréparable il nous a enlevés en nous amenant ici? Et voyez, ne sommes-nous pas plus heureux dans cette ferme paisible, loin du bruit du monde et de ses vaines sollicitudes, que nous ne le serions dans une ville où il faudrait à tout instant sacrifier la paix de notre intérieur, le charme de nos affectueuses réunions pour obéir à je ne sais quelles convenances et quelles règles d'étiquette fastidieuses, insupportables? Je me rappelle encore les quinze jours que nous avons passés à Besançon, du vivant de notre bonne mère, et rien que de songer à ces visites qu'il fallait faire, à ces entretiens où il n'entrait pas un seul sentiment de cœur, à ces longs dîners suivis de soirées plus longues encore, je me sens tout effrayée, et je bénis la miséricorde du ciel qui nous a mis à l'abri de tant d'affreuses obligations.

La bonne Hélène, en parlant ainsi des ennuis de la ville, disait bien sincèrement ce qu'elle pensait; mais elle le disait avec un affectueux sourire, pour ramener la sérénité dans le cœur du vieillard, et son cœur était navré.

Le soir, quand son père fut endormi, elle resta seule dans la cuisine, prêtant l'oreille au moindre bruit, se levant tout à coup, persuadée qu'elle venait d'entendre quelqu'un marcher dans le corridor, puis s'asseyant avec une nouvelle anxiété. C'était le vent d'automne sifflant entre les jointures des portes, c'étaient les rameaux des sapins se heurtant l'un contre l'autre qui lui donnaient ces douloureuses illusions. Georges ne revenait pas, et la malheureuse sœur ne savait où était Georges.

Assoupie enfin par la fatigue, elle ne se réveilla que le lendemain matin, et courut aussitôt à la chambre de son frère, à la grange. Point de Georges.

— Mon frère n'est donc pas revenu, dit-elle à Brigitte avec un accent de désespoir.

— Non, mademoiselle, mais si M. Georges n'est parti que ce matin de Pontarlier, il ne peut pas être encore ici, quoique ce soit un fort marcheur.

— De Pontarlier, murmura Hélène ; ah ! Dieu veuille qu'il soit à Pontarlier. Ne pas vouloir me confier où il allait ! lui qui ne faisait pas un pas hors de la maison sans me le dire. Et il était si agité quand il est parti !

Et la pauvre fille allait, venait, tantôt regardant par la fenêtre du jardin, tantôt s'approchant de la porte de la grange. Enfin, ne pouvant plus subjuguer son angoisse, elle sortit, elle s'en alla le long du sentier qui traversait la pâture de la ferme. Elle s'appuya sur la barrière en bois, et regarda de tous côtés. Un beau soleil répandait alors des flots de lumière sur les coteaux et les vallées. Les oiseaux chantaient dans les bois; les gouttes blanches de rosée brillaient comme des perles dans le calice des fleurs et sur les tiges légères de gazon. Un jeune agneau courait follement dans l'herbe touffue, tandis que quelques vaches errant d'un pas lourd à travers les plantes sauvages de la montagne, faisaient résonner au loin la clochette de bronze suspendue à leur col. C'était une de ces belles matinées d'automne, pleines de charme et de mélancolie, qui sont comme un sourire mourant de l'été. Mais la pauvre Hélène n'entendait pas le chant de l'oiseau, et n'observait pas les beautés de cette nature agreste, que dans d'autres moments elle avait contemplée avec tant de bonheur; l'œil fixé sur le sentier qui descendait par de tortueux détours du côté de Montbenoît, elle n'était préoccupée que d'une seule pensée, et, ne voyant rien venir, elle allait s'en retourner à la ferme, quand tout à coup elle crut distinguer un point qui se mouvait au bas de la montagne. Ce n'était encore qu'une sorte d'ombre vague, flottante. Peu à peu, elle crut reconnaître une blouse bleue, une casquette, son Georges peut-être. Elle s'assit au pied d'un sapin, incapable de faire un pas de plus dans la vive émotion qui l'agitait. Elle attendit les mains jointes sur sa poitrine, comptant tous les instants par les battements de son cœur. Un pas sonore retentit près d'elle. Ce n'était pas Georges, c'était un jeune paysan inconnu qui marchait précipitamment et qui s'arrêta près d'elle. — Où allez-vous? s'écria-t-elle avec l'indicible expression d'un pressentiment plein de terreur.

— J'apporte une lettre à mademoiselle Valbois.

— C'est moi, donnez.

Le paysan tira la lettre de sa blouse et la remit à Hélène, qui reconnut à l'adresse l'écriture de son frère.

Elle serra par un mouvement convulsif cette lettre entre ses mains, et, n'osant la lire devant celui qui la lui avait remise :

— Je vous remercie, dit-elle, êtes-vous fatigué, voulez-vous vous reposer à la ferme?

— Non, il faut que je m'en retourne tout de suite ; je suis très-pressé.

Le paysan s'éloigna. Hélène tourna et retourna la lettre dans ses doigts. Ses yeux se troublaient en la regardant ; et son cœur battait avec une violence inouïe pour elle ; enfin elle rompit brusquement le cachet, et lut :

« Pardonne-moi, ma chère sœur, d'avoir voulu te taire mes projets; le ciel m'en a puni.

Si j'avais été franc et ouvert envers toi, comme je devais l'être, tu m'aurais donné les conseils de ta sage et tendre affection, et je ne me serais pas jeté dans le précipice. Je ne veux pas essayer de justifier mon imprudente résolution, ni le coupable silence que j'ai gardé avec toi, mais écoute, ma bonne sœur, et juge-moi.

« Il y a trois jours, quand je m'en allais de côté et d'autre, chercher la somme dont nous avions besoin pour prévenir les poursuites de M. Renardeau, je rencontrai par hasard, sur la route de Ville-du-Pont, Billaudaud, le marchand, qui, comme tu le sais peut-être, fait la contrebande. Je me rappelai qu'il avait eu autrefois recours à notre père dans une circonstance embarrassante. L'idée me vint tout à coup de m'adresser à lui, de lui exposer notre situation, et comme on le dit riche, d'invoquer son secours. Il m'écouta avec un intérêt amical, et lorsque je lui eus exposé ma demande. — C'est bon, me dit-il, je connais ce Renardeau, et je serais charmé de l'arrêter dans son mauvais dessein. C'est un gueux que l'on devrait pendre, s'il y avait une justice en ce monde. Puis votre père est un brave homme qui m'a tiré par une recommandation d'un mauvais pas. Je vous prêterai volontiers les six cents francs dont vous avez besoin. Mais service pour service. Voulez-vous m'en rendre un? je vous promets en échange de vous rendre celui que vous me demandez. — De quoi s'agit-il ? — Il s'agit, il s'agit… Ah ! ne vous fâchez pas, si je vous propose une chose qui, je le sais, est bien loin de vos habitudes; mais cela n'a rien de déshonorant, et je vous donne une preuve de confiance en vous communiquant mon projet. Bref, j'ai à l'heure qu'il est une bande de braves gens tout prêts à partir pour aller chercher en Suisse une cargaison de marchandises que la douane s'obstine à ne pas vouloir laisser entrer dans le pays. J'ai besoin d'un homme alerte, vigoureux qui puisse guider cette bande la nuit dans les défilés des montagnes, à travers les sentiers escarpés. J'y pensais au moment même où vous m'avez abordé, et il me semble que vous êtes justement l'homme qui convient pour cette entreprise. Qu'en dites-vous ? Je ne vous propose point, bien entendu, de porter le ballot. Vous marcherez seulement en tête de la caravane, et à l'heure où elle sera rendue dans ma grange, les six cents francs seront entre vos mains, sans intérêt, payables à volonté.

« Une telle proposition me fit d'abord frémir. M'engager dans une troupe de contrebandiers; braver les lois; m'exposer aux poursuites de la justice; compromettre le nom si pur de notre noble père ! L'adroit Billaudaud devina tout ce qui se passait en moi et m'en dit tant et tant qu'il finit par ébranler ma conscience et atténuer mes scrupules. Six cents francs, me répétait-il, et la joie d'humilier ce Renardeau, qui croit que vous ne pourrez le payer, et le plaisir d'être délivré de lui pendant tout une année !

« Enfin, ma bonne sœur, je quittai le tentateur en lui demandant un jour de réflexion, et tu m'as vu rêver péniblement à ce projet que je n'osais te communiquer, et comme toutes mes autres démarches avaient échoué, que nous nous trouvions à la veille de voir l'huissier entrer dans notre demeure, et épouvanter notre père, j'ai pris ce parti désespéré. Je suis allé le mardi matin rejoindre Billaudaud. Le soir même, nous étions en Suisse. Vers minuit, nous revenions par les sentiers de la Fresse, l'obscurité nous favorisait, et je comptais déjà sur le succès, quand tout à coup, une brigade de douaniers débouche d'un taillis où elle se tenait cachée, et se précipite sur nous. Les contrebandiers se dispersent de côté et d'autre. Je prends aussi la fuite, mais la mauvaise conscience me troublait la vue et égarait mes pas. Je suis arrêté, saisi par le brigadier, et conduit chez le receveur. Là, on m'a fait subir un long interrogatoire. Les douaniers ont déclaré, il est vrai, que je ne portais rien, et j'aurais peut-être pu, à l'aide de cette déclaration, me disculper; mais je n'ai pas pu mentir. J'ai avoué que j'étais chargé de conduire cette bande, et me voilà dans le bureau de la douane, gardé par deux préposés, forcé de payer une amende de cinq cents francs, ou d'aller en prison. Je ne puis payer les cinq cents francs, et la prison m'attend. Oh! mon Dieu, quel effroyable malheur! Que vas-tu faire? ma chère Hélène. Quelle nouvelle angoisse pour toi! quel coup mortel pour notre père! Non, je m'abandonne trop à mon affliction. Il y a encore un remède. »

Georges avait mis à la fin de cette lettre tout ce qu'il pouvait trouver de meilleur pour rassurer sa sœur; mais la pauvre Hélène ne vit que l'affreuse situation où il était jeté. Un procès-verbal de douane; une prison; l'honneur de son père engagé dans cette catastrophe; la maison vide de Georges. Un tel coup était au-dessus de ses forces; elle tomba sur le sol, et arrosa le gazon de ses larmes. Puis soudain se relevant avec une énergie ardente :

— Oui, oui, s'écria-t-elle, je le sauverai.

Elle courut à la ferme, entra précipitamment dans sa chambre, amassa tout ce qu'elle possédait, robes de soie, châles, bijoux, argenterie.

— J'enverrai Brigitte, dit-elle, vendre tout cela à Pontarlier; elle en portera le prix à la Fresse, et mon frère reviendra, mon pauvre frère qui s'est sacrifié pour nous. Quand il sera ici, qu'importent les poursuites de M. Renardeau?

qu'importe la misère si nous sommes réunis pour la supporter !

Mais lorsqu'après ce mouvement d'exaltation elle se mit à compter, à évaluer les divers objets qu'elle venait d'entasser sur une table :

—Hélas! reprit-elle, il n'y a pas même là de quoi payer la moitié de l'amende. Dieu seul peut venir à notre secours. Dieu attendrira le cœur de celui qui nous poursuit. Oh! mon Dieu, s'écria-t-elle en se jetant à genoux, j'invoque avec mes larmes votre bienfaisant appui. O ma mère! vous qui êtes au ciel, vous qui voyez du séjour des bienheureux la misère de vos enfants, priez pour nous, soutenez-nous.

Et s'essuyant les yeux, et se lavant les joues pour effacer la trace de ses pleurs, la jeune fille trouva encore le courage de prendre un air serein en se rendant auprès de son père, de rire, de causer et d'inventer de nouveaux prétextes pour excuser la longue absence de son frère, et d'attendre, avec un visage gai et une âme en proie à mille tortures, les événements du lendemain.

CHAPITRE IV.

DIEU MESURE LE VENT A LA BREBIS NOUVELLEMENT TONDUE.

Le lendemain matin, vers les deux heures, Hélène qui, depuis l'aube du jour, était aux aguets, aperçut de loin un homme qui gravissait à cheval l'étroit chemin de la ferme. C'était sans doute l'huissier. Renardeau accomplissait ses menaces. Mais elle avait assez réfléchi à cette visite judiciaire pour pouvoir en prendre son parti. Tout ce qu'elle voulait, c'était que son père ignorât ce fâcheux événement; et pour prévenir l'entrée de l'huissier dans la maison, elle alla au-devant de lui, et le rencontra au moment où il arrêtait son cheval à la porte de l'écurie.

— Mademoiselle, dit l'huissier en mettant pied à terre, n'est-ce pas ici que demeure M. Jacques-François-Léon Valbois, ancien notaire?

— Oui, monsieur.

— J'ai une pièce à lui remettre.

— Monsieur, mon père est souffrant et hors d'état de recevoir personne. Si vous êtes chargé d'une commission pour lui?....

— Oui, sans doute, d'une commission que je dois remplir auprès de lui, *parlant à sa personne*.

— En ce moment, monsieur, c'est impossible....

— Un instant! quoique mon devoir m'ordonne de m'adresser à M. Valbois, et dans le plus bref délai, les lois de Thémis ne sont point si sévères, et les fonctions d'huissier si impérieuses....

— Donnez-moi donc, je vous prie, la pièce que vous êtes chargé de remettre à mon père, je la lui porterai dès qu'il sera éveillé.

— Je vous la remettrai avec plaisir ; quand je dis avec plaisir, je me trompe : c'est une vilaine pièce de procédure qui me semble bien lourde, maintenant que je vous ai vue.

— N'importe, donnez toujours.

— Un instant, mademoiselle, si je remplis ma mission si vite, il faudra que je vous quitte, et je sens déjà.... Qu'elle est donc gentille, se dit-il encore, et moi, je me trouve devant elle si sot, si embarrassé ! Moi qui ai su pourtant conter tant de belles choses. Enfin, mademoiselle, je ne demande pas mieux que de respecter le repos de monsieur votre père ; mais vous me permettrez de venir vous revoir.

— Me revoir, moi, monsieur, vous plaisantez !

— Non, parole d'honneur. Je suis garçon, trente ans, ancien second clerc de M. Boudrillard, rue des Fossés-Montmartre, à Paris ; pour le présent, huissier du canton de Montbenoît, possédant la confiance de M. Renardeau et des plus riches familles des environs ; une charge qui vaut huit mille francs ; un petit domaine qui m'est venu par héritage, et que j'espère agrandir.

— Je vous souhaite, monsieur, toutes sortes de prospérités ; mais les soins de la maison me réclament, je vous prie de me confier l'acte que vous apportez à mon père, et votre mission sera remplie.

— Un mot encore.

— Monsieur! s'écria Hélène en se retirant vers la ferme.

— Eh bien! il faut que je voie M. Valbois.

— Je vous répète qu'il est souffrant, et qu'en ce moment il dort. Auriez-vous la cruauté de troubler inutilement le repos d'un malade?

— Alors, écoutez-moi....

— Vous pouvez partir, monsieur, s'écria Hélène avec un accent de colère; je n'ai rien à entendre de vous, et vous ne verrez pas mon père.

— Je le verrai, ou vous m'entendrez, repartit l'huissier en s'avançant

— Arrêtez! au nom du ciel! s'écria Hélène avec un mouvement de terreur.

— Arrêtez! répéta au même instant une voix éclatante, et Georges apparut.

— Dieu du ciel! mon frère, dit Hélène en se précipitant, comme une colombe éperdue, dans les bras du jeune homme.

Georges s'élança vers l'huissier, et, lui présentant un sac d'argent :

— Je sais ce que vous voulez, dit-il. Voici ce qui est dû à M. Renardeau; donnez-moi votre quittance, et partez.

— O mon bon et cher frère! s'écria Hélène quand l'huissier se fut éloigné, quelle bonté du ciel, quel miracle de la Providence t'a rendu à moi dans un tel moment!

— Oui, un vrai miracle, ma douce Hélène;

je te dirai ce qui m'est arrivé. Mais, d'abord, que fait notre père?

— Je l'ai quitté dormant d'un bon sommeil. Il n'a pas su qu'un huissier devait arriver ici ce matin, et, grâce à toi, il ne le saura pas. Ton absence l'a inquiété plus d'une fois; mais j'ai tant trouvé de raisons pour la justifier que je suis parvenue à le tranquilliser. A présent te voilà, tout est oublié, tout est bien. Mon Dieu, je vous remercie. Tiens, assieds-toi sur ce banc, et dis-moi comment tu as quitté le bureau de la Fresse, comment tu es ici avec ce secours inattendu au moment où cet affreux émissaire de M. Renardeau voulait pénétrer jusqu'à notre père.

— C'est ce généreux percepteur, répondit Georges, ce bon et digne M. Durand. Ah! que le ciel le bénisse. J'étais gardé par deux douaniers, condamné à l'amende, que je ne pouvais payer; on n'attendait que la fin de quelques formalités pour me conduire en prison. J'avais envoyé un commissionnaire à M. Billaudaud, et je ne recevais point de réponse. Je pensais à toi, à notre père, à votre affreuse situation, et je souffrais un martyre que je n'aurais jamais imaginé. M. Durand passe par hasard à la Fresse; il entend parler de mon arrestation; il vient me voir, me prend à l'écart, m'interroge. Je lui raconte tout ce qui s'était passé, les menaces de Renardeau, l'extrémité à laquelle j'étais réduit, la funeste résolution que j'avais prise, enfin tout. — Vous avez eu tort, me dit-il avec une touchante douceur, grand tort de chercher un remède à votre fâcheuse position dans une violation flagrante des lois. Si vous vous étiez adressé à moi!.... Mais vous ne me connaissiez pas assez, et tout le monde vous abandonnait, pauvre jeune homme! Vous avez reçu là une cruelle leçon, et vous ne serez pas tenté de recommencer cette fatale expérience. — Oh! monsieur, m'écriai-je, j'accepterais toutes les misères de ce monde plutôt que de m'exposer à une situation si humiliante. — J'en suis sûr, et, grâce au ciel, je suis arrivé à temps. Il s'approcha du receveur, et se mit à causer avec lui. J'entendis qu'il parlait d'amende, de transaction; tous deux discutaient à la fois, et assez vivement. Enfin le receveur reprit son procès-verbal, y ajouta un paragraphe; M. Durand déposa je ne sais combien d'écus sur la table; puis, me prenant par le bras : — Vous êtes libre, me dit-il, venez. Il me conduisit dans une auberge du village, me fit servir à déjeuner, écrivit quelques chiffres sur un carré de papier, puis, tirant de son portemanteau un sac d'argent :—Tenez, me dit-il, voilà ce que vous aurez à payer à l'huissier; allez, vous ne me devez point de remercîments, c'est moi qui vous en dois pour le bonheur que j'éprouve en ce moment.

Et je l'ai quitté en lui serrant la main, sans

pouvoir prononcer un mot. La joie me donnait des ailes; je ne marchais pas, je courais à travers les rocs et les bois; et notre père n'a rien su; et me voilà rentré près de vous! Oh! que Dieu soit loué!

Hélène écoutait ce récit dans une sorte de ravissement, et levait les yeux au ciel avec une pieuse reconnaissance.

— Tu le vois, dit-elle, la Providence n'abandonne point les malheureux. En te laissant aller au parti désespéré que tu as pris, tu as douté d'elle et tu en as été sévèrement puni. A présent, tout est fini, nous voilà tranquilles, nous n'aurons plus qu'à compter avec ce généreux homme qui t'a sauvé, et celui-là n'est pas un Renardeau. Viens, mon bon Georges, viens près de notre père.

Tous deux se rendirent auprès du vieux notaire, qui, en se réveillant et ne voyant pas ses deux enfants auprès de lui, se sentait saisi d'une affreuse anxiété. A l'aspect de Georges, il poussa un cri de joie, puis, prenant le jeune homme dans ses bras :

— Deux jours sans te voir, mon cher enfant, dit-il; deux jours, oh! c'est trop long pour un pauvre vieillard comme moi, qui n'ai plus que peu de temps à vivre. Ne t'en va plus ainsi, ne t'en va plus.

En même temps, la bonne Brigitte s'approchait d'un pas timide pour contempler son jeune maître ; car, quoiqu'elle n'eût rien su de ce qui s'était passé, et qu'elle n'eût rien dit, elle avait souffert aussi de cette absence extraordinaire. Georges lui tendit la main, et ces quatre habitants de la ferme, réunis après des heures d'angoisses dans une si cordiale émotion, formaient en ce moment un doux tableau ; et la tendre Hélène s'endormit avec une sérénité de cœur qu'elle n'avait pas éprouvée depuis longtemps.

CHAPITRE V.

La crise douloureuse étant passée, les enfants de la ferme n'en conservaient pas moins de pénibles sujets de sollicitude. Le percepteur, par un noble sentiment de délicatesse, n'était point rentré dans la demeure de M. Valbois, de peur sans doute de rappeler par sa présence les obligations contractées envers lui. Mais Georges et Hélène ne pouvaient oublier qu'ils lui devaient une somme considérable ; puis le jeune homme étant retourné un jour à Montbenoît, avait appris que M. Renardeau, furieux de son désappointement, criait, menaçait et s'en allait partout, proclamant plus haut que jamais la ruine complète du vieux notaire. Ce qui affligeait bien plus que ces honteuses clameurs le cœur de

Georges et d'Hélène, c'était la situation de leur père, qui, malgré les soins assidus dont il était entouré, et toutes les ordonnances prescrites par le médecin et exécutées à la lettre, semblait s'aggraver. L'automne avait fini, emportant avec un dernier rayon de soleil les dernières fleurs du coteau, et les feuilles jaunies des arbres. On entrait dans la saison d'hiver, ce dur et lamentable hiver des montagnes. Déjà le ciel était du matin au soir voilé d'une brume noire; une neige épaisse tombait sur le sol, et l'isolement de la ferme était alors plein de tristesse. Pendant l'été, on la voyait, les fenêtres ouvertes sur la campagne, élevant légèrement sa tête au milieu des noirs rameaux de sapins, des pâturages où résonnait la cloche des troupeaux, et des sillons ensemencés. Toute la nature alors semblait lui sourire, la clématite s'épanouissait sur ses murailles; le frêne reverdissait au bord de son toit; un oiseau joyeux gazouillait sur le seuil de la porte; une ruche d'abeilles bourdonnait dans le jardin. Rameaux des bois, oiseaux des champs, fleurs de l'enclos, azur du ciel, tout animait la maison solitaire. Hélène contemplait d'un regard attendri ces douces scènes de beaux jours, et tous les êtres de la nature étaient pour elle autant d'amis dont elle ne se lassait pas d'observer la grâce et d'écouter le mélodieux langage. Quand elle s'en allait le matin à travers les sentiers des coteaux, regardant toutes les plantes nouvellement écloses, prêtant l'oreille au murmure confus de l'insecte, au bruissement des arbres, aux cris heureux de l'oiseau, on eût dit qu'il y avait entre elle et ces myriades de petits êtres, je ne sais quel accord intime, quelle harmonie indéfinissable des sens et du cœur. On eût dit que les tiges de mousse en se balançant à ses pieds lui offraient leurs perles de rosée, que les narcisses entr'ouvraient leurs corolles pour lui faire goûter leur miel, que le folâtre pinson et la légère fauvette chantaient plus gaiement sur son passage.

Mais en hiver, tout était sombre et sinistre. Il se faisait autour de la ferme un grand désert de neige vide et inanimé, où l'on n'entendait d'autre bruit que les gémissements du vent, ou le fracas des masses de neige tombant des larges branches de sapin. Pas une maison n'apparaissait dans le nuage noir qui enveloppait la terre. S'il arrivait un accident à la ferme, pas un voisin n'était là pour y apporter un secours humain. De temps à autre seulement, un pauvre rouge-gorge, affaibli par la faim, saisi par le froid, venait d'un bec débile frapper aux vitres de la fenêtre. C'était un hôte malheureux qui se souvenait peut-être d'avoir rencontré le regard d'Hélène dans ses heureux jours de printemps et qui venait avec confiance implorer son secours, et la bonne Hélène accourait aussitôt, ouvrait la fenêtre, recueillait l'enfant égaré des bois, le réchauffait entre ses petites mains, répandait devant lui une poignée d'avoine, et quand il ouvrait ses ailes d'un air superbe et impatient, lui ouvrait en souriant la porte pour le rendre à la liberté.

Les deux jeunes gens avaient pris dès le commencement de cette triste saison, l'habitude de passer la plus grande partie de la journée près de leur père. Le soir, quand le bon notaire était assoupi, ils rentraient à la cuisine et s'installaient sous le vaste manteau de la cheminée, Hélène et Brigitte tournaient avec ardeur leurs rouets; Georges fendait des blocs de sapin pour en faire des tavaillons destinés à recouvrir le toit de l'habitation. Vers les dix heures, on faisait la prière, Brigitte allait se coucher, et les deux enfants s'asseyant l'un à côté de l'autre, se mettaient à causer de tout ce qui les occupait, de leurs graves embarras, des moyens d'acquitter leurs dettes, surtout de la santé de leur père qui les inquiétait bien plus encore que les affaires d'argent, et quelquefois des souvenirs du passé. Quant à l'avenir, ils n'en parlaient pas, il leur semblait, dans leur charmante ignorance, que l'avenir devait toujours être le présent.

Un soir qu'ils se trouvaient ainsi, l'un à côté de l'autre, par un temps affreux, Hélène, qui était restée quelques instants pensive, la tête baissée, dit à son frère : — Te souviens-tu que ce fut par une soirée orageuse comme celle-ci que notre frère Louis nous quitta pour la dernière fois? J'étais tout enfant encore, je n'avais guère, je crois, que cinq ans. Mais jamais je n'oublierai la douleur qui régnait autour de nous en ce moment. La diligence qui venait de la Suisse passait vers les dix heures devant notre porte, se rendant à Besançon. On entendit les grelots des chevaux, le fouet des postillons, Louis se leva, nous embrassa l'un après l'autre; notre père le conduisit à la voiture, tandis que notre mère, tombant à moitié morte sur un fauteuil, me serrait sur son sein en fondant en larmes.

— Oui, je me le rappelle bien, j'étais déjà grand, et je voulais garder le sabre que Louis, pendant plusieurs semaines, m'avait attaché à la ceinture. Notre père me prit par la main, m'emmena sur la grande route, où le traîneau était arrêté; Louis m'enleva deux fois de suite dans ses bras en me disant : — Je te rapporterai un sabre d'or; puis collant son visage contre celui de notre père : — Adieu, dit-il, ayez bon courage, vous me reverrez avec la croix d'honneur et une grosse épaulette. Ah! le pauvre Louis, il y a de cela douze ans, et l'on n'a plus entendu parler de lui. S'il n'était pas mort pourtant, s'il pouvait revenir, oh! j'en suis sûr, il n'en faudrait pas plus pour rendre la vie à notre père ; car à tout instant il parle de Louis avec une profonde douleur, et presque chaque nuit ce souvenir lui donne des rêves accablants.

— Eh bien! Georges, moi je crois qu'il reviendra; c'est une folie peut-être, mais je le crois, et rien au monde ne pourrait m'enlever cette idée. Plus de cent fois, dis-je, quand je me promenais autour de la ferme, je me suis surprise regardant de côté et d'autre comme si j'allais le voir apparaître. Après tout, rien ne prouve qu'il soit mort. Notre père a bien fait toutes les démarches nécessaires pour savoir à quoi s'en tenir. On n'a pu avoir aucune certitude.

— Hélas! ma bonne sœur, je voudrais bien partager ta confiance, mais je ne le puis. Tiens, regarde, écoute; quel affreux tourbillon de neige! quel ouragan! Combien d'orages mille fois plus terribles notre pauvre frère n'a-t-il pas éprouvés! On en sort une fois, deux fois peut-être, et puis après!....

— Oh! oui, reprit Hélène en tournant les yeux du côté de la fenêtre, quel temps épouvantable ; mon Dieu! que je plains les voyageurs qui se trouvent à une pareille heure sur les grandes routes! Il arrive si souvent de fatales catastrophes dans nos pays l'hiver; et quelle affreuse chose que de mourir dans la neige, par une telle nuit, sans pouvoir dire un dernier adieu à ceux que l'on aime!

Au même instant un cri plaintif et sourd résonna dans la ferme. Les deux jeunes gens se levèrent précipitamment et coururent près de la fenêtre. Le même cri fut répété, mais plus faible et plus languissant, on eût dit le soupir étouffé d'un malade, ou le vague gémissement de l'agonie : — C'est un homme en danger, s'écria Georges. Brigitte, Brigitte, levez-vous; la lanterne, une lumière; dépêchez-vous, dépêchez-vous!

— Que veux-tu faire? Où veux-tu aller? dit Hélène saisie d'une vive anxiété. C'est peut-être le bruit du vent ou les sifflements du vent.

— Non, non, c'est la voix d'un homme, et d'un homme accablé de fatigue, privé de tout secours, expirant peut-être. Donne-moi encore un flacon de vin, un morceau de pain. Hâte-toi, tiens, voilà que je l'entends encore. Oh! pourvu que je n'arrive pas trop tard!

En quelques minutes tout fut prêt. Georges s'élança vers la porte, l'ouvrit, et un tourbillon de neige entra, comme une avalanche, avec un mugissement effroyable dans la cuisine.

— Oh! Dieu du ciel, dit Hélène, à quel péril vas-tu t'exposer toi-même....

— Ne le laissez pas partir, s'écria la vieille

Brigitte. Il y a de quoi périr par un temps pareil.

— Non, qu'il aille, répondit avec fermeté Hélène en recueillant toutes ses forces. Il accomplit un devoir religieux. La Providence veillera sur lui.

Georges sortit, et Hélène resta la tête appuyée contre la porte, écoutant avec une indicible terreur le bruit de la tempête qui semblait s'accroître à chaque seconde, puis regardant, mais en vain, par la fenêtre. Des masses de neige, emportées par un vent impétueux, flottant et tourbillonnant, remplissaient l'espace entier, et les yeux de la jeune fille ne distinguaient pas même la plate-bande du jardin qui s'étendait à deux pas de la maison. Brigitte s'était jetée à genoux, et tournait un chapelet entre ses mains tremblantes. Plus d'un quart d'heure se passa, un quart d'heure long comme un siècle. Hélène prêtait l'oreille, et n'entendait plus rien. Éperdue, hors d'elle-même, elle voulut sortir; elle posa la main sur le loquet, mais à peine l'avait-elle soulevé que l'ouragan chassa violemment la porte, et colla la jeune fille contre la muraille.

— Au nom de Dieu, mademoiselle, dit Brigitte en courant à elle et en lui aidant à refermer la porte, ne faites donc point d'imprudences. M. Georges est fort, et sait comment il faut se conduire par un pareil temps. Asseyez-vous sur cette chaise ; calmez-vous, il va revenir.

Elle n'avait pas achevé de parler qu'on entendit la voix du jeune homme qui appelait Hélène, Brigitte. Toutes deux s'élancèrent à sa rencontre, et Georges entra conduisant, ou plutôt traînant sur le chemin un homme enveloppé d'un épais vêtement, le visage pâle et les yeux à moitié fermés.

— Seigneur tout-puissant, s'écria Brigitte en regardant l'étranger, en croirai-je mes yeux, c'est M. Louis !

— Louis ! répétèrent à la fois les deux jeunes gens avec un transport inimaginable. Oui, ajouta Georges, oui, il y a longtemps, et il est bien changé ; mais je le reconnais, c'est lui, ô Hélène ! que le ciel est bon.

Et le frère et la sœur, tombant à genoux devant leur frère aîné, lui serraient la main, lui plaçaient les pieds près du feu pour les réchauffer, tandis que Brigitte allait, venait, ne se possédant plus de joie et ne sachant ce qu'elle devait faire pour aider à ses jeunes maîtres. Enfin, elle posa un vase près du foyer, y fit chauffer du vin, puis en donna quelques cuillerées à Louis, qui peu à peu se réveillant de son engourdissement, ouvrant les yeux, et étendant les bras : —Ah ! c'est toi, Hélène, dit-il ; c'est toi, Georges, et toi aussi, ma bonne vieille Brigitte.

J'ai cru que je ne vous reverrais jamais, et le ciel a eu pitié de moi; vous voilà, vous voilà, mon Dieu, que je suis heureux ! et qu'il est doux de vous embrasser !

Hélène et Georges le contemplaient avec une joie inexprimable, et le serraient sur leur cœur sans pouvoir prononcer une parole, tandis que Brigitte, à genoux sur le sol, s'emparait d'une de ses mains, et le regardait en murmurant :

— Ah ! ce bon monsieur Louis, que j'ai bercé, que j'ai conduit à la lisière, que je désirais tant revoir encore avant de mourir.

— Et notre père, dit Louis, notre pauvre père malade, malheureux ; car j'ai déjà rencontré des gens qui m'ont parlé de vous et m'ont dit toutes vos misères, et j'ai appris, en arrivant à Besançon, que je n'avais plus de mère. Oh ! du moins ne m'a-t-elle pas accusé en mourant?

— Accusé ! Pourquoi ? s'écria Hélène. Hélas ! elle n'a fait que parler de toi avec une tendresse inimaginable....

— Et qu'elle soit morte sans que j'aie pu l'embrasser encore une fois, dit Louis en essuyant une larme dans ses yeux, moi qui m'en revenais avec tant d'espoir.... Allons, n'en parlons pas.... Mais notre père, comment aller à lui sans lui causer une émotion trop forte, dangereuse peut-être?

— Attends, dit Hélène, je m'en vais près de

lui, et, s'il ne dort plus, je le préparerai à son bonheur inespéré.

Hélène entra dans la chambre du notaire, et le trouva éveillé. Elle commença, avec force circonlocutions, un entretien qui lui semblait fort ingénieux; mais, dès qu'elle eut prononcé le nom de Louis, toute sa naïve adresse fut déjouée par les incomprehensibles révélations de l'amour paternel.

— Louis est là! s'écria le vieux notaire; il est là, mon cœur me le dit; qu'il vienne, qu'il vienne, dussé-je en mourir de joie.

Et à ce cri de l'âme, Louis s'élança dans ses bras.

Après la première effusion de tendresse, Louis s'assit à côté de son père, tandis que Brigitte, avec une vivacité qu'on n'avait pas remarquée en elle depuis longtemps, courait de côté et d'autre pour préparer un souper à son jeune maître.

— Dépêchez-vous, ma bonne Brigitte, disait Hélène; prenez les œufs du poulailler, et, puisque nous n'avons pas le veau gras, tuez la grosse poule blanche que nous réservions pour un jour de fête. Voilà notre plus belle fête! Apportez la table dans la chambre de mon père, et prenez dans l'armoire une de nos dernières nappes damassées; il y a encore à la cave quelques bouteilles de vieux vin des Arsures, allez-en chercher une, et vous viendrez vous mettre à côté de nous.

Pendant ce temps, Louis racontait à son père comment, après avoir été nommé chef d'escadron et décoré de la main même de l'Empereur, il était parti pour la campagne de Russie; comment, à la bataille de Borodino, il avait été fait prisonnier et conduit à Jarkousk, au fond de la Sibérie. — Là, dit-il, je vécus pendant plusieurs mois d'une vie bien malheureuse, condamné aux plus durs travaux, surveillé par un caporal qui à tout instant nous menaçait de la schlague, et n'ayant pour toute nourriture qu'un peu de pain noir et de poisson pourri. On m'avait enlevé mon uniforme, mes armes, tout, jusqu'aux papiers que je gardais dans mon portemanteau, pour me revêtir de la sale redingote d'un ouvrier décédé quelques jours avant mon arrivée, et d'un mauvais pantalon de toile. Mais je me soumettais avec résignation à toutes ces misères, et il me semblait que j'expiais par là les larmes que je vous avais fait répandre, à vous et à ma pauvre mère. J'espérais d'ailleurs que notre armée marcherait de victoire en victoire, qu'un bon traité de paix nous rendrait tous à la liberté. Un jour, le gouverneur me fit venir chez lui. — J'ai su, me dit-il, que vous vous comportiez ici avec une douceur de caractère et une patience louables; j'ai vu par les papiers qui vous ont été enlevés et qui m'ont été remis, par vos états de service, par les récompenses que vous avez reçues en diverses occasions, que vous êtes un brave officier. Voulez-vous entrer au service de la Russie? L'empereur, à qui j'ai adressé un rapport sur vous, m'autorise à vous offrir le grade de lieutenant-colonel dans un régiment de cavalerie.

— Monsieur, lui répondis-je, si vous avez de moi la bonne opinion que vous voulez bien me manifester, et dont je vous remercie, comment pouvez-vous supposer que je consente à m'enrôler dans une armée qui combat contre la nôtre?

— Votre armée est en déroute; Napoléon est parti en toute hâte pour la France. La Russie est délivrée du péril qui la menaçait, et, à l'heure qu'il est, les plaines de neige, les glaces de la Bérésina ont peut-être englouti vos derniers soldats. C'est à nous maintenant à prendre l'offensive, et l'épée de la Russie pèsera lourdement dans la balance de l'Europe.

— Hélas! monsieur, vous m'apprenez là d'affreuses nouvelles; mais si mon Empereur, si mes compagnons d'armes ont éprouvé un tel désastre, c'est une raison de plus pour moi de refuser vos offres, et rien au monde ne me les ferait accepter. Je retourne à mes travaux d'esclave.

— Pensez-y. Le grade de lieutenant-colonel, la protection d'Alexandre, qui aime les bons militaires, cinq mille roubles de traitement, et la croix de Saint-Wladimir.

—J'ai gagné la croix d'honneur, et je n'en veux pas d'autre. A quelque prix que ce soit, je ne m'enrôlerai point dans une armée étrangère.

Le gouverneur me tourna le dos brusquement, fit quelques tours dans la salle, sans me regarder et sans rien dire; puis, revenant à moi : — Allons, reprit-il, je rends justice à la délicatesse de vos sentiments; mais tout ce que je sais de vous et tout ce que vous venez de m'exprimer, quoique je ne devrais peut-être pas parler ainsi, m'inspire pour vous un profond intérêt. Je ne veux pas que vous soyez plus longtemps astreint à un genre de vie indigne de vous. Voyons, je vais vous faire une autre proposition. Un négociant de mes amis qui est riche m'a témoigné le désir d'avoir, pour l'aider dans ses spéculations, un homme intelligent, qui travaillerait à son comptoir, et auquel il donnerait un traitement convenable, peut-être même, par la suite, un intérêt dans ses affaires. Cela vous conviendrait-il?

—Sans doute; un tel emploi ne blesse en rien mon patriotisme; je l'accepterais avec joie et reconnaissance.

—Me promettez-vous, sur votre honneur, qu'étant là, dans une maison où vous ne serez plus soumis qu'à une très-faible surveillance, et ayant l'occasion d'entreprendre, dans les intérêts de ce négociant, quelques voyages, vous ne tenterez pas de vous échapper?

— J'y engage ma parole.

— Songez-y. En vous donnant cette liberté, j'assume sur moi une grave responsabilité, et la moindre imprudence de votre part pourrait me causer un tort irréparable.

— Vous pouvez compter sur moi, monsieur, par le sentiment d'honneur qui m'empêcherait de violer ma parole, par le sentiment de gratitude que m'inspire votre bonté, et la crainte que j'aurais de vous causer le plus léger désagrément.

Le gouverneur me fit rendre ma croix, ma bourse, mes papiers. Le soir même j'étais installé chez le négociant, digne et respectable vieillard avec qui je fus de prime abord dans un parfait état de confiance. Et je me suis mis à travailler de cœur et d'âme pour lui. Il a été reconnaissant de mes services. Il m'a associé à son commerce, et quand les traités de paix m'ont ouvert l'entrée du sol natal, j'ai pu m'en revenir sans violer mes engagements. Le bon négociant voulait me retenir. Il m'offrait de me céder toute sa maison, de me marier avec une de ses nièces, mais l'amour du pays, le désir de vous revoir l'emportaient sur cette perspective d'une grande fortune. Puis j'avais fait honorablement, sagement ma récolte. Je voulais vous en faire jouir, et je vous apporte deux cent beaux mille francs en bons billets de banque. C'est de quoi faire la dot de notre petite Hélène, et nous acheter par là sur la montagne un joli bien.

Dans ce moment Brigitte entrait, apportant le souper, la vieille bouteille de vin des Arsures, couverte de toiles d'araignée, la poularde dorée et fumante, et le pain de seigle. Louis s'assit à table avec une joie naïve.—Dieu ! qu'on est bien ici, s'écria-t-il, près de vous, et dire, pourtant que sans ce bon Georges, j'aurais pu périr à trente pas de la maison, comme un de nos vieux camarades dans les déserts de neige de la Russie. Allons, Georges, voilà ton verre, à ta santé et à la santé de notre père.

— Brave garçon ! brave garçon ! murmurait le notaire en le couvant d'un œil étincelant de bonheur. Mais dis-moi donc, pourquoi ne nous as-tu pas écrit ?

— Je vous ai écrit une douzaine de fois au moins.

— Nous n'avons rien reçu.

— Il est bien possible que de Iarkousk ici, sur cette route de quelques milliers de lieues d'étendue, quelques lettres se soient égarées ou aient été retenues par les mains infidèles des employés de la poste russe, qui ne se font pas faute de garder ce qui leur plaît. Mais vous avez reçu, si j'ai bonne mémoire, au moins trois lettres de moi?

— Pas une, mon pauvre Louis, pas une.

— Vous ne vous en souvenez plus, peut-être; mais j'ai la preuve écrite que vous les avez reçues avec l'argent que je vous adressais.

— L'argent! hélas! depuis que tu es parti, j'en ai eu grand besoin; j'en ai perdu beaucoup, et n'en ai jamais reçu.

— Ah! ceci est par trop fort, dit Louis en tirant un portefeuille de sa poche; mais, attendez que je vous remémore un peu les faits. Vous souvient-il que pendant que j'étais encore en Allemagne, vous me fîtes écrire une fois par votre clerc Renardeau?

— Oui, oui, c'était après ma première attaque de paralysie.

— Précisément; vous me disiez que ne pouvant écrire vous-même, vous chargiez M. Renardeau de me donner des nouvelles de la famille, que comme la poste n'arrivait pas régulièrement à Montbenoît, vous me priiez d'envoyer désormais mes lettres à Pontarlier, à l'adresse de M. Renardeau, qui irait les prendre lui-même, et vous les remettrait.

— Oui, je m'en souviens encore. Je n'avais que lui alors qui pût se charger sûrement de remplir cette commission; car Georges était à cette époque en pension.

—Bien : quand je reçus l'ordre de rejoindre l'armée de Russie, j'avais un millier d'écus d'économie, dont je ne savais que faire. En campagne, on n'a pas besoin de tant d'argent; vainqueur, on en trouve de reste ; vaincu, c'est un profit qu'il est inutile de laisser à l'ennemi. J'envoyai ces mille écus à M. Renardeau, en lui disant de vous les remettre pour Hélène.

— Est-il possible?

— Pardieu. J'ai là un accusé de réception et les remerciements que vous m'adressiez, et vos plaintes sur votre triste situation.

— Je n'ai rien reçu, répondit le notaire de l'air d'un homme qui entrevoit avec terreur une affreuse vérité.

— Et les cinq mille francs que je vous adressai après avoir passé dix-huit mois chez mon honnête négociant d'Iarkousk?

— Rien, répéta le notaire avec un nouveau saisissement.

— J'ai là encore l'accusé de réception. Et les douze mille francs que je vous adressai deux années après?

— Rien encore.

— Ah! ah! M. Renardeau, s'écria Louis, nous allons vous chanter une jolie petite chanson.. Est-il encore en vie ce clerc de confiance, ce voleur, ce misérable?

— Oui, dit Hélène, et nous sommes ses débiteurs.

— Ses débiteurs ! et comment cela?

— Il nous a prêté six mille francs.

—Six mille francs ! et il en a touché vingt mille qu'il ne vous a pas remis, dont il a joui, dont j'ai les reçus signés de sa main, et les intérêts des intérêts. Je n'ai pas été négociant pour rien, et je sais ce que vaut un capital à 5 pour 100 pendant dix ans. Sur ma foi, je ne m'attendais pas, en rentrant ici, à avoir un plaisir pareil, le plaisir de prendre un traître à la gorge, et d'exercer sur lui une de ces bonnes justices de la Providence. Et où est-il cet oiseau de bagne? dans quelle caverne, dans quel antre s'est-il retiré?

— Il est à Montbenoît, s'écria Georges, dans notre maison, dans notre propre maison, vomissant contre nous d'ignobles outrages, et jurant à chacun que nous sommes à jamais ruinés.

— L'infâme! dit le notaire en cachant sa tête dans son oreiller.

— Dans notre maison, s'écria Louis avec une fureur qui fit frémir Hélène, ah! dès demain il en sortira par la porte ou par la fenêtre, et je la ferai laver, crépir, tapisser du haut en bas pour la purifier.... Mais non, je veux voir auparavant jusqu'où il poussera la turpitude.... Il ne s'attend sans doute pas à mon retour.

— Il affirme à tout le monde que tu es mort, dit Georges.

— Oui, parce que en effet depuis trois ans

ayant appris que la paix était faite, que des négociations étaient ouvertes pour la libération des prisonniers, que je comptais chaque mois, chaque semaine recevoir la permission de partir, et que je voulais vous causer la plus tendre des surprises, je n'écrivais plus, je travaillais à arrondir ma fortune; et il m'a cru mort. Eh bien! écoute, Georges, je suis venu ici en ligne directe de Besançon. J'avais appris là, par un homme du pays, que vous étiez dans cette ferme, et j'en connaissais le chemin. Sans cet affreux ouragan, j'y serais arrivé droit comme une flèche. Personne à Montbenoît ne sait que je suis de retour. Mais le courrier de Suisse doit y apporter demain ma malle, tâche d'y arriver assez tôt pour la prendre, la cacher à tous les regards; va chez M. Renardeau, donne-lui un rendez-vous ici, sous un prétexte quelconque, et nous verrons comment il se conduira.

— C'est convenu, répondit Georges. Le courrier arrive à neuf heures, demain à huit heures je serai à Montbenoît.

— Oh! mon bon Louis, s'écria le vieillard, tu es pour nous l'envoyé de la Providence. Mais ce Renardeau que j'ai moi-même tiré de la dernière misère, qui me semblait si dévoué, et en qui j'avais tant de confiance.... Comment croire?....

— Nous verrons, nous verrons, dit Louis.

Mais il est tard, vous avez bien besoin de dormir ; je bois ce dernier verre à votre santé, et nous allons vous quitter.

Les trois enfants se penchèrent l'un après l'autre sur leur père, qui les embrassa en versant des larmes de joie ; mais lorsqu'ils furent seuls, ils causèrent encore longtemps ensemble, et Georges raconta à Louis tout ce qu'ils avaient souffert, la résolution violente qu'il avait prise, le malheur qui en était arrivé, et le secours inattendu du percepteur.

— C'est un brave homme celui-là, dit Louis ; tu l'engageras aussi à venir. Quant à ce Renardeau, ah ! il a volé notre père, il a trompé ma confiance, et il a été sans pitié envers vous : eh bien, nous serons aussi sans pitié pour lui.

Hélène soupira en entendant prononcer ces mots. Elle avait cruellement souffert des insolences et des méchancetés de l'usurier. Cependant son cœur généreux aurait voulu pardonner. Mais comme son frère était dans un violent état de colère, elle pensa qu'il était plus prudent de ne lui faire aucune observation, et d'attendre un autre moment pour l'amener à des idées plus pacifiques. Elle lui souhaita le bonsoir, et Louis l'embrassa en lui disant : Va, ma chère sœur, nos maux sont finis. Notre mère avait foi en la Providence, et la Providence ne nous a pas abandonnés. Que n'est-elle là ; notre bonne mère, pour jouir désormais de la félicité de ses enfants!

CHAPITRE VI.

OU L'ON VOIT COMMENT LES MAUVAISES ACTIONS SONT PUNIES EN CE MONDE.

Le lendemain matin, ainsi qu'il l'avait annoncé, Georges était à Montbenoît avec sa blouse de roulier et sa charrette. Il reçut des mains du courrier la malle de Louis, la porta sur sa voiture, l'enveloppa d'une toile pour la dérober à tous les regards, puis conduisit son cheval à l'auberge de la fidèle Jeanne.

— Je vous confie, dit-il, mon petit équipage. Je reviendrai vous voir tout à l'heure, et dans quelques jours, je vous inviterai à venir à la ferme, vous vous y trouverez bien.

— Ah! mon bon monsieur Georges, dit Jeanne, je serai heureuse de revoir mon ancien maître. Mais ce vilain M. Renardeau nous fait bien du mal.

— C'est bien, c'est bien, répondit Georges, dans quelques jours tout s'arrangera.

Il se rendit chez le percepteur, lui confia tout ce qui venait de se passer, et l'invita à venir ce jour-là même dans le domaine de son père.

A sa grande surprise, le percepteur reçut cette confidence d'un air distrait, et au lieu de s'écrier, comme le jeune homme s'y était attendu : partons! il le pria de remettre à trois jours de là son rendez-vous avec M. Renardeau.

— Tiens, se dit Georges, celui-là que je croyais si résolu et si honnête, serait-il aussi changé, et serait-il déjà dominé par le misérable ascendant de Renardeau? Cependant il se souvint des services que M. Durand lui avait rendus, et ne voulut point lui laisser entrevoir un si indigne soupçon. A trois jours donc, dit-il d'une voix un peu contrainte, et il le quitta assez froidement.

— Bon et franc jeune homme! dit le percepteur en le voyant s'éloigner, je devine tout ce qui se passe en lui. Il comptait me voir courir avec empressement à la ferme, et il ne sait pas qu'en lui demandant un délai de trois jours, je ne songe qu'à lui préparer une réparation plus complète.

— Ah! vous voilà, monsieur le contrebandier, s'écria avec l'expression d'une affreuse joie l'usurier en voyant entrer Georges. Peste! vous êtes un gaillard résolu. Plutôt que de me céder ce misérable petit bois des Jarrons, vous préférez chercher un moyen de me payer en vous enrôlant dans une bande de malfaiteurs. Ah! vous prenez un beau chemin, et je vous en félicite.

— Trêve de mauvaises plaisanteries, monsieur,

répondit Georges avec une mâle fierté. Je ne les souffrirai de personne, et de vous moins encore que de tout autre.

— Toujours le même air superbe! s'écria l'usurier; des gens qui frisent la prison, et qui me regardent encore de haut en bas. Patience! patience! tant va la cruche à l'eau....

— Qu'elle se casse, dit Georges.

— Qu'elle s'emplit, répliqua l'usurier; la mienne est bientôt pleine. Je suis, ma foi, très-content. Riche propriétaire, bientôt membre du conseil d'arrondissement, redouté de mes concitoyens, honoré de la confiance des autorités, tandis que vous, mon beau coq de bruyère, vous pourriez bien, dans peu de temps, baisser l'aile et chanter moins haut. Mais enfin quel motif vous amène? que me voulez-vous? À présent que vous avez, grâce à je ne sais quelle sotte charité, payé la traite de mon huissier, vous n'avez point, je suppose, de nouveaux délais à implorer. Il vous reste près de six mois devant vous, et six mois, c'est beaucoup pour des gens qui, comme vous, vivent au jour le jour.

Georges sentit que s'il se laissait emporter par ces paroles offensantes, il courait risque de compromettre la mission dont il était chargé. Il fit un effort sur lui, et engagea M. Renardeau à vouloir bien, dans trois jours, se rendre à la ferme.

— Ah ! ah ! dit l'usurier d'un air de triomphe, vous en êtes enfin venu là. Eh bien ! à vous parler franchement, je m'y attendais. Il faut que vous payiez l'emprunt que vous avez fait. Vous n'avez plus de ressources, et vous voulez que j'aille passer avec votre respectable père un contrat pour ce bois que j'ai la folie de vouloir acheter, quoiqu'il vaille si peu. C'est bon, jeune homme, on ira chez vous, quoique à dire vrai, vous auriez fort bien pu m'exempter de cette course, et venir vous-même m'apporter ici la signature de votre père. Mais avec de vieux amis on n'y regarde pas de si près. C'est aujourd'hui lundi : à dix heures du matin, jeudi, je serai chez vous ; cela vous convient-il ?

— Parfaitement, monsieur, répondit Georges en se retirant.

— A propos, s'écria l'usurier en s'avançant sur le seuil de la porte, n'allez pas vous aviser au moins de faire des frais et de vouloir m'offrir à déjeuner. Les malheureux ! dit-il en revenant s'asseoir devant son casier, et en se frottant les mains d'un air de satisfaction, je suis sûr qu'ils n'ont pas seulement une bouteille de vin dans la maison. Eh bien ! j'ai tout de même joliment conduit mon affaire. Ce bois du vieux notaire arrondit ma meilleure propriété. J'ai ici une belle maison, un grand domaine. Voilà pourtant ce que c'est que de savoir gérer ses intérêts, de ne pas se laisser troubler comme cet imbécile de percepteur par toutes ces sottes idées d'honneur, de générosité. Il n'y a que ce malheureux chef d'escadron dont la mort n'est pas encore certifiée.... Mais bah! il y a trois ans qu'on n'a pas eu la moindre nouvelle de lui. Il est mort, et bien mort, grâce au génie de ce monde qui récompense les gens adroits.

Et pour achever de s'égayer le cœur, l'usurier se mit à compter ses créances et le revenu de ses propriétés.

Le jeudi, de bonne heure, les trois jeunes gens étaient dans la chambre du notaire, causant entre eux des événements qui allaient arriver.

— Je vais démasquer mon monsieur Renardeau, disait Louis, et d'une bonne sorte. Ah! quand il me trouvera là, quelle mine effarée! Il me tarde de le voir.

— Réfléchissons un peu, reprenait Hélène, es-tu bien sûr de pouvoir le confondre?

— Sûr? pardieu! voilà ses lettres, sa signature, le timbre de la poste. Sûr? ah! qu'il vienne seulement, et nous allons jouir d'un joli spectacle.

Au même instant, le percepteur entra suivi de deux hommes couverts de roulières, mais qu'à leur attitude, on ne pouvait prendre ni pour des paysans ni pour des charretiers.

—C'est le généreux M. Durand! s'écria Hélène.

14

Louis courut au-devant de lui, et, lui serrant cordialement la main :

— Je sais, monsieur, dit-il, tout ce que vous avez fait pour les miens, et je vous en serai reconnaissant toute ma vie.

— Nous parlerons de cela une autre fois, dit M. Durand. Maintenant nous n'avons pas un moment à perdre pour punir un misérable et faire rendre justice à une honnête famille. M. Renardeau me suit, il va arriver. J'ai combiné pendant ces trois jours les moyens d'arriver à notre but; laissez-moi faire. Avez-vous, ici à côté, une pièce où ces deux hommes puissent se retirer en attendant que je les appelle ?

— En voilà une, dit Louis en ouvrant une porte près du lit de son père.

— Bien ! Allez là, dit M. Durand à ses deux compagnons ; et vous, monsieur Louis, retirez-vous avec eux.

— Moi ! me retirer devant cet infâme voleur, s'écria Louis. Non, je veux qu'il soit pétrifié en me voyant ici, près de mon père.

— Il le sera bien plus, si vous voulez céder à ma prière. Nous allons écouter ce qu'il dira, et vous apparaîtrez quand il en sera temps.

— Va, mon cher Louis, dit Hélène ; aie confiance en M. Durand, c'est le meilleur ami que nous ayons trouvé, et je suis sûre que tout ce qu'il a combiné est pour le mieux.

Louis se retira à regret, et à peine était-il dans la chambre voisine avec les deux inconnus, que M. Renardeau entra.

Il parut un peu déconcerté en apercevant le percepteur; cependant, se remettant aussitôt, et tâchant de prendre un air poli, qui n'était que patelin :

— Eh bien! eh bien! mon bon monsieur Valbois, dit-il en s'approchant du lit du notaire, vous voilà donc toujours malade. J'avais depuis longtemps un grand désir de vous voir; mais les affaires.... les affaires.... vous savez comme cela absorbe!....

— Oui, répondit le notaire, et, à ce que j'entends dire, les vôtres ne sont pas mauvaises.

— Mais, grâce au ciel, je mène passablement ma petite barque. J'achète un petit bout de champ par-ci par-là. Mais un pauvre homme qui est né sans fortune a bien de la besogne pour se faire une petite retraite sur ses vieux jours, bien de la besogne. Je travaille, j'économise tant que je peux et je n'arrive qu'avec peine, avec beaucoup de peine, à arrondir ma modeste fortune. Les terres sont si chères; les fermiers paient si mal.

— Et vous êtes pourtant en état d'acheter mon bois des Jarrons?

— Oui, j'ai par là quelque argent que j'ai gagné à la sueur de mon front, et, comme on m'a dit que vous pourriez en avoir besoin, j'aime mieux faire cette acquisition que d'en charger un autre. Cela vous rendrait peut-être service, et vous savez, mon cher monsieur Valbois, que je serai toujours heureux de vous obliger.

— Et combien estimez-vous ce bois?

— Mais, dame, je ne sais trop. Il n'est pas grand, et on y a fait une coupe tout récemment. Je ne crois pas, à vous parler franchement, qu'il vaille plus de dix mille francs.

— Dix mille francs! repartit le notaire. Oh! oh! vous plaisantez. Mon fils y a compté plus de cent cinquante pieds de sapins superbes, qu'on pourrait abattre tout de suite.

— Sans doute, il y en a quelques-uns, et quand je dis dix mille francs, c'est pour celui qui ne voudrait faire de ce bois qu'un objet de spéculation; mais, comme j'ai quelques coins de terrain près de là, et que je tiens à garder cette petite forêt, je vous en offrirais bien, pour aller rondement en affaires, quinze mille francs.

— Quinze mille francs? dit le notaire, c'est déjà plus raisonnable.

— Il est pris, murmura Renardeau en laissant percer sur sa figure un éclair de satisfaction.

— Mais, reprit le notaire, si j'acceptais quinze mille francs, comment entendriez-vous me payer?

— Le compte est facile à faire. Je vous donne d'abord une quittance des six mille francs que je vous ai prêtés.... puis....

— Soit. Et n'avez-vous point de quittance à me demander, à moi-même?

— Moi? dit Renardeau qui se sentit subitement troublé; vous plaisantez, mon bon monsieur Valbois; vous savez bien que vous ne m'avez jamais prêté d'argent. Je n'ai eu que mes pauvres faibles ressources pour me tirer de la misère.

— Ah! ah! c'est qu'il m'était revenu que mon fils Louis m'avait envoyé de l'argent, et que cet argent, vous l'aviez touché.

A ces mots, la figure de Renardeau se contracta; il détourna la tête pour cacher son embarras, et balbutia d'une voix sourde quelques mots inintelligibles.

— Peut-être, monsieur Renardeau, reprit le notaire, l'avez-vous oublié dans la multitude d'affaires qui vous absorbent; mais il est encore temps de vous en souvenir.

— Comment, dit l'usurier qui avait recouvré son assurance, moi, oublier ce qui touche à vos intérêts, oh! monsieur Valbois, jamais! Rien au monde ne m'a plus occupé que le désir de vous être utile, et je n'ai rien reçu de monsieur votre fils, rien absolument.

— Mais s'il revenait, et que lui-même....?

— Hélas! monsieur, c'est votre tendresse paternelle qui vous donne encore cet espoir, que je voudrais bien partager. Vous savez bien que ce pauvre M. Louis a péri avec tant d'autres braves soldats dans la fatale campagne de Russie.

— Enfin, on ne sait pas; il en est que l'on a cru morts, et qui, pourtant, sont venus tout à coup consoler le cœur de leur vieux père. Si Dieu m'accordait la même grâce, si mon cher Louis reparaissait un jour ici, devant vous, pourriez-vous affirmer que vous n'avez rien reçu de lui?

— Oui, monsieur, oui, certainement, répondit l'usurier avec une émotion qui se trahissait pourtant dans ses gestes et dans l'expression de sa figure.

— Vous en avez menti, monsieur Renardeau, s'écria Louis en se précipitant dans la chambre de son père avec son uniforme de chef d'escadron et sa croix d'honneur sur la poitrine. Vous en avez menti! vous avez reçu de moi vingt mille francs. Voici vos lettres et votre signature.

— Juste ciel! s'écria Renardeau en se cachant le visage dans ses mains, les morts ressuscitent-ils pour m'accuser? Puis, se jetant aux pieds du lit de M. Valbois : — Pardon, monsieur, dit-il d'une voix suppliante, pardon! je dois vous paraître bien coupable; mais ne me jugez pas avant de m'entendre. Oui, j'ai reçu ces vingt mille francs de votre excellent fils, mais je ne voulais pas vous en dérober un centime, ô Dieu! pas un. J'attendais seulement.... j'avais besoin.... je voulais, oui, je voulais les tenir en réserve pour vous causer une plus agréable surprise. Laissez-moi partir, je vous prie ; je vous donnerai toutes les réparations que vous désirerez ; je vous compterai cette somme et les intérêts des intérêts. C'est tout ce qu'un honnête homme peut faire, et vous verrez, vous serez content de moi.

— Laissez-le partir, dit Hélène dont l'âme délicate souffrait de voir une telle humiliation.

— Allez, monsieur Renardeau, dit le notaire ; vous avez commis une méchante action, mais, par égard pour la prière de ma fille et par un sentiment de pitié, je ne veux point vous livrer à la rigueur des lois.

Renardeau se leva en silence, et sans oser regarder ceux qui l'entouraient, se dirigea vers la porte.

— Un instant, monsieur, dit le percepteur en le prenant par le bras. Avant que vous partiez, souffrez que je vous adresse une question. A l'époque où M. Valbois, étant tombé malade, se trouvait hors d'état de s'occuper d'affaires, vous fûtes chargé par lui de faire valoir ses droits dans la faillite du négociant de Besançon, auquel il avait prêté soixante mille francs. N'avez-vous rien perçu dans cette faillite?

— Monsieur, s'écria l'usurier en se relevant

avec effronterie, je ne sais de quel droit vous m'interrogez. Vous n'avez point à vous mêler de mes affaires, et je n'ai point de compte à vous rendre.

— Ne cherchez pas de faux-fuyant. Je vous interroge au nom de toute cette famille que vous avez honteusement outragée et persécutée. Elle-même m'autorise à vous faire cette demande, n'est-il pas vrai? ajouta-t-il en se tournant vers le lit du notaire.

— Oui, oui, s'écrièrent à la fois M. Valbois et ses deux fils, surpris cependant de ce nouvel incident.

— Répondez donc, avez-vous reçu quelque argent de cette faillite?

— Il est possible.... Je crois me rappeler en effet.... Oui, une petite somme. Je verrai, et je la rembourserai....

— Et cette somme, en avez-vous donné quittance en votre nom, ou au nom de M. Valbois?

— En mon nom, certainement; je n'avais pas le droit.... je n'aurais pas osé....

— Vous mentez encore, monsieur Renardeau, et maintenant il ne dépend plus de la générosité de cette bonne famille de vous laisser partir comme vous le disiez. Voilà une quittance de quinze mille francs où vous avez contrefait la signature de M. Valbois. La justice est saisie de cette affaire, et vous aurez à répondre devant elle.

A ces mots, il frappa du pied, et les deux hommes cachés dans la chambre voisine s'avancèrent.

— Voilà, leur dit le percepteur, un mandat d'arrêt de M. le procureur du roi de Pontarlier qui vous somme d'appréhender au corps, et de conduire, dans le plus bref délai, à la prison de la ville, le nommé Ferdinand Renardeau, propriétaire à Montbenoît. Faites votre devoir.

— Malheureux! s'écria l'usurier, tu as voulu me perdre; mais je me vengerai, je sais que tu as toujours intrigué pour l'élection des députés de l'opposition, et je te ferai destituer.

Le percepteur haussa les épaules; puis, s'avançant vers Louis : — A présent, dit-il, que nous sommes délivrés de ce misérable, je puis vous exprimer toute la joie que j'ai éprouvée en apprenant votre retour si inattendu. Je ne suis pour vous qu'un ami de date trop récente, mais un ami bien dévoué.

— Ah! le plus noble et le plus vrai de tous, s'écria Georges, et jamais je n'oublierai avec quelle bonté vous êtes venu à mon secours quand tout le monde m'abandonnait. Mais dites-nous donc comment vous êtes parvenu à découvrir cet autre crime de Renardeau?

— C'est bien simple, répondit le percepteur;

quelques mots prononcés par le cabaretier de Montbenoît, l'embarras de Renardeau, m'avaient donné l'éveil. Je partis pour Besançon, je me mis à la recherche du négociant auquel M. Valbois avait prêté soixante mille francs. Il occupe une place de commis chez un marchand de fers de la rue d'Arennes. C'est un honnête homme qui a livré sans réserve à ses créanciers tout ce qu'il possédait, et qui n'a plus d'autre moyen d'existence que son modeste emploi. Quand je lui eus expliqué le but de mon voyage, il s'en alla chercher un portefeuille, et prenant la quittance. Tenez, monsieur, me dit-il, voilà tout ce que j'ai pu donner à M. Valbois. Son représentant a été le plus dur de mes créanciers; mais je ne lui en veux pas, et je n'ai qu'un regret, c'est de n'avoir pu m'acquitter entièrement envers le digne notaire qui m'avait témoigné tant d'affection. Vous vîntes chez moi, M. Georges, le lendemain du jour où je rapportais cette quittance de Besançon. J'hésitais encore à croire à la fourberie de Renardeau. Ce que vous me dites des lettres de M. votre frère ne me laissa plus aucun doute. Le procureur du roi de Pontarlier est un de mes anciens amis; j'allai le voir, je le priai d'avoir assez de confiance en moi pour me remettre un mandat d'arrêt, et me donner des gendarmes; voilà tout. Le crime s'est trahi lui-même, et l'impudent voleur s'est laissé prendre dans ses propres filets. Je remercie Dieu de m'avoir fait contribuer à une bonne action, et je m'en vais heureux de vous savoir heureux.

La famille essaya en vain de retenir l'honnête M. Durand. — Non, non, disait-il, aujourd'hui vous avez tant de choses à vous dire, il faut que je vous laisse ; bientôt nous nous reverrons ; et il s'éloigna, saluant cordialement le notaire et ses deux fils, et jetant sur Hélène un long regard.

Aux assises de Besançon Renardeau fut condamné au remboursement de toutes les sommes qu'il avait illégalement retenues, et à dix ans de détention.

Le bon notaire, rajeuni par la joie qu'il a éprouvée de revoir son cher Louis, par le bonheur inattendu qu'il a retrouvé, a racheté sa maison de Montbenoît, et y a vu revenir à sa grande surprise une quantité d'anciens amis dont il se croyait oublié.

Louis a été élu à l'unanimité chef de bataillon cantonal de la garde nationale, et partage son temps entre les devoirs que lui imposent ces graves fonctions et la gestion des propriétés qu'il a acquises autour de Montbenoît.

Georges qui aspire à devenir avocat est retourné au collége pour y finir ses études.

Le cabaret de la bonne Jeanne est le rendez-vous de tous les honnêtes gens du pays, et l'on annonce le prochain mariage de mademoiselle Hélène avec M. Durand.

LE VOYAGEUR ET L'AMBITIEUX.

On n'a jamais voyagé autant ni si loin qu'on le fait de nos jours. Ce n'est pas assez maintenant d'être sorti des limites de la France pour dire qu'on a voyagé : il faut avoir fait le tour de l'Europe, avoir passé la mer, visité l'Afrique, être allé en Asie, et jusque dans les parties les plus reculées de l'Amérique ; après quoi on n'est pas encore content. La terre nous manque avant que le désir de voir du nouveau s'éteigne dans notre cœur. La curiosité nous entraîne d'un pays dans un autre, et n'est jamais satisfaite. C'est qu'on cherche la nouveauté où elle n'est pas. Si grand que soit le monde, il n'est pas infiniment varié. Après qu'on a vu un peu de pays, on retrouve ensuite partout les mêmes aspects, et l'on pourrait aller jusqu'au bout du monde sans plus rien découvrir de nouveau. On se décide à retourner aux lieux d'où l'on est parti. On y rapporte son ennui que l'on croyait y avoir laissé, et qui nous avait suivis. Alors on trouve souvent, dans un âge plus calme, qu'on avait près de soi ce que l'ardeur de la jeunesse nous avait conduit à chercher si loin. Combien n'y a-t-il pas d'endroits inconnus, négligés, qu'on ne daigne pas regarder, parce qu'ils sont à côté de nous, et qui cependant fixeraient mieux nos désirs que tant d'autres endroits si vantés à qui l'éloignement donne, en effet, tout l'avantage plutôt qu'une beauté supérieure; car, le plus souvent, c'est la difficulté d'obtenir les choses qui en fait le prix à nos yeux.

Je connais, dans les montagnes du Jura, une vallée qui réunit la grâce heureuse des paysages du Midi avec le charme triste de ceux du Nord. A voir le ruisseau qui la traverse et qui court entre des bordures de fleurs de toutes les couleurs, de boutons d'or, de myosotis bleus, les haies vertes et fleuries qui la coupent en divers sens, les bouquets d'arbres semés dans la prairie pour en varier l'aspect, on pourrait se croire dans une de ces fraîches vallées de la Grèce ou de l'Italie que les poëtes anciens ont chantées. Mais en regardant tout autour de cette vallée, les forêts de sapins aux longs rameaux, à la couleur sombre, les montagnes bleues qui, s'élevant en amphithéâtre les unes derrière les autres, se perdent à l'horizon dans les brumes vagues de l'air, et font rêver à l'infini, on se sent pris de la même tristesse douce que les voyageurs éprouvent dans les contrées du Nord, sous un ciel brumeux en vue de la mer immense.

Cette vallée est sur la route qui conduit de Jougne à Lausanne. J'y passai une fois de nuit. La lune et les étoiles brillaient dans le ciel; l'air était pur, à peine voilé par une brume claire, semblable à une gaze transparente à travers laquelle les rayons de la lune projetaient une teinte douce et argentée. Le haut des montagnes, les sommets des arbres et les faîtes des maisons étaient éclairés de cette lumière, le reste de la vallée était dans l'ombre, et un grand silence régnait partout. On n'entendait que le bruit de l'eau dans la prairie, et les clochettes des vaches dont le son me suivit longtemps encore dans la forêt. J'aurais beau voyager, je ne crois pas que je trouve nulle part un lieu plus doux, plus charmant que cette vallée, vue sous un ciel pur, à la clarté des étoiles, dans le repos de la nuit.

Les voyageurs que l'humeur inquiète, le désir de voir entraînent loin de leur pays, sont semblables à l'ambitieux qui, retiré au fond de la province, ayant quelque bien et une douce existence, s'avise un jour de souhaiter la fortune. C'est une déesse qui ne visite point les endroits retirés. Il faudra changer de demeure, la chercher de ville en ville, dans les lieux où l'on croit qu'elle habite. Qu'à cela ne tienne. On part sans rien regretter de tout ce que l'on quitte. Conter les allées et les venues, tous les chemins où l'on s'aventure à sa poursuite, combien on en prend de divers que l'on quitte pour les reprendre, les quitter de nouveau, y revenir ensuite, ce serait trop long. C'est assez dire qu'on se lasse avant d'avoir ce que l'on veut. Car même si l'on parvient à saisir la fortune, on n'est pas beaucoup avancé. Fortune et contentement sont deux : on n'a pas l'un avec l'autre. Ou plutôt c'est la fortune qui est double. Quand on croit la tenir, elle nous laisse son apparence, et glisse elle-même d'entre nos mains, emmenant avec elle le contentement, et nous la voyons ensuite aussi loin devant nous sur la route que le premier jour. Qu'ai-je fait, se dit-on alors? J'avais le repos, je l'ai changé pour l'inquiétude. Je tenais la réalité, je l'ai laissée pour courir après une ombre. Cela dit, on est trop heureux de revenir au village, de rentrer dans son humble maison, d'y reprendre les occupations utiles de chaque jour et les entretiens honnêtes avec ses voisins, le soir, sur le pas de la porte.

> . . . . Heureux qui vit chez soi,
> De régler ses désirs faisant tout son emploi.

La Fontaine l'a dit. Il a peint, dans ses fables, l'humeur inquiète du voyageur et celle de l'ambitieux. Leurs caractères sont pareils, et pareilles leurs aventures. Tous deux quittent le repos pour suivre des chimères, l'un la fortune, l'autre la nouveauté; jusqu'à ce que l'ennui de courir toujours vers un but trompeur, qui s'éloigne à mesure qu'ils en approchent, les ramène à ce qu'ils n'auraient jamais dû quitter, la médiocrité, les habitudes communes de la vie, dans lesquelles ils trouvent le contentement que ne donne pas la fortune ni l'extraordinaire. En revoyant en idée cette vallée paisible dans les montagnes du Jura, j'y place le Nid des deux pigeons et la Maison des deux amis des fables de la Fontaine.

LA VIERGE DE MONPETOT.

A MADAME LA MARQUISE DE DOLOMIEU.

« Madame, en quittant Paris au printemps de cette année, j'avais promis de vous écrire de la Grande Chartreuse et je ne l'ai point fait; j'avais formé de vastes projets de voyage, et je ne les ai pas exécutés. Quand l'âme souffre, elle se tourne dans l'espace comme un malade dans son lit; elle essaie par mille rêves aventureux d'échapper à la pensée constante qui l'enlace et qui l'oppresse, elle s'élance au loin comme pour se fuir elle-même. En réunissant tous les débris de son bonheur passé, et toutes ses forces, elle tente de se faire un nouveau tissu d'espérances, tissu plus léger et plus incertain que ces légers fils d'argent qui pendant l'été flottent à la surface des prés, qu'un coup de vent emporte, ou qu'un rayon de soleil fait disparaître. Quand vient l'heure où l'on doit réaliser un de ces songes hardis, une de ces grandes révolutions, on se sent pris d'une lassitude extrême et d'un profond découragement. On se regarde comme un naufragé échoué sur la grève avec sa chaloupe à demi brisée; la tempête a été si violente et la mer si rude, hélas! comment entreprendre un nouveau voyage? D'ailleurs, pour voyager avec fruit, pour s'en aller visiter des contrées, des peuples qu'on ne connaît pas encore, il faut une certaine gaieté de cœur qui donne l'élan à l'esprit, et vous savez, madame, combien cette gaieté était loin de moi quand j'allais vous dire : adieu, demain, je pars.

« Ainsi, au lieu de me diriger, comme je vous l'annonçais, vers les paysages pompeux du Midi et les rives de la Méditerranée, j'ai été me réfugier au sein de mes montagnes natales, comme un enfant qui a besoin de consolations se retire auprès de sa mère, comme un cerf blessé se cache dans l'ombre de son taillis, et je vous écris d'un petit village des bords du Doubs, voisin d'une sainte chapelle qui n'offre point les magnifiques scènes de la Grande Chartreuse, mais qui est illustrée par de vieilles et naïves traditions que votre cœur pieux aimera, j'en suis sûr, à recueillir.

« Le culte de la Vierge, ce culte si doux, si pur, si poétique, s'est conservé dans les montagnes de la Franche-Comté, avec toute sa charmante candeur, à travers toutes les révolutions politiques, et tous les ébranlements des croyances religieuses. Au milieu de nos forêts de sapins, la main des fidèles creuse une cavité dans le roc et y place une image de la Vierge, et le bûcheron qui vient là se livrer à son rude labeur, et la pauvre femme qui de ses mains ridées y récolte pour son troupeau un peu d'herbe, et le voyageur qui en cheminant le long de son sentier, passe devant cette grotte rustique, s'arrêtent et adressent une prière à celle que l'on nomme la mère des malheureux, le soutien des affligés, le guide des voyageurs. Auprès du village de Bonnevaux, un jour, un quartier de roc colossal détaché de sa base, roula du haut de la montagne et se précipita comme une avalanche vers la vallée. Un laboureur était en ce moment assoupi avec son jeune enfant au bord de la route. Ni l'un ni l'autre n'entendirent le bruit effroyable de cette masse de pierres, et le roc lancé comme la foudre s'arrêta comme par miracle auprès d'eux. Pour consacrer le souvenir d'un tel événement, on a posé dans ce rocher terrible une statue de la Vierge. Les gens du pays la montrent avec respect à l'étranger et lui racontent avec une religieuse émotion cette légende populaire. A Remonot, au pied d'une montagne escarpée comme un rempart dont les cimes blanchâtres se reflètent dans les flots azurés du Doubs, au bord d'un des plus ravissants vallons qu'il soit possible de voir, il y a une chapelle creusée dans la pierre, et une Vierge vénérée de tout le pays. On dit qu'une fois, les prêtres de Montbenoît, pour rendre un plus solennel hommage à cette madone solitaire, la transportèrent dans leur grande et belle église. Mais la Vierge retourna d'elle-même dans la grotte silencieuse où elle avait été déposée par un vieil ermite.

« De toutes ces grottes champêtres, et de toutes ces chapelles consacrées par la piété du peuple, par une pensée d'espoir ou de reconnaissance, la plus célèbre est celle que j'ai entrepris de vous faire connaître, celle de Monpetot. On y vient de loin fréquemment en pèlerinage. Les malades s'y traînent d'un pas débile, et souvent en sortent raffermis par la foi. Les jeunes femmes vont y chercher une protection pour leur vie conjugale; les mères y portent leurs enfants. Ma mère m'y a conduit plus d'une fois, au temps où je ne savais rien encore de la vie ni de ses écueils. J'y suis retourné après avoir éprouvé les orages du monde, et j'y ai trouvé, par la vertu des prières faites pour moi, de tendres émotions.

« Cette chapelle dépend de la paroisse de Saint-Pierre, qui s'étend sur un espace de plusieurs lieues à travers des collines agrestes et de larges forêts. Elle est bâtie au-dessus d'un vert plateau, d'où l'on jouit d'un magnifique point de vue. Son enceinte est petite, mais assez spacieuse cependant pour contenir une centaine de personnes, et la piété des fidèles l'entretient avec un soin scrupuleux. Sur les murailles, on voit appendus plusieurs *ex-voto*, humble offrande de ceux dont la Vierge a guéri les plaies du corps ou les souffrances de l'âme; çà et là quelques grossiers tableaux peints par un artiste de village, représentant des malades qui prient leur auguste protectrice; plus loin, un petit navire en bois, doux tribut de quelque pauvre marin ignoré qui, dans les orages de la mer, aura efficacement imploré *l'étoile du matin*. Au fond de la chapelle est l'autel, couvert d'une nappe sans tache, orné, aux jours de fête, de bouquets de fleurs et de nœuds de ruban, et sur cet autel, le tabernacle où repose la statue miraculeuse de la Vierge, petite statue en bois, sculptée avec art, et dont l'origine remonte à une époque lointaine. La tradition raconte qu'un habitant de Monpetot, nommé Dumont, rapporta cette statue de la terre sainte. Le bâtiment sur lequel il s'était embarqué pour revenir en France fut assailli par une tempête, et jeté sur une des côtes barbaresques. Les Maures s'emparèrent de Dumont, le dépouillèrent de tout ce qu'il possédait, mais il parvint à conserver sa précieuse statue. Condamné à servir comme esclave un maître farouche, il vécut longtemps d'une vie de souffrances, d'humiliations. Après cette première épreuve, il réussit, par la mansuétude de son caractère, à inspirer quelque confiance à son gardien. On l'employa aux travaux de l'agriculture en le surveillant de moins près. Un jour qu'il se trouvait, au temps de la récolte des foins, en pleine campagne, écarté de ses redoutables geôliers, l'idée de prendre la fuite le frappe tout à coup comme un éclair; il monte sur une mule, s'élance au galop, atteint les bords d'un fleuve qu'il faut traverser, parvient avec peine sur l'autre rive, retombe dans l'eau, puis, par un dernier effort, se relève avec sa monture, et continue enfin heureusement sa route. De retour dans son pays natal, il fit construire un oratoire et y déposa la sainte statue à laquelle il attribuait le bonheur d'avoir échappé aux fers de l'esclavage. Plus tard, cet oratoire fut agrandi, puis transformé en chapelle et doté d'un autel où le curé de Saint-Pierre et quelques prêtres du voisinage viennent fréquemment célébrer la messe.

« Pendant la révolution, la statue de la Vierge fut soustraite aux sacriléges du temps par le vénérable pasteur de la paroisse, M. Gauffre, qui l'emporta en Suisse, et revint à la fin de l'émigration la remettre dans son tabernacle.

« Par une belle matinée du mois de juin, je m'acheminais avec le curé actuel de Saint-Pierre, le modeste et vertueux abbé Bonnet, et un autre prêtre de ses amis, vers le hameau qui entoure la chapelle de Monpetot; j'interrogeais mes guides sur ces croyances du passé, sur les croyances actuelles, et je ne me lassais pas d'entendre leur simple et touchant récit. Après avoir traversé une vaste prairie, nous gravîmes un sentier étroit, rocailleux, qui serpente au milieu des bois, et que, à certains jours de l'année, tous les habitants de la paroisse gravissent en procession avec les bannières flottantes pour assister à la messe de Monpetot. Tout autour de nous était riant et animé, les insectes bourdonnaient dans la mousse touffue; les oiseaux chantaient sous les larges rameaux de sapins; les plantes odorantes du coteau, les petites fleurs fraîchement écloses au bord du chemin exhalaient dans l'air leurs parfums, tandis que mes deux compagnons semaient dans ma pensée les fleurs plus durables et non moins attrayantes de leurs sages entretiens. Bientôt nous arrivâmes au terme de notre rapide excursion. Un troisième prêtre, que nous avions convié à notre réunion, nous attendait là. Deux messes furent célébrées successivement. Les paysans, les femmes avaient en toute hâte quitté leurs travaux pour assister à cet office inattendu, et les enfants se réjouissaient de suivre leur curé à la sacristie et de le servir à l'autel.

« Après avoir achevé leur prière, mes guides me conduisirent au sommet d'une colline ondulante, couronnée d'une majestueuse ligne de forêts. De là, nous voyions se dérouler devant nous un immense espace, sillons de blé et pâturages, montagnes et vallons, ondoyant au loin comme une mer d'émeraude; ici les maisons des villages groupées et resserrées autour de l'église; là les chalets épars, suspendus, comme des nids d'oiseaux, aux flancs des collines, ou cachés comme de mystérieux asiles sous les arceaux des bois de sapin; à gauche, les charmantes vallées d'Oye et Pallet, toutes pleines de fleurs et de verdure, et sillonnées par une eau limpide qui, tantôt s'efface dans de capricieux contours sous des berceaux de menthe et de *vergiss mein nicht*, et tantôt reparaît plus vive et plus belle aux rayons ardents du soleil; devant nous, la route de la Cluse ouverte comme une brèche, au milieu de ses chaînes de roc, par l'épée d'un autre Roland; d'un côté, cette route est dominée par un pic aigu où l'on élève une nouvelle forteresse; de l'autre, par la colline du vieux château de Joux qui, du point où nous le regardions, avec sa croupe penchée, ses flancs amincis, et ses créneaux et ses tourelles, ressemble à un lion qui sur sa tête menaçante hérisse sa crinière. C'est là que fut enfermé Toussaint-Louverture, Mirabeau, et le mélancolique poëte Kleist, et, en nous rappelant l'orageuse destinée de ces trois captifs, nous jetions un regard de satisfaction sur le tertre d'herbe verte où nous étions si tranquillement assis.

« Après avoir ainsi promené nos regards au nord et au sud, nous aimions à les reporter sur le modeste hameau étendu à nos pieds, et sur la chapelle qui en est le religieux ornement. Les bonnes gens qui habitent ce hameau ont, pour la statue de la Vierge placée auprès d'eux, une vénération sans bornes ; ils la considèrent comme la sauvegarde de leurs demeures ; ils lui attribuent les incidents heureux de leur vie et l'implorent dans toutes les circonstances. Si quelqu'un des leurs tombe malade, si une femme est près d'accoucher, on va en toute hâte chercher le prêtre, on allume les cierges de l'autel, on assiste pieusement à la messe, et l'on se sent le cœur fortifié. Devant la chapelle, s'élève un orme d'une grandeur et d'une majesté admirables. Sa tige a plus de vingt pieds de circonférence, et ses rameaux épais, puissants, forment au-dessus de la chapelle une vaste voûte comme pour la préserver des intempéries de l'hiver et des atteintes de l'orage. Les habitants du pays regardent cet arbre gigantesque avec respect, et l'associent à leurs naïves croyances. Ils disent qu'en 1793, quand on emporta leur sainte Vierge en Suisse, l'orme qui chaque année ressemblait à un immense réseau de verdure, ne poussa pas une feuille. Ils racontent aussi qu'un jour on leur enleva encore leur statue miraculeuse pour faire quelques réparations à la chapelle, et ce jour-là, un incendie désastreux éclata dans leur hameau.

« Douces légendes du peuple ! charmantes œuvres de la foi, ah ! heureux ceux qui croient, me disaient les bons prêtres qui me servaient de guides, et moi je les suivais vers la cure de Saint-Pierre, en répétant hélas ! moins paisiblement qu'eux : heureux ceux qui croient ! »

LA VOUIVRE.

A MON AMI ANTOINE DE LATOUR.

CHAPITRE PREMIER.

UN HEUREUX HASARD.

Ceux qui ont passé quelque temps dans les poétiques montagnes de Franche-Comté, et assisté, sous le toit rustique d'une maison de paysan, à quelque veillée d'hiver, ont tous entendu parler de la vouivre, serpent ailé, être magique, qui, dit-on, glisse dans les airs comme une lueur rapide, se baigne dans les flots comme une autre Mélusine, et porte à son front une escarboucle plus précieuse que tous les diamants de la couronne de France. Les amateurs de vieilles traditions ne sont pas d'accord sur l'idée symbolique qui doit être évidemment représentée par cette merveilleuse créature, et M. D. Monnier, qui a écrit tant de curieuses pages sur les vieilles croyances de nos aïeux, n'a pu lui-même, avec tout son savoir et son habileté, résoudre cette importante question. Beaucoup de gens pensent que la vouivre est tout simplement l'emblème de la fortune, qu'elle en représente la rapidité par ses ailes, l'éclat par son escarboucle, les détours capricieux par ses anneaux de couleuvre. Ce que la tradition affirme, c'est que la vouivre, avant de se plonger dans les sources solitaires et les ruisseaux voilés dont elle aime à fendre l'onde limpide, dépose sur le rivage cette splendide escarboucle qui est son œil, sa prunelle, sa lumière. Si, dans le moment où elle s'abandonne ainsi à la volupté de son repos, quelqu'un pouvait adroitement s'emparer de ce diamant inappréciable qu'elle a soin de cacher entre les roseaux les plus élevés, ou dans le gazon le plus touffu, ah! celui-là serait assez riche; car ni les mines du Brésil ni les montagnes de l'Oural n'ont jamais livré aux regards avides des hommes un diamant pareil.

Une foule d'ambitieux Francs-Comtois ont rêvé la conquête de ce trésor, et ont guetté la vouivre au bord de maint lac et de maint ruisseau. Moi-même je me souviens qu'aux jours de l'enfance, de cet âge crédule, de cet âge sans pitié, comme a dit le bon la Fontaine, j'ai plus d'une fois erré le long des bords du Doubs avec l'espérance d'y voir descendre la vouivre, et la pensée coupable de lui dérober son œil unique. Mais apparemment que les bonnes vieilles femmes qui voulaient m'enseigner de point en point les habitudes et l'itinéraire de la vouivre, n'étaient pas si instruites qu'elles le prétendaient, ou ne voulaient point me faire profiter de leur instruction ; car je n'ai jamais vu la vouivre ; et je n'ai jamais pu, à mon grand regret, je l'avoue, lui enlever son escarboucle. Mais Paul Dubois la lui enleva une fois, il y a environ cent ans, et je puis vous dire ce qui en arriva.

Paul Dubois était le plus jeune fils d'un brave vigneron de Mouthier, qui, par ses habitudes d'ordre et de labeur, était parvenu à se faire une honnête aisance. De six beaux enfants que le ciel lui avait donnés, quatre garçons et deux filles, les cinq premiers avaient été, dès leur bas âge, appelés à partager les travaux de leurs parents. Tandis que les garçons s'en allaient avec leur père labourer les champs et planter des ceps de vigne, les jeunes filles aidaient leur mère dans ses occupations domestiques ; elles prenaient soin des bestiaux, préparaient les repas des gens de la maison et filaient le chanvre pour faire des vêtements. Paul naquit à une époque où la famille commençait déjà à jouir d'une petite fortune acquise peu à peu, et arrosée de bien des sueurs. Plus heureux que ses frères, au lieu d'être astreint à la rude tâche de chaque jour, il fut confié aux soins d'un instituteur que l'on regardait comme un grand savant ; car il faisait une addition en un clin d'œil, et lisait couramment les vieux actes écrits sur parchemin. La bonne madame Dubois, qui adorait son dernier-né, voulut qu'il reçût l'éducation d'un clerc, et dans ses rêves d'amour maternel, elle le voyait déjà revêtu de la soutane, chapelain de quelque grand seigneur, ou, si sa vocation ne le portait pas vers l'état ecclésiastique, elle se le représentait investi des honorables fonctions de tabellion ; et, qui sait, peut-être même bailli du district. A sa prière, le curé de Mouthier avait bien voulu donner quelques leçons de latin à ce petit Benjamin, et les bonnes dispositions de l'enfant ne contribuaient pas peu à entretenir dans le cœur de sa tendre mère une naïve pensée d'orgueil et un ambitieux espoir.

Mais un soir que Paul rentrait sous le toit paternel, apportant en triomphe une belle grande page qu'il venait d'écrire avec tous les procédés de la plus élégante calligraphie, un problème d'arithmétique qu'il avait lui-même résolu, et un livre que son maître lui avait donné comme un témoignage éclatant de satisfaction :

— En voilà assez, dit le père Dubois ; Paul ne retournera plus à l'école ; je suis fort content qu'il manie si bien la plume et qu'il s'entende à ranger en bon ordre des chiffres sur le papier ; cela peut servir dans l'occasion. Mais il en sait déjà plus que je n'en ai jamais appris ; je ne veux pas faire de lui un monsieur qui porte des culottes de soie et batte le pavé des grandes villes, tandis que ses frères travailleront comme des manœuvres. Nous sommes vignerons de père en fils, tous gens probes et sans reproches, Dieu soit loué! Je veux qu'il soit vigneron comme nous, et, dès demain, je lui mets le hoyau entre les mains.

La pauvre mère souffrit beaucoup en entendant formuler cet arrêt. Cependant elle comprenait qu'elle ne pouvait équitablement établir une distinction si marquée entre ses enfants, en dévouer un à la tâche facile de l'école, et laisser les autres s'épuiser toute l'année dans un travail pénible. Elle savait d'ailleurs que quand son mari exprimait en termes si nets une résolution, il ne fallait pas tenter de l'en faire changer. Elle baissa la tête en silence, étouffant au fond de son cœur un gros soupir; et se résigna, attendant du temps et des circonstances un moyen de faire revivre et de mettre à exécution ses projets.

Paul prit la serpette et le hoyau, et s'en alla avec ses frères travailler à la vigne. Mais il était aisé de voir que ce travail lui causait une peine extrême, et qu'il ne l'entreprenait que pour obéir à la volonté de son père. Les jours suivants, cet acte de résignation frappa tous les regards; ses frères eux-mêmes, qui naguère ne pouvaient se défendre à son égard d'un certain sentiment de jalousie, furent émus de le voir accomplir si docilement une tâche qui lui semblait si difficile, et dès qu'ils se trouvaient seuls avec lui, loin des regards de leur père, ils l'engageaient à quitter son lourd instrument de travail et à se reposer, lui promettant de faire entre eux, par un surcroît d'efforts, la besogne qui lui était assignée. Paul était d'ailleurs d'une constitution délicate qui ne lui permettait pas de rester plusieurs heures comme eux courbé sur le sol. Il cédait à ces affectueuses instances, s'asseyait sur un tertre de gazon au flanc du coteau, en face de ces magnifiques bassins de verdure, de ces majestueux remparts de roc qui entourent les délicieuses vallées de Mouthier, et passait une partie de sa journée à regarder et à rêver. Le soir, auprès du foyer de famille, il restait la tête appuyée sur ses mains, écoutant en silence les traditions populaires du village, racontées par quelque bonne vieille femme, et s'élançant, par la pensée, dans les châteaux fabuleux, dans le monde magique dont ces traditions dépeignaient naïvement les merveilles. La vouivre surtout occupait souvent son esprit, la vouivre avec ce trésor inappréciable qu'elle portait au front, avec toutes les idées de bonheur qui s'attachaient à une telle conquête, et qui devaient naturellement séduire l'imagination d'un jeune homme. La nuit, il voyait reluire l'escarboucle féerique dans ses songes, et le matin, en s'en allant dans les champs, il la cherchait aux bords de la Loue. A force d'entretenir ce rêve dans son imagination, il lui donna la puissance d'une pensée constante, impérieuse. Il finit par se persuader qu'il parviendrait quelque jour à s'emparer de l'escarboucle précieuse, et il y parvint. Un soir d'automne, on ne sait comment, il arriva juste à l'endroit où la vouivre se baignait dans les flots de la rivière, vit le diamant qui étincelait dans la mousse, s'en empara, et s'enfuit tout éperdu. A peine avait-il saisi l'escarboucle qu'on entendit un cri lamentable, sans doute le cri de la pauvre vouivre aveugle. Un instant ce gémissement profond l'attendrit; il s'arrêta et se retourna, dominé par un sentiment de compassion; mais ce souhait, qui l'avait si longtemps occupé, ce désir ardent de posséder la pierre précieuse, l'entraîna de nouveau. Il rentra tout haletant et effaré sous le toit paternel, et courut s'enfermer dans sa chambre. Sa mère, inquiète, vint frapper à sa porte : il fit semblant de dormir; mais il ne dormait pas. Il tenait entre ses mains l'escarboucle, et ne se lassait pas de la contempler; et à mesure qu'il la contemplait, il sentait s'éveiller en lui des désirs impétueux, des visions étranges, qu'il n'avait jamais pressentis. Aux rayons éblouissants de l'escarboucle, il croyait voir s'ouvrir devant lui un nouveau monde, étincelant d'or et de pierreries, et peuplé de créatures idéales qui dansaient et chantaient sous un ciel d'azur éclairé par d'innombrables soleils. Il entendait encore résonner dans son refuge la voix désolée de la vouivre; mais il avait déjà fermé l'oreille aux tendres accents de sa mère, il ferma l'oreille encore aux lamentations de la malheureuse vouivre, et se jeta sur son lit, poursuivant, à demi endormi, à demi éveillé, ses songes fantastiques.

CHAPITRE II.

L'INFLUENCE D'UN TRÉSOR.

Le lendemain était un dimanche. Dès le matin, la famille se préparait à aller à la messe. Les jeunes filles tiraient de l'armoire de noyer leurs plus belles robes et leurs plus beaux fichus; les garçons se plongeaient la tête dans un seau d'eau, puis peignaient avec soin leur longue chevelure; le père Dubois lui-même s'occupait avec une certaine satisfaction de sa rustique toilette. Il était marguillier de son village, et prétendait figurer convenablement au banc d'honneur de l'église. Paul prétexta un violent mal de tête pour se dispenser de sortir. Depuis plus de deux heures il était assis sur son lit, tournant et retournant entre ses doigts l'escarboucle, et parcourant successivement dans le rapide essor de son imagination toute l'échelle des rêves les plus capricieux. A travers cette espèce d'hallucination fiévreuse, ces vagues et flottantes chimères, une idée s'implantait opiniâtrément dans son esprit, l'idée de partir, d'abandonner l'humble demeure champêtre où son diamant ne serait qu'un trésor inutile, et de s'en aller dans quelque grande ville chercher les joies et la fortune que sa chère escarboucle devait lui donner. En quelques instants cette idée devint un projet, et ce projet une décision. Il se sentait bien encore intérieurement troublé et inquiet des sollicitudes que son mystérieux départ causerait à ses parents, des larmes qu'il ferait répandre à sa bonne mère. Mais, se disait-il, je leur écrirai dès que j'aurai vendu mon diamant; je leur enverrai assez d'argent pour acheter encore des vignes, des champs, et je viendrai les revoir dès que j'aurai à mon gré parcouru le monde. Ce qu'il ne disait pas, ce qu'il ne reconnaissait pas lui-même, c'est que la possession de ce diamant si longtemps convoité lui avait déjà changé le cœur. La veille, il avait caché à tous les regards l'escarboucle comme un larcin; il avait refusé de répondre à sa mère; le matin, il avait menti, et il allait commettre froidement une atroce cruauté en désertant la maison paternelle.

Dès qu'il vit ses parents cheminer vers l'église,

il s'habilla, ferma la porte, et tournant le village par un sentier qui côtoie les plateaux de Hautepierre, il se dirigea vers la route de Besançon. Arrivé à la pointe d'un coteau, à l'endroit d'où l'on découvre dans toute sa fraîche et pittoresque beauté le vallon de Mouthier avec sa magnifique ceinture de bois et de rochers, et la vallée de Lods avec ses forêts d'arbres fruitiers, il se retourna pour voir encore les lieux qu'il allait quitter. La cloche tintait dans la vieille tour de l'église, et quelques bonnes gens en retard, portant leur livre à la main, hâtaient le pas pour arriver assez tôt à l'office divin. Un instant son âme fut émue de ce spectacle qui éveillait en lui tant de doux souvenirs; mais bientôt ses songes de fortune l'emportèrent sur cette pieuse sensation. Il détourna la tête comme pour s'arracher à une tentation dangereuse, se remit en marche, et vers le soir il entrait, par la Porte taillée, dans les murs de Besançon.

Une fois là, il s'arrêta, ne sachant trop de quel côté se diriger; son escarboucle à la main, il se disait bien avec sa confiance de jeune homme qu'il était assez riche; mais encore fallait-il trouver un marchand, et d'abord un hôtel pour y passer la nuit. Tandis qu'il s'en allait de côté et d'autre, les yeux en l'air, toisant les étages de toutes les maisons, et cherchant une enseigne de bon augure, il fut arrêté par un petit homme noir, dont la figure, en essayant de sourire, grimaçait d'une façon affreuse. Les vieilles femmes de Mouthier qui racontent cette véridique histoire prétendent que ce petit homme noir était le diable. Mais le fait n'est nullement démontré, d'autant que le diable a toujours une difformité qui le désigne suffisamment à l'animadversion de toute âme chrétienne, soit une grande paire de cornes, soit un œil flamboyant ou un pied fourchu, et l'individu dont il s'agit n'avait, au dire même de Paul, aucun de ces signes sataniques. Il était habillé fort décemment, et son langage et ses manières annonçaient un personnage parfaitement bien élevé et fort poli. Il s'approcha de Paul le chapeau à la main, il s'enquit avec une aimable prévenance de l'objet de ses recherches, lui offrit de le conduire lui-même dans un très-bon hôtel, où l'on ne recevait, disait-il, que des gens comme il faut; puis, tout en marchant à côté de lui, et en causant des monuments de Besançon, de ses promenades et des fêtes publiques, il gagna si vite et si bien la facile confiance de Paul que le jeune aventurier n'hésita pas à lui conter de point en point qui il était, quelle découverte il avait faite, et quel motif l'amenait dans la vieille capitale de la Franche-Comté.

— En vérité, mon jeune monsieur, s'écria alors l'inconnu, vous devez rendre grâce au hasard qui m'a amené sur votre route, vous ne pouviez faire une meilleure rencontre; car sachez que je suis maître Finlappi, connu dans toute la province comme l'un des plus habiles joailliers qui existent. Il n'y a pas ici une paire de pendants d'oreilles, un bracelet précieux, un collier de perles qui n'ait passé par mes mains, et je ne borne point le cercle de mes entreprises à ce qu'on peut attendre de moi dans les villes de Franche-Comté. J'ai un atelier, un magasin à Paris même, et c'est là qu'il faut que vous alliez vous-même, si vous voulez user comme il convient du trésor que la fortune vous envoie. Peste! le diamant de la vouivre! Ah! il y a longtemps que je désire le voir, et je vous en donnerai sans marchander une somme dont vous serez vous-même stupéfait. Ah! vous êtes heureux, jeune homme! vous entrez dans la vie par la bonne porte, par la porte d'or, et il ne tiendra qu'à vous bientôt de faire une belle figure dans la capitale de France, de marcher de pair avec les plus riches seigneurs, de voir le roi.

— De voir le roi! s'écria Paul qui écoutait ce dithyrambe du joaillier avec un enthousiasme toujours croissant. Vous croyez que je pourrais avoir l'honneur d'approcher le roi?

— Oui, certainement, reprit Finlappi, et c'est moi-même qui vous en donnerai les moyens si vous voulez avoir quelque confiance en moi. Ne me remerciez pas; en agissant ainsi, je ne fais que céder à mon propre penchant. Votre physionomie m'intéresse, et puis, je vous le dirai, j'aime les gens heureux, les gens qui sont nés sous une bonne étoile, et qui, dès leurs premiers pas dans la vie, se trouvent choyés et dorlotés par la fortune. Il y a du plaisir à s'occuper de ces gens-là; car on sait que les services qu'on cherche à leur rendre fructifient comme le grain jeté sur une terre féconde. Quant à ces malheureux qui travaillent, qui s'épuisent pour amasser jour par jour, à la sueur de leur front, de quoi acheter une cabane et un coin de champ, ce sont des misérables dont la vue ne m'inspire qu'un profond mépris.

— Hélas! se dit Paul, mon père a travaillé ainsi, et c'est pourtant un brave homme. Mais il n'osa faire cette réflexion à haute voix de peur de paraître, devant son nouvel ami, au-dessous de sa situation.

— Ainsi donc, ajouta Finlappi, si vous voulez vous en rapporter à moi, je me charge de placer votre bijou; et justement je sais un très-haut personnage qui donnerait plusieurs de ses châteaux pour un tel diamant. Vous partirez pour Paris; je dois moi-même y aller dans quelques jours, et je vous retrouverai là.

— Mais, pour partir, balbutia Paul....

— Ah! j'entends ce que vous voulez dire. Vous

arrivez de votre village de Mouthier, où l'on voit sans doute plus de cailloux que d'écus, et votre bourse est vraisemblablement trop peu garnie pour que vous puissiez.... C'est bon, c'est bon, je vous avancerai moi-même l'argent nécessaire pour que vous puissiez vous rendre dignement à Paris ; et afin que vous ne croyiez pas que je songe à abuser de votre jeunesse et de votre confiance, vous garderez avec vous l'escarboucle, et vous me la remettrez là-bas en échange d'une belle pile d'argent.

A cette libérale proposition, Paul fut près de se jeter dans les bras du joaillier et de le serrer sur son cœur.

—Oh! le généreux homme! se disait-il, quelle énergie de caractère! quel esprit lumineux et quelle grandeur d'âme! Et notre bon curé qui me répétait si souvent que dans les villes il fallait se tenir sans cesse en garde contre les voleurs et les fripons. Pour mon début, j'ai du bonheur! car voilà un individu qui me voit pour la première fois et qui me traite avec un dévouement sans égal.

—A quoi pensez-vous donc? demanda Finlappi.

—Ah! mon digne monsieur, répondit Paul, je pense que je ne puis assez remercier le sort qui m'a fait rencontrer un homme tel que vous, et je voudrais bien, avant de partir pour Paris, écrire à mes parents pour leur raconter tout mon bonheur.

— Attendez quelques jours. Quand vous aurez vu la capitale, quand vous aurez été présenté à la cour (car il faut que vous soyez présenté à la cour), quand vous jouirez enfin de la splendide fortune que vous tenez entre vos mains, vous réjouirez bien plus le cœur de vos parents en leur annonçant tant de merveilles.

— Vous avez raison, monsieur, reprit Paul, et je pourrai leur envoyer de Paris quelques beaux présents que je ne parviendrais peut-être pas à me procurer à Besançon.

— C'est parfaitement juste. Vous enverrez à madame votre mère des robes de velours, des dentelles à mesdemoiselles vos sœurs, des armes damasquinées et des chaînes d'or à vos frères.

Cette fois Paul regarda le joaillier avec défiance, pensant que ces paroles n'étaient qu'une amère moquerie; mais le visage de Finlappi ne trahissait pas la moindre apparence d'ironie.

— Allons, se dit Paul, il parle sérieusement, et il est certain à présent que je suis immensément riche.

Tout en causant ainsi, le jeune homme et son conducteur étaient arrivés au milieu de la rue Battant, l'une des rues les plus populeuses et les plus bruyantes de Besançon.

— Voilà, dit Finlappi en montrant à son compagnon une large maison à pilastres noircis par le temps, voilà l'hôtel du Croissant, l'hôtel de tous les gens riches et de tous les gentilshommes du pays. Je vais moi-même vous y introduire, et demain, si vous voulez suivre mon conseil, je vous remettrai une somme d'argent avec laquelle vous pourrez voyager tout à votre aise.

Paul n'était plus en état de faire la moindre objection à tout ce que lui disait le joaillier. Il se sentait dominé, fasciné par le regard, par l'accent de voix de cet homme, et le regardait comme l'être le plus noble, le plus généreux qu'il fût possible de rencontrer à la surface de la terre. Le soir, quand il se trouva seul dans la chambre qu'on lui avait assignée à l'hôtel, après avoir fait un large souper, comme un homme qui n'a pas à se préoccuper d'un vulgaire calcul d'économie, il se mit à repasser dans son esprit tout ce qu'il venait d'entendre; et à chaque parole qu'il se rappelait, il se sentait saisi d'un transport de joie inexprimable. Le joaillier, après l'avoir conduit dans sa chambre, n'avait demandé qu'à jeter un coup d'œil sur l'escarboucle, et il était resté stupéfait de sa splendeur.

— Vous me verrez demain, avait-il dit, et vous serez content de moi.

Le lendemain, en effet, de bonne heure, il entra dans la chambre de Paul, portant sous le bras un sac d'argent.

— Voici, dit-il, cinq cents écus que je vous donne à compte sur le marché que j'espère bientôt conclure avec vous. Vous pouvez partir ce soir même, et vous irez m'attendre rue Dauphine, hôtel du Faucon.

Paul lui serra la main avec l'expression d'une ardente reconnaissance. Il employa le reste de la journée à échanger ses simples habits de paysan contre des vêtements plus distingués, et le soir même il était en route pour Paris.

CHAPITRE III.

AVENTURES DE PAUL.

Deux heures après son arrivée à Paris, Paul se promenait au hasard dans les rues de cette ville dont on parlait à Mouthier comme d'une fabuleuse région. De la rue Dauphine, où il était venu loger selon les indications de Finlappi, il s'était dirigé, tout naturellement, vers le Pont-Neuf, et quel fut son étonnement lorsqu'à l'angle de ce pont, il aperçut au milieu d'un chaos de gens, de chevaux et de voitures le joaillier lui-même, le joaillier qu'il croyait encore à Besançon.

— Eh quoi! s'écria-t-il en s'élançant avec bonheur à sa rencontre, mon cher monsieur, est-ce vous?

—Oui, mon jeune ami, répondit le joaillier d'un ton jovial, c'est moi-même en personne, comme vous voyez, même habit, même chapeau et même figure. Je me suis procuré des moyens de transport plus rapides que les vôtres. Il y a deux jours que je suis ici, et j'ai déjà fait bien de la besogne. D'abord j'ai vu le personnage dont je vous parlais, et qui achètera, je crois, l'escarboucle. En second lieu, je vous ai trouvé une demeure convenable, car vous ne pouviez rester à l'hôtel qu'en passant. Vous aurez près du Palais-Royal, dans le quartier élégant du monde, votre maison à vous, vos gens, votre carrosse, et vous pourrez dès aujourd'hui, s'il vous plaît, commencer cette vie de gentilhomme. Je vous prierai seulement de vouloir bien me confier l'escarboucle pour que je la fasse voir à la personne qui désire l'acheter ; je vais vous remettre quelques milliers d'écus pour vos premières fantaisies ; usez de votre argent largement, et quand vous n'en aurez plus, voici mon adresse ; écrivez-moi ou venez me trouver. Ma caisse vous est ouverte.

Paul avait passé par tant d'émotions dans l'espace de huit jours que ces paroles du joaillier ne pouvaient même plus le surprendre. Il accepta sans réflexion aucune la proposition qui lui était faite, reçut, sans trop y regarder, l'argent qui lui fut remis, et s'installa sans façon dans la riante et coquette demeure que Finlappi lui avait fait préparer. Il n'est chose en ce monde à laquelle on s'habitue si aisément qu'à la fortune; dès qu'on en jouit, il semble qu'on y ait été préparé dès son enfance, tant on s'y trouve promptement bien et à son aise, tant on se sent en un clin d'œil, on ne sait par quelle intuition, façonné aux allures et au langage de l'homme riche. Tout en entrant dans les appartements dorés, sculptés, où il allait régner en maître, Paul, l'innocent enfant de village, se trouva subitement transformé. Il prit le ton haut et sec, le geste superbe et impérieux. Il hésitait d'abord à demander certains services à ses gens; bientôt il les traita sans ménagement et sans pitié; il criait, il s'irritait à tout instant contre l'insolence de l'un, contre la maladresse de l'autre, contre le peu d'invention de son cuisinier, ou la lenteur de son cocher; bientôt aussi il eut un ami; que dis-je, un ami? plusieurs amis, tous jeunes gens de la première distinction, portant l'habit à paillettes, le chapeau à plumes, l'épée au côté, et tenant à honneur de cultiver l'affection de Paul et de lui être agréables. D'abord on l'avait appelé, dans la maison qu'il habitait, et dans les cercles qu'il formait autour de lui, M. le chevalier; on lui donna ensuite, tout aussi libéralement, le titre de baron. Mais celui de ses amis qui lui montrait le plus de dévouement déclara qu'il ne pouvait se résigner à voir son meilleur ami décoré d'une qualification si modeste ; qu'il savait de source certaine, par des recherches faites chez d'Hozier lui-même, que Paul était marquis, qu'il fallait que désormais chacun ne lui donnât que le titre de marquis, et Paul s'intitula le marquis du Bois. Si ses amis lui offraient chaque jour d'éclatants témoignages de l'empressement qu'ils éprouvaient à le rencontrer, et du désir de le voir figurer honorablement dans le monde, lui, de son côté, les traitait avec une superbe générosité. Bals et spectacles, promenades et soupers, le bon Paul payait toutes les parties de plaisir où ses amis le conduisaient, sans compter que maintes fois, soit à une table de jeu, soit dans quelque splendide magasin, ces excellents amis se trouvaient dans l'embarras : celui-ci avait oublié sa bourse, cet autre avait perdu au lansquenet tout son revenu d'une année, et Paul était là qui perdait lui-même, mais qui se croyait assez riche pour satisfaire à tous les vœux de ses compagnons et réparer tous les désastres. Un respectable vieillard, qui demeurait près de lui et qui le rencontrait de temps à autre, lui dit bien un jour :

— Prenez garde, monsieur, on vous trompe, on vous pille, et l'on rit de vous. Je n'ai pas l'honneur d'être connu de vous, et vous trouverez peut-être étrange que je me permette de vous donner cet avis ; mais j'obéis à une charitable pensée, et je désire qu'elle vous soit utile.

— Fi donc ! s'écria Paul ; comment osez-vous soupçonner l'honneur et la délicatesse d'une demi-douzaine de parfaits gentilshommes ?

Et il se précipita avec une nouvelle ardeur dans le tourbillon des fêtes où ses joyeux amis s'applaudissaient de l'entraîner.

Il va sans dire que dans un tel train de vie, l'argent que lui avait remis le joaillier devait fort lestement s'échapper de ses mains ; trois semaines n'étaient pas écoulées qu'il fut forcé de revenir à la caisse de Finlappi :

— Bravo ! mon jeune gentilhomme, dit le joaillier en le voyant entrer. Je remarque avec plaisir que si la fortune vous a généreusement traité, vous n'êtes point de ces êtres stupides qui se croient obligés de dérober à tous les regards les biens dont ils devraient gaiement jouir. Je n'ai pas encore vendu votre diamant, mais prochainement, j'espère, tout sera fini. En attendant, voici pour continuer le cours de votre aimable existence les plus belles pièces d'or qui se puissent voir dans le royaume de France et de Navarre ; ne les épargnez pas.

En parlant ainsi, le joaillier avait dans le regard, dans la voix, une expression de sarcasme froid, méchant, qui frappa singulièrement Paul. Le jeune aventurier ne fit cependant aucune observation; il versa légèrement les pièces d'or dans les poches de son habit, et s'en alla d'un pas leste rejoindre sa cohorte de gais camarades.

La semaine suivante, il revint demander la même somme, et quelques jours après encore; car le monde où il vivait l'entraînait de plus en plus, et chaque nouvelle flatterie de ses prétendus amis était comme une nouvelle lettre de change tirée sur lui, qu'il s'empressait d'acquitter avec une confiance sans égale. On lui prodiguait des éloges, on vantait ses façons exquises, son langage, sa grandeur d'âme, tout, jusqu'à sa cravate brodée, jusqu'à la coupe de ses vêtements, qui devaient, disait-on, attirer les regards des plus grands seigneurs et faire une révolution dans la mode. Déjà le roi l'avait remarqué en passant et avait témoigné le désir de le voir. Les dames du haut parage voulaient le posséder dans leurs cercles. On attendait à tout instant un gentilhomme de la chambre, qui devait le prier de vouloir bien comparaître au petit lever de Versailles. A ces louanges démesurées, Paul relevait la tête fièrement, se regardait à la glace, prenait des attitudes folles, et livrait à ses flatteurs, d'une main libérale, tout ce qu'il possédait.

Mais quand il se présenta la dernière fois chez le joaillier pour lui demander de nouveaux sacs d'écus, il fut de prime abord stupéfait de l'étrange physionomie de Finlappi.

— Ah! monsieur le gentilhomme, lui dit d'un air d'impitoyable moquerie le vieux marchand, ah! vous y allez de ce train! je vous croyais quelque peu naïf et inexpérimenté, mais pourtant pas à ce point. En deux mois vous avez dévoré la fortune d'un comte. Il est vrai que vous êtes marquis; mais voyez, voici vos reçus (le joaillier avait eu grand soin de prendre de Paul un reçu de chaque somme qu'il lui donnait). Moi, pourtant, je n'ai pas encore vendu votre fameuse escarboucle, et jusqu'à ce qu'elle soit placée, je ne puis plus rien vous donner.

— Plus rien! s'écria Paul qui avait ce jour-là même plusieurs engagements à remplir.

— Plus rien! répéta Finlappi d'un ton de persiflage.

— Eh bien! rendez-moi donc le diamant que je vous ai confié.

— Je ne demande pas mieux, si vous avez la complaisance de me rembourser d'abord les avances que je vous ai faites.

— Misérable, dit Paul avec un accent de fureur.

— Ne nous emportons pas, mon jeune monsieur; chacun son affaire ici. J'ai votre diamant entre les mains, c'est vrai; mais vous avez mon argent : rendez-le-moi avec l'intérêt légal; et tout sera fini.

— Mais vous savez que cela m'est impossible.

— Je sais que vous êtes un jeune homme de la plus belle espérance, et que vous avez les plus nobles amis du monde. Allez leur demander quelque cent mille livres que vous me devez, et nous serons bientôt d'accord. Ne vous ont-ils pas juré cent fois qu'ils vous étaient dévoués à la vie et à la mort? et qu'est-ce qu'une si misérable somme pour des amis qui vous aiment tant!

A ces derniers mots, prononcés avec la plus insultante expression d'ironie, Paul ne put se contenir; il s'élança sur le joaillier, le prit à la cravate et le jeta sur le parquet.

— Au secours! au secours! s'écria d'une voix étouffée Finlappi.

En ce moment, une escouade du guet passait dans la rue; à ces cris de douleur et de désespoir, les archers se précipitèrent dans la maison, trouvèrent le vieux joaillier qui gémissait, tremblait, se débattait sous la main vigoureuse de son jeune antagoniste; et, sans vouloir écouter aucune explication, ils les emmenèrent tous deux en prison.

Dès que Paul, accablé, terrassé par une telle catastrophe, eut recouvré l'usage de sa réflexion, il demanda une plume, de l'encre, et écrivit à chacun de ses fidèles amis une lettre dans laquelle il racontait l'indigne outrage qu'il venait d'essuyer, les odieuses machinations dont il avait été victime, et il finissait en réclamant un prompt secours. Cette correspondance finie et expédiée, il s'attendait de minute en minute à voir apparaître dans son cachot tous ces braves jeunes gens qui lui avaient fait si souvent tant de magnifiques protestations. Mais un jour, deux jours se passèrent, et personne ne se présentait. Le matin du troisième jour, il était sur sa couche de paille, attendant encore, prêtant l'oreille au moindre bruit, lorsqu'il entendit la voix d'un geôlier qui, le croyant endormi, disait à un de ses camarades :

— Ce jeune homme qui est là et qui a l'air si innocent, figure-toi que c'est un affreux voleur qui a enlevé un des plus riches diamants d'un des plus beaux magasins de Paris, et filouté plus de cent mille livres à un brave joaillier.

— Vraiment! s'écria l'autre. Est-il possible?

— Oui, je puis te l'affirmer; car ce joli coquin qui a déjà été en prison pour je ne sais quelle mauvaise action, et qui se fait appeler le vicomte de Basan, l'a dit positivement à notre camarade Auguste, qui lui portait une lettre de ce jeune homme.

Ce coquin, ce faux vicomte était précisément le beau et riant cavalier qui s'était le plus ardemment attaché à la fortune de Paul, et que le pauvre enfant de Franche-Comté regardait comme son ami le plus puissant et le plus dévoué.

En apprenant cette effroyable vérité sur l'un de ses compagnons, il pressentit ce que devaient être les autres, et se roula sur sa couche avec des larmes et des cris de désespoir.

CHAPITRE IV.

LA CONVERSION DE L'ENFANT PRODIGUE.

Appelé devant un des fonctionnaires de la police le jour même où il avait fait cette fatale découverte, Paul reprit par l'effet d'une vive réaction sa naïveté première, et raconta simplement, franchement, tout ce qui lui était arrivé depuis le jour où il avait trouvé le diamant de la vouivre jusqu'à celui où il s'était vu traîné si ignominieusement en prison. Mais celui qui l'interrogeait ne considéra que comme un impudent mensonge l'histoire de la vouivre, et il ordonna aux archers de reconduire l'audacieux voleur au cachot, et de le garder plus étroitement qu'aucun autre. Dans ce temps-là, on commençait déjà à ne plus ajouter grande foi aux traditions populaires. L'agent de police était d'ailleurs un vieux malin habitué depuis longtemps à se méfier de toutes les belles paroles et de tous les semblants d'innocence de ceux qu'il sommait de comparaître devant son redoutable tribunal. Et quel moyen de croire qu'il pouvait se trouver dans un ruisseau de la Franche-Comté une couleuvre ailée portant au front en guise de prunelle lumineuse, un diamant plus gros et plus beau que tous ceux qui parent le diadème des rois ! En vérité, c'était une amère dérision, et le grave fonctionnaire s'en voulait à lui-même d'avoir écouté avec tant de patience un tel conte de vieille femme.

Cependant on apprit que le joaillier, enfermé comme Paul dans un étroit cachot, barricadé, verrouillé, était parvenu à s'échapper, sans que la sagacité de tous les geôliers réunis pût deviner par quel soupirail, par quelle crevasse il avait pris la fuite. Cet incident inexplicable, et qu'on ne pouvait raisonnablement attribuer qu'à une puissance magique, jeta une première lueur favorable sur la cause du jeune aventurier. Une fois qu'on admettait un sortilége dans cette étrange affaire, il n'était plus si difficile d'en admettre un second. Puis il se trouva, par bonheur pour le fils du vigneron, un juge très-savant et très-estimé qui avait voyagé en Franche-Comté, qui avait entendu parler là en maint endroit de l'escarboucle de la vouivre, et qui, en interrogeant lui-même le jeune homme, acquit la conviction qu'en effet le pauvre garçon avait bien pu trouver au bord d'un ruisseau la pierre précieuse, et qu'il n'était coupable que de s'être livré aux égarements d'une folle vie, et d'avoir, ainsi que le rapportèrent les archers, maltraité le joailler. Sur le rapport de ce juge, dont l'opinion dominait généralement l'esprit de ses confrères, Paul fut déclaré innocent du crime qui lui était imputé; et comme on pensa qu'il était assez puni par toute la douleur qu'il manifestait, par plusieurs jours de prison, de ses actes de violence envers Finlappi, il fut, sur l'ordre du tribunal, remis en liberté.

Il se précipita hors de prison avec une explosion de joie impossible à décrire. Il était libre, il respirait l'air de la rue, il pouvait aller, venir à son gré! Mais il se retrouvait seul sur le pavé de Paris, dépouillé de tout, sans ami, sans protecteur, sans une seule âme qui, dans cette ville immense, s'intéressât à sa profonde misère et à son incroyable destinée. Le sentiment de ses fautes, de son extravagance, lui saisit alors le cœur comme une tenaille de fer. Il s'assit sur une borne au coin d'une rue silencieuse, et pleura, et pria; et quand il eut fait cette douloureuse et salutaire prière de l'âme repentante, il se sentit tout à coup animé par une vive résolution, et doué d'une force qu'il ne s'était jamais sentie. Il chercha dans sa poche, y trouva encore quelques sous, dernier reste d'une fortune inouïe, et il partit.

Il partit, il s'en alla tout droit sur la route de Besançon, sur cette route qu'il avait naguère parcourue avec tant de folles illusions ; il y revenait maintenant à pied, la tête penchée, l'esprit désolé, mais guéri de tant de fatales pensées et d'affreuses chimères. Au bout de cette route était le refuge assuré, le toit paternel, le foyer paisible où il pouvait encore rentrer avec un cœur profané, souillé, mais plein de repentir. A quelque distance de Paris, il rencontra un paysan avec lequel il échangea son habit brodé contre un sarrau, son collet de dentelle contre une cravate de laine, ses bottes à large tige contre une paire de gros souliers, et son feutre à plumes contre un grossier chapeau. Le paysan faisait un bon marché, et Paul se retrouvait avec ce simple costume tel qu'il était autrefois, tel qu'il voulait être désormais.

Quand il arriva au sommet du coteau d'où il s'était retourné pour dire un dernier adieu à son village, c'était à l'heure de midi, par une belle journée de printemps. Les environs de la vallée, déjà couverts de boutons de fleurs, répandaient leurs parfums dans les airs ; les collines, les sillons, les champs étaient tapissés d'une fraîche verdure, les oiseaux gazouillaient sur les branches de l'aubépine, les flots de la Loue étincelaient aux rayons du soleil entre les rameaux d'arbres, et l'angelus tintait dans le clocher de l'église. Çà et là on voyait passer sur les collines, dans le vallon un paysan, qui retournait à son travail, une femme qui s'en allait porter le dîner aux ouvriers, un enfant qui courait gaiement le long du sentier, et il y avait dans cette grande et pittoresque nature, éclairée par un beau jour, animée par un mouvement champêtre, inondée de tant de fleurs, parée de tant de grâce, un tel calme et un tel charme que l'imagination de l'homme le plus froid en eût été ravie.

— Ah! mon Dieu! mon Dieu! s'écria Paul en joignant les mains, et en promenant ses regards avec une profonde émotion sur le tableau qui l'entourait. Là était le repos, là était le bonheur, et j'ai tout quitté, tout pour une erreur, pour un abîme. Mon Dieu! pardonnez-moi!

En exhalant ce cri de regret, il s'avançait vers la vigne où il avait travaillé avec ses frères; il se glissait pas à pas comme un coupable derrière une haie de pruniers, et quand il fut parvenu au pied des ceps que cultivait la main de son père, il vit toute sa famille assise sur le sol, et partageant le frugal repas du jour; ses frères et ses sœurs mangeant d'un bon appétit, et causant gaiement entre eux des heureuses apparences de la vigne; son père qui semblait les écouter, et qui pourtant avait l'air soucieux; et sa mère, assise à quelques pas de distance, sa mère pâle et vieillie, la tête appuyée sur une de ses mains, qui ne mangeait pas, n'écoutait pas et ne parlait pas.

A cet aspect, il ne fut plus maître de lui : un cri irrésistible s'échappa de ses lèvres, son cœur l'emporta. — Ma mère! ma mère! dit-il. Et il se précipita dans les bras de la pauvre femme, dont la voix s'éteignit dans les sanglots.

— C'est lui! dit le père en détournant la tête pour essuyer de sa main calleuse une larme dans ses yeux. Te voilà revenu, mon garçon, et nous ne te demanderons pas ce que tu as fait depuis que tu nous as quittés. Il y a de la besogne ici; veux-tu t'y mettre bravement, et ne plus songer à toutes les folles idées que tu as prises je ne sais où?

— Ah! je le veux bien! s'écria Paul en embrassant tour à tour ses frères et ses sœurs.

— Eh bien, femme, reprit le vigneron, donne-nous une cuillère; le pauvre garçon a peut-être faim, et ne sera pas fâché de prendre sa part de ce lait caillé, quoiqu'il ait sans doute goûté d'autres friandises dans ses voyages.

Paul s'assit par terre, savoura avec bonheur le mets rustique qui lui était offert; et, pour prouver qu'il revenait pleinement corrigé de ses erreurs, il prit une hache et travailla jusqu'au soir avec une intrépide résolution.

Mais le soir il s'en alla trouver son bon vieux curé, lui fit, pour achever de se soulager l'âme, la confession de ce qui lui était arrivé ; et le prêtre lui dit :

— Souvenez-vous, mon enfant, que la fortune qui nous vient sans que nous l'ayons gagnée n'engendre qu'un sot orgueil et de funestes illusions ; que la joie ne se trouve que dans le bien qu'on acquiert par un patient travail, et le bonheur dans le devoir.

La bonne femme de Mouthier qui racontait cette vieille histoire ajoutait que Paul profita de ces sages conseils, qu'il devint, comme son père, un brave ouvrier et un honnête chef de famille.

UNE ASCENSION AU SUCHET.

A MON AMI Ed. CHARTON.

Au-dessus des vertes vallées et des plateaux montagneux du canton de Pontarlier s'élèvent trois hautes sommités qui dominent au loin la contrée : le Mont-d'Or, l'Aiguillon et le Suchet. Les habitants du pays font des promenades à la cime du Suchet, comme on en fait à Paris sur la colline de Meudon où dans les bois de Verrière. On choisit un beau jour d'été, et l'on part en caravanes nombreuses avec un panier de provisions. Les femmes et les jeunes filles sont de la partie. Les femmes des montagnes ont l'œil sûr et le pied ferme ; le sentier rocailleux ne les effraie pas, et les pics de granit sourient à leur charmante audace. Passer un mois de la belle saison aux environs de Pontarlier et ne pas gravir au haut du Suchet, c'est comme qui dirait un brave provincial qui resterait installé pendant quatre semaines à Paris, sans aller voir ni le musée de Versailles, ni la Madeleine, ni la

Colonne. Chaque jour mes concitoyens me rappelaient le nom du Suchet. « Vous n'avez pas encore été au Suchet? Quand donc irez-vous au Suchet? » Et je voulais aller au Suchet. Mais la belle et sauvage montagne, fort peu soucieuse de me voir, semblait narguer mon vœu et se jouer de ma résolution; tantôt elle se revêtait d'un large brouillard, tantôt elle cachait sa tête azurée sous une nuée pluvieuse; tantôt l'orage grondait à l'horizon, ou l'atmosphère était trop froide. Vingt fois j'avais déjà endossé la blouse de voyage, et toujours mes prudents amis m'arrêtaient dans mes désirs de départ par quelque judicieuse réflexion. Un jour enfin, fatigué de voir cette insolente montagne du Suchet braver ainsi une de mes fantaisies de voyageur, je pris une héroïque décision. Là-dessus, nouvelles remontrances. — Voyez, me disait-on, de tout l'été le ciel n'a pas encore été si sombre. — N'importe. — Il va pleuvoir. — Eh bien! il fera beau demain.

Un de mes jeunes cousins, fort indulgent pour mes caprices, s'offrit, non sans quelque sollicitude du mauvais temps, à m'accompagner, et, par précaution, s'arma d'un vaste parapluie. Nous prîmes le maître d'école de Jougne pour nous servir de guide, deux bouteilles de vin, un reste de jambon fumé pour nous réconforter en route, et nous voilà enfin partis.

Il était sept heures du soir. Nous traversons gaiement l'étroite et jolie vallée de la Jougna, qui s'en va comme un ruban de verdure rejoindre, par les forges de La Ferrière, les coteaux pittoresques de Valorbe; nous visitons, en passant au hameau d'Entre-les-Fourgs, les ateliers de clouterie de ce hameau industrieux, les ruchers qui bordent les enclos. Les cloutiers frappaient sur l'enclume avec ardeur. Mais les abeilles des ruchers rentraient en toute hâte dans leur gîte, pressentant l'approche de la pluie, et ne voulant pas exposer à quelque funeste naufrage le précieux butin qu'elles venaient de recueillir. A peine avions-nous quitté la dernière habitation de cette solitaire retraite que les nuées se fondent et la pluie tombe à flots impétueux. — Je l'avais bien prévu, me dit mon prudent cousin en ouvrant son parapluie. Que ferons-nous? irons-nous plus loin? — Sans doute. Vous n'oseriez retourner en arrière, et puis je suis sûr que demain matin le ciel sera superbe, et que le Suchet, vaincu par notre opiniâtreté, se montrera à nous dans toute sa splendeur. — Allons, dit mon docile compagnon en étendant avec une généreuse bonté les ailes de son parapluie sur mes épaules, tandis que le pauvre maître d'école nous suivait avec le sac de provisions. Cependant l'averse était telle qu'en arrivant au premier chalet de la montagne, à la

Piagrète, nous pensâmes qu'il ne serait pas inutile d'y faire une station. Les gens du chalet, en nous voyant entrer, se hâtèrent de quitter les bancs où ils se reposaient des travaux de la journée, et nous nous assîmes devant un brasier vraiment homérique, un brasier capable de rôtir un bœuf d'un seul coup.

A voir de loin le Suchet avec ses pointes de roc, ses larges flancs nus, parsemés çà et là seulement de tiges de pins ou de sapins, on ne croirait pas qu'il y a là des habitations humaines. On y trouve pourtant de distance en distance quatre beaux chalets, et l'un des quatre plus beaux est celui qui s'élève à la sommité même de la montagne.

Le chalet n'est occupé que pendant quatre mois de l'année, comme les chalets des Pyrénées et les *saeter* de la Norvége. C'est tout simplement un vaste bâtiment en bois, une espèce de campement agreste qu'on ne pourrait habiter dans la mauvaise saison. D'un côté, un hangar où l'on trait les vaches; de l'autre, une chambre sombre où l'on porte les seaux de lait; une autre chambre plus sombre encore, et pareille à une cave, où l'on range les fromages de Gruyère; une cuisine dont une large cheminée occupe tout l'espace, et près de cette cuisine un misérable cabinet, avec une table grossière et un lit, c'est-à-dire quelques planches revêtues d'une paillasse et d'une couverture. Là il n'y a ni écurie ni foin ; il est convenu que le troupeau sur lequel on spécule doit rester jour et nuit dans les pâturages. Là il n'y a ni cellier ni grenier. Les pauvres gens qui viennent s'installer dans le chalet pendant l'été ne vivent que de pain et de laitage. De temps à autre seulement ils tempèrent leur frugal régime par un morceau de viande et un verre d'eau-de-vie.

Les domaines des montagnes ne rapportent guère que le deux et demi pour cent ; mais ils n'exigent que très-peu de soins, très-peu de frais d'entretien, et sont, en général, fort recherchés. Celui qui possède un de ces commodes domaines n'a point à se préoccuper du labeur agricole, ni des intempéries qui menacent la récolte. Que l'été soit trop chaud ou trop pluvieux, que des gelées funestes détruisent les germes de blé dans les vallons, ou que la grêle ravage les arbres fruitiers, n'importe, il loue chaque année, pour une somme déterminée, l'usage de son chalet et de ses pâturages. Le locataire s'en va au printemps chercher en Suisse les belles et grosses vaches dont il a besoin ; il paie ordinairement, pour la jouissance de chaque vache pendant quatre mois, deux louis ; il a un fruitier auquel il donne, pour le même espace de temps, huit louis ; et deux à trois domestiques, à chacun desquels il ne peut guère donner moins d'un louis par mois. Voici donc le budget d'une des habitations du Suchet :

Pour le propriétaire, terme moyen.	1,500 f.	
Soixante-dix vaches, à 40 f. par tête	2,800	4,700 f.
Gages du fruitier.	160	
Gages de trois domestiques, à 80 f. chacun.	240	

Ajoutons à cela les frais de voyage en Suisse, la nourriture des gens de service, quelques dépenses imprévues, quelques accidents peut-être, tels que les maladies, ou la perte d'une vache, dont il faut alors rembourser le prix, la somme des dépenses de celui qui loue un de ces chalets doit s'élever, à la fin de l'été, à six mille francs. Pour couvrir cette dépense, et retirer quelque bénéfice de sa spéculation, il n'a devant lui qu'un espace de quatre mois, et le produit de son beurre et de ses fromages. Mais les pâturages des montagnes sont couverts d'une herbe épaisse, onctueuse. Les vaches s'y jettent avec activité et y puisent des sucs excellents. Le matin, quand on les rassemble pour les traire, elles arrivent, les mamelles pleines, et le soir également. Les domestiques du chalet, ou, pour me servir de l'expression du pays, les *armayers*, s'en vont de l'une à l'autre avec un petit tabouret à un seul pied, attaché par une courroie à leur ceinture, posent le pied ferré de ce tabouret sur les planches du hangar, s'asseyent, et quelques minutes après reviennent verser dans la chaudière du fruitier un seau de lait blanc comme la neige et écumeux comme l'eau du torrent. L'opération finie, les vaches retournent dans les champs, et le fruitier se met à l'ouvrage. Il fait ordinairement, chaque jour, deux et quelquefois trois fromages du poids de vingt-cinq à trente kilogrammes. Dans ces quatre mois de bail, il peut facilement ainsi fabriquer quinze milliers de fromages qui, à cinquante francs le cent, prix modique, lui donnent une somme de sept mille cinq cents francs. De plus, il tire encore un assez bon produit de sa vente de crème et de beurre. Ainsi, jusque dans ses rigueurs apparentes, la nature est encore compatissante et généreuse; les pentes escarpées de la montagne sauvage se couvrent de plantes fécondes, et le sol qui jamais ne s'est ouvert au soc de la charrue, donne pourtant une heureuse moisson à l'homme industrieux.

Après avoir séché nos vêtements au foyer du chalet que les armayers attisaient d'une main hospitalière et qui flambait jusqu'au-dessus de la cheminée, nous nous remîmes en marche, et nous arrivâmes de nuit à un autre chalet qu'on appelle la Belle-Caustère. Heureusement que notre guide avait fait maintes fois ce trajet et connaissait toutes les sinuosités des bois, toutes les aspérités rocailleuses et tous les ravins du Suchet. Il n'y a là ni chemin ni sentier, et à la clarté du jour même, et en ne perdant pas de vue la sommité de la montagne, on courrait risque de s'égarer, de faire inutilement de longs détours, ou de tomber dans un précipice.

On n'arrive point au haut du Suchet par une ascension continue ; tantôt on traverse un large plateau entouré de barrières qui ferment le pâturage, tantôt on pénètre dans un massif d'arbres, puis on descend par un terrain marécageux, et de là s'élève une cime perpendiculaire, ondulant du côté de la Suisse comme un immense tapis de verdure, bordée du côté de la France par un rempart de rocs, par des tiges éparses de sapins, aux rameaux chétifs, contractés par le froid et brisés par le vent. C'est là le point le plus difficile du trajet, et lorsque après avoir suivi péniblement les pas de notre guide, sur le sol humide et glissant, nous arrivâmes au haut du Suchet, le pauvre maître d'école chercha le chalet qui devait nous servir d'abri, et il ne le trouvait plus. « Nous devons en être bien près, » disait-il, et il tournait à droite, à gauche, essayant de recueillir et de fixer ses souvenirs. Un brouillard épais nous enveloppait de toutes parts, une pluie fine, pénétrante, tombait sans relâche, et la perspective de passer la nuit en plein air sur cette froide montagne, dans cette sombre atmosphère, était, il faut le dire, fort peu réjouissante. Après nous avoir conduits encore quelques instants de long en large sur la crête rocailleuse, notre guide, bien sûr pourtant de ne pas s'être trompé de direction, poussa de toutes ses forces un cri qui résonna au loin dans le silence des ténèbres. A ce cri d'anxiété, plusieurs voix répondirent à la fois par une vibrante acclamation. C'étaient les armayers du chalet que la profonde obscurité de la nuit nous empêchait de distinguer. Nous n'en étions qu'à quelques centaines de pas. Nous nous dirigeâmes avec joie du côté de la rustique demeure, où nous allions trouver au moins un asile contre la pluie et un feu bienfaisant. Il était près de minuit. Nous avions marché pendant quatre heures, et nous étions, des pieds à la tête, trempés par une pluie glaciale.

En arrivant, nous aperçûmes les bonnes gens de la cabane qui venaient à notre rencontre, et répétaient leurs cris pour nous guider dans notre marche. Ils se hâtèrent de nous conduire auprès de leur foyer où pétillait encore la flamme de deux troncs de sapin, et voulurent eux-mêmes nous ôter nos chaussures. Tandis que deux d'entre eux travaillaient à nous rendre cet humble service, un autre s'en allait nous chercher des gros sabots de hangar, et le fruitier remplissait pour nous une jatte de lait frais.

Grâce aux bons soins de ces braves gens, nous nous trouvâmes, en un instant, réchauffés et reposés. Le maître d'école tira de sa besace nos provisions, et les étala près de nous sur un banc. Nous invitâmes nos hôtes à partager notre souper, à boire une de nos bouteilles de vin, ce qui était pour eux un luxe rare, et par reconnaissance ils demandèrent à coucher avec notre guide sur les dalles du foyer et à nous céder leur lit. Ce lit, occupé depuis un grand mois par les quatre habitants du chalet, et revêtu d'une paire de draps dont je ne veux pas essayer de déterminer la nuance, était, je dois l'avouer, d'un aspect peu attrayant. Il me rappelait ces lits des cabanes d'Islande, où nous n'osions entrer qu'en nous enveloppant le corps d'un sac en toile, muni d'un capuchon qui nous garantissait de toute rencontre fâcheuse les oreilles et le visage. Une botte de foin ou de paille, jetée dans quelque coin de l'habitation, m'eût bien mieux convenu, mais il n'y en avait point, et refuser cette pauvre couche offerte avec tant d'empressement et de naïve cordialité, c'eût été vraiment commettre une cruauté. Nous acceptâmes donc ; seulement j'eus soin de garder ma blouse et d'en relever le collet de façon à m'en couvrir presque la tête, et comme, lorsqu'on est fatigué, un lit d'armayer vaut en résumé un lit de roi, à peine étions-nous étendus, mon cousin et moi, sur notre étrange matelas, que nous nous endormîmes d'un profond sommeil.

Le lendemain matin, vers les trois heures, je fus éveillé par des cris cadencés qui éclataient à la fois comme un son impétueux, qui peu à peu s'adoucissaient, se terminaient comme une mélodie plaintive, puis se répétaient un moment après avec une nouvelle énergie. C'étaient les armayers qui s'en allaient de côté et d'autre appelant leurs vaches avec cette espèce de *ranz* helvétique, et poursuivant les plus rebelles dans le pâturage et les amenant au hangar pour les traire. Je me levai aussitôt pour être témoin de cette scène champêtre, scène curieuse et vraiment digne d'être vue : une cinquantaine de vaches au poitrail luisant, aux mamelles pesantes, levant la tête à cet appel matinal, puis s'acheminant d'un pas lourd vers le chalet, en secouant leur large cou et en faisant résonner leur cloche métallique ; çà et là de jeunes génisses éveillées, effarées, gambadant de côté et d'autre dans l'herbe touffue, puis le taureau à la puissante encolure, à l'œil voilé, debout, immobile sur ses jambes musculeuses et regardant d'un air dédaigneux, comme un maître superbe, toutes ces esclaves de la ferme se mouvoir à la voix d'un domestique de chalet.

Ces vaches ont un instinct singulier. Au commencement de l'été, elles quittent gaiement leur étable de Suisse pour gravir en caravanes nombreuses les aspérités de la montagne. Elles portent docilement, matin et soir, leur tribut sous le toit du chalet, mais une fois que le mois d'octobre arrive, les voilà toutes saisies d'une impatience que rien ne peut dompter. On a remarqué que le 9 de ce mois, le jour même où on leur fait quitter le pâturage, elles prennent elles-mêmes l'initiative, et l'on en a vu, maintes fois, plus d'une descendre les sommités et s'en aller, sans guide, à une longue distance de là, rejoindre son étable[1]. Quant au taureau, autant il est, pendant l'été, facile à conduire et inoffensif, autant il devient, vers cette époque, fougueux et terrible. Malheur à celui qui traverse alors imprudemment la pâture. A l'aspect seul d'un étranger, le puissant animal se lève, ses naseaux s'enflent, son œil étincelle, il s'élance par bonds impétueux à la poursuite du passant téméraire, il se précipite, il vole en beuglant, avec la rapidité d'un cheval de course ; dans ce moment terrible, il n'y a pas d'agilité humaine qui l'emporte sur son agilité. Si vous ne parve-

---

[1] Page 16, *Souvenirs historiques sur le village et la seigneurie de Rochejean*, par M. Loye.

M. Loye est un simple instituteur de village, qui a écrit avec un talent remarquable un livre plein d'observations curieuses et de bonne érudition.

nez à grimper au plus tôt sur un arbre, si vous ne trouvez pas un mur protecteur que vous franchissiez assez vite, il vous roule à ses pieds, il vous prend sur ses cornes, vous jette en l'air comme un volant, puis il plonge encore sa tête dans le sol, le laboure, le creuse avec fureur, comme s'il y cherchait une nouvelle proie.

Pendant que les armayers reprenaient leur tabouret mobile, et s'en allaient remplir leurs seaux, le soleil se levait à l'horizon sur un lit d'or et de pourpre, et le magnifique spectacle que j'avais espéré voir au Suchet, que j'étais venu chercher à travers l'orage et les ténèbres, allait se dérouler à mes yeux comme par magie. Le ciel dégagé des tristes ombres de la veille, étendait au loin son riant azur. La brise matinale déchirait, dispersait de tout côté les nuages autour de la montagne. Ces nuages flottaient encore comme une mer houleuse, ils en cachaient la base, ils en serraient les flancs et ne s'arrêtaient qu'à sa sommité; et à voir cette cime du Suchet planant au-dessus de ces tourbillons argentés, on eût dit un fier vaisseau de guerre levant sa proue superbe au milieu des vagues écumeuses. Du haut de ce vaisseau, nous regardions avec un charme indicible l'immense panorama qui peu à peu s'étendait et s'éclairait autour de nous. Un rayon de soleil, un coup de vent emportait comme un rideau de théâtre un des voiles de la nuit, et nous étions dans le ravissement de la solitude silencieuse, planant à la fois sur la Suisse et la France et tressaillant à l'aspect d'une scène si grandiose. Là, les fécondes vallées du canton de Vaud, les lacs d'Yverdun, de Neuchâtel, de Lausanne, brillant comme des étoiles, les villes et les villages disséminés dans les prairies, étagés en amphithéâtre sur les coteaux, et la grande chaîne des Alpes avec ses masses de neige, ses aiguilles de glace, enfermant dans son enceinte de nacre et de pourpre ce merveilleux tableau; de l'autre côté, le pays natal, les douces et mélancoliques rives des lacs de Saint-Point et de Labergement, l'église de Jougne, posée comme un nid d'aigle au haut d'une rampe escarpée; plus loin, les larges plaines de la Chauxdarlier, et jusqu'aux fraîches campagnes qui avoisinent l'antique ville de Dôle, cinquante lieues d'espace du côté de la Suisse, plus de quinze lieues du côté de la France, voilà ce que nous observions avec une surprise, un saisissement qu'il m'est impossible d'exprimer. Voilà ce qui, à certaines heures, fait palpiter à la cime du Suchet le cœur le plus froid et exalte la pensée la plus prosaïque.

Après avoir dit adieu aux habitants du chalet qui nous remercièrent une seconde fois, les braves gens, du souper de la veille, nous nous en revînmes à travers les herbes odorantes des pâturages, marchant côte à côte en silence, dominés encore par les puissantes émotions que nous venions d'éprouver. Deux heures après, nous arrivions à la cure de Jougne, où nous attendait la plus affectueuse hospitalité, et quand je me mis à penser de nouveau à cette rapide excursion, entreprise d'une façon si bizarre et terminée par une scène si merveilleuse, il me sembla que je venais de faire un rêve, un rêve merveilleux, où, après avoir passé par une ombre sinistre, mes regards et mon cœur avaient vu une des adorables splendeurs de Dieu.

ÉTIENNE ET JOSEPH.

A MON AMI P. A. PATEL.

PROLOGUE.

Étienne et Joseph sont nés tous deux, la même année, au village de la Seigne, dans le majestueux et romantique val de Morteau ; ils ont été ensemble apprendre à épeler les cruelles lettres de l'alphabet chez le maître d'école, et, pendant leurs vagabondes années d'enfance, on les a vus courir ensemble dans la prairie, tendre des lacets dans les bois, et grimper, avec la témérité du jeune âge, à la cime des arbres pour montrer leur adresse ou dénicher des nids d'oiseaux. Étienne est le fils d'un honnête agriculteur qui a une grande maison à lui, quelques champs, quelques parcelles de bois, et qui joint à l'exploitation de sa propriété celle d'un vaste domaine appartenant à un riche banquier de Besançon, toutes choses qui, grâce à son travail assidu, à son habileté agronomique, lui constituent un revenu notable dans un pays où l'on ne gagne qu'à la sueur de son front un modeste produit agricole fortement écorné par le fisc. Le père de Joseph n'a que ses couples de bestiaux et ses instruments d'agriculture, pas un bout de champ et pas une aile de chalet. Il est tout simplement fermier d'une propriété dont son père avait été fermier avant lui, et dont le bail a été récemment augmenté; ce n'est qu'à force de travail, d'économie, qu'il parvient à satisfaire à ses engagements et à subvenir aux besoins de sa famille. Mais on le cite comme un des hommes les plus probes, et des agronomes les plus intelligents du val de Morteau. En maintes circonstances difficiles, les paysans du district ont eu recours à ses bons conseils, et la considération dont il jouit peut être envisagée comme une ample compensation à son manque de fortune.

Chez M. Finois, le père d'Étienne, il y a un étalage de luxe fort rare encore dans les habitations rustiques des montagnes franc-comtoises : assiettes en porcelaine, couverts en argent qu'on réserve, il est vrai, pour les grands jours, des rideaux blancs aux fenêtres, et des lits ornés de courtes-pointes à galons jaunes. Chaque fois que M. Finois va à Besançon, soit pour y régler ses affaires, soit pour y siéger au jury, car la quotité de ses contributions l'appelle à faire partie de cette assemblée magistrale, il rapporte de cette capitale de la province, tantôt un meuble, tantôt quelques objets de toilette qui font l'admiration du village. Madame Finois entre le dimanche à l'église avec un bonnet chargé de magnifiques rubans; sa fille aînée a des robes de mousseline peinte qui produisent un étonnant effet, et le jour où fut baptisé son nouveau-né, on a vu pétiller sur sa table aristocratique deux vraies bouteilles de vin de Champagne, chose à peu près inouïe parmi nos braves paysans, qui, aux jours les plus solennels de leur modeste existence, s'enorgueillissent d'avoir une bouteille choisie de vin de Mouthier ou des Arsures à offrir à leurs amis. Le maître d'école remarque aussi que les enfants de M. Finois apportent en classe des livres dont il n'a jamais entendu parler, des livres étranges où il est question de belles dames qui courent le monde avec des chevaliers, et le curé aussi observe avec douleur que la famille de M. Finois vient fort tard à la messe, et ne se fait pas scrupule de manquer aux vêpres.

Chez le bon et honnête Prémont, le père de Joseph, tout a conservé, au contraire, le respectable caractère des anciens temps : robes et habits de droguet tissés dans la maison, vaisselle en terre lourde et massive, et cuillers en fer étamé. La femme de Prémont pose encore avec joie sur sa chevelure grisonnante le *toquet*, cette grave et durable coiffure dont les franges de soie et les épingles d'argent se transmettaient jadis d'une génération à l'autre. Le père Prémont, vêtu toute la semaine d'une blouse à larges plis et d'un pantalon de toile, portant des sabots aux pieds et un bonnet de laine sur la tête, se montre le dimanche, dans sa plus belle parure, avec une longue redingote brune, des souliers ferrés, une chemise de chanvre filée par ses filles, et un chapeau de feutre à larges bords, acheté le jour de son mariage. Là, on ne connaît encore point de mets plus délicats que les quartiers de bœuf séchés dans l'intérieur de la cheminée, et appelés *brésil*; point de plus grandes friandises que les gâteaux pétris le jour de la fête patronale du village, et dorés ingénieusement avec quelques jaunes d'œufs. L'eau fraîche, puisée dans le bassin de cuivre, est l'unique boisson de chaque jour; le sérat, la soupe épaisse aux pommes de terre, la bouillie de farine, le lait caillé, sont la nourriture ordinaire. Le thé est considéré comme un remède qui ne s'achète que chez les apothicaires par ordonnance du médecin; le café est une denrée à peu près inconnue. On sait que les riches en prennent habituellement, mais on ne comprend pas pourquoi. Le sucre est renfermé précieusement dans une armoire pour quelques cas de maladie accidentelle, et on le trouve bien inférieur au miel.

A certaines grandes époques de l'année, le père Prémont demande à sa femme la clef de la cave, s'en va tirer, à son tonnelet, une bouteille de vin, qu'il rapporte sur la table d'un air gaillard, et qu'on savoure lentement, en causant des travaux de la semaine, des apparences de la récolte, du prix des grains et des fourrages.

Là, toutes les fêtes de l'Église sont religieusement célébrées, Pâques et Noël avec leur joyeux caractère d'espoir et de consolation, la Toussaint avec ses larmes de deuil et ses gémissements. Là, on se soumet sans réflexions et sans difficulté à toutes les abstinences prescrites par l'Église, à la loi des Quatre-Temps et aux quarante jours du carême, et la maison de l'honnête fermier n'a jamais été affligée d'un de ces soucis matériels qui souvent jettent le trouble dans la demeure des riches. A jour fixe, il paie ses impôts au percepteur, ses redevances à son propriétaire, et quand le dimanche il s'en va, après vêpres, exercer sa force au jeu de quilles, il n'y a pas un paysan du village qui ait un rire plus franc et une meilleure gaieté.

Étienne et Joseph, en grandissant, ont pris le caractère distinct des deux différentes familles auxquelles ils appartiennent. Étienne a la figure douce et intelligente, et c'est de tous les enfants de l'école celui qui comprend le plus vite les leçons du maître. Mais hors de la classe, il est faible et timide; il se fatigue promptement à la course, et n'ose lutter en plein champ avec ses condisciples. Joseph a un gros visage rond et rose, des membres agiles, un corps robuste; il a grand'peine à retenir l'explication d'une règle de syntaxe ou d'un problème d'arithmétique, mais c'est le plus brave et le plus sûr des camarades, toujours prêt à partager son morceau de pain avec celui qui a oublié son déjeuner, ou à se battre pour le plus faible. Souvent on a voulu attaquer son ami Étienne, et il est accouru aussitôt, et en montrant ses deux petits poings musculeux et serrés, il a effrayé et mis en fuite ses adversaires. Étienne alors le remercie, le prend par la main et l'emmène chez ses parents, où on lui remplit les poches d'amandes et de débris de gâteaux.

CHAPITRE PREMIER.

A l'âge de douze ans, Étienne quitta l'école de la Seigne pour entrer au collége de Pontarlier. — Je veux que mon fils fasse ses études, dit M Finois au père Prémont; qu'il ait un jour quelque belle place à Besançon, et, qui sait, peut-être bien même à Paris. Le garçon est assez éveillé, et s'il ne faut que quelques écus pour le pousser en avant, on en trouvera bien encore dans les champs de foin. Qu'en pensez-vous, voisin?

— Si vous me demandez mon avis, répondit

l'honnête Prémont, je vous le donnerai franchement ; vous avez les moyens de mettre votre fils dans les classes, et vous pouvez en faire un médecin ou un avocat, mais je remarque qu'il en est assez mal advenu aux gens du pays qui ont voulu faire comme vous. Leurs enfants ont oublié à la ville les simples habitudes de nos montagnes ; ils sont revenus de leurs études avec des habits fins et le chapeau sur l'oreille, faisant les beaux messieurs, ne travaillant guère, gagnant peu, dépensant gros, et, pour comble de misère, méprisant leurs braves parents. Ma défunte mère (que Dieu ait son âme !) avait coutume de répéter : Là où la chèvre est attachée il faut qu'elle broute, c'est comme si on disait : Celui qui est né paysan doit rester paysan ; et celui qui a été élevé dans une maison d'ouvrier doit tâcher de devenir ouvrier. Et voyez-vous, monsieur Finois, il m'est avis qu'un brave garçon qui sait donner un bon coup de faux dans les blés, ou conduire d'une main ferme sa charrue, vaut bien tous ces freluquets qui ne savent dire que de belles paroles, et qui n'osent entrer dans un champ de peur de tacher leurs bottes. Quant à moi, si Dieu me donne encore quelques années de vie, j'apprendrai à Joseph ce que mon père m'a appris, et je pense qu'il deviendra, comme moi, un laborieux et honnête fermier.

M. Finois avait trop de bon sens pour ne pas comprendre la justesse de ce raisonnement, mais la vanité du paysan enrichi, l'idée de voir quelque jour son fils occuper un rang à la ville et faire envie aux gens du village, l'emportèrent dans son esprit sur toute autre considération, et Étienne partit. Il partit en embrassant avec des yeux pleins de larmes son cher Joseph, et le long de la route, il détournait à tout instant la tête pour voir encore les forêts de sapins et le clocher de la Seigne.

Il revint aux vacances d'automne, et sa première pensée fut de courir près de Joseph, et sa plus grande joie fut d'errer avec lui à travers monts et vallées. Aux environs de la Seigne, il y a de charmants paysages, de ces paysages qui enchantent le regard de l'enfant, sans qu'il se rende compte à lui-même de l'émotion instinctive qu'il éprouve. Quand Joseph avait fini la tâche journalière que son père lui mesurait selon ses forces et selon son âge pour l'habituer peu à peu au rude labeur de la vie agricole, Étienne venait le chercher, et tous deux s'en allaient de côté et d'autre comme deux oiseaux vagabonds. Tantôt ils pénétraient dans les forêts de sapins pour cueillir des morilles, ou chercher des nids, tantôt on les voyait le long des ruisseaux cherchant sous les racines de saules l'écrevisse peureuse. Quelquefois ils allaient jusqu'à Morteau s'asseoir sur la terrasse d'où l'on découvre toute une longue et riche vallée, parsemée de hameaux, de villages industrieux, et bordée de chaque côté par une ceinture de bois majestueux. Un jour même, ils s'en allèrent jusqu'au bassin du Doubs, et s'arrêtèrent avec une candide admiration devant ces admirables nappes d'eau, écumant, bondissant entre les rochers. Pour comprendre la nature dans sa beauté la plus chaste, dans son charme le plus naïf, il faudrait pouvoir sonder le cœur et analyser les impressions d'un enfant de la campagne, si, en les analysant, on ne courait pas risque d'en altérer le céleste parfum. Lorsque après avoir suivi les arides sentiers de la vie extérieure on revient dans les champs, dans les bois, dont on a sans cesse conservé l'image consolante, hélas! on y rapporte le souvenir de toutes les fausses tentatives que l'on a faites loin de là, de toutes les ambitions déçues, de toutes les amitiés trompeuses. On y rapporte son amour d'autrefois, mais ce n'est plus cet amour ignorant, virginal et sans ombre, qui ne connaissait d'autre orage que les orages passagers du ciel, d'autre froidure que celle des jours d'hiver qui n'atteignent que le corps et ne touchent point à l'âme. En rentrant dans le chalet de la montagne, en s'asseyant sous les larges branches de sapin, on sait qu'il y a près de là une ville, un monde plein d'écueils où le pauvre cœur se heurte et se brise. L'effort que l'on fait pour oublier et se croire oublié accuse la souffrance d'un esprit malade, d'une imagination désenchantée. Dans le murmure des forêts, dans le mélodieux soupir des sources argentines qui filtrent le long du rocher, on entend retentir l'accent d'un être aimé que la mort nous a ravi, les invectives de la haine ou les vagues rumeurs des cités. La nature alors n'est plus pour nous cette vierge riante et sans tache qui s'épanouissait à nos yeux comme une fleur embaumée, qui nous inondait de parfums et d'harmonie. C'est une vieille amie que nous venons implorer dans nos regrets. En lui demandant des consolations, nous lui prêtons notre douloureux langage; en recherchant sa fraîche beauté, nous étendons sur elle un voile de deuil. C'était le paradis de notre jeunesse, et nous en faisons le sépulcre de notre fatale expérience.

L'enfant, au contraire, contemple cette nature sans trouble, et jouit de tous ses dons sans crainte. Un rien l'égaie, un rien le rend heureux. A le voir courir, par une matinée de printemps, sous les arbres du verger, sur les sentiers de la colline, on dirait qu'il est lui-même le jeune roi de tout ce qui verdit sur le sol, de tout ce qui chante dans les airs. C'est pour lui que l'insecte bourdonne dans la mousse, que le papillon voltige sur les arbustes, que le bluet étale sa corolle dans les sillons de blé. C'est pour lui que la bergeronnette sautille coquettement sur les bords des ruisseaux, et que l'aigle s'en va construire son nid au-dessus des rocs les plus escarpés. C'est pour lui que les arbres plient en automne sous le poids de leur tribut, et que l'hiver couvre les lacs et les rivières d'une glace qu'on sillonne avec des cris de joie. Heureux enfant qui ne connaît pas encore un plus large horizon que celui de sa vallée, et pas une plus riche demeure que le rustique chalet de son père. Oh! puisse-t-il longtemps, si ce n'est toujours, ignorer les fatales séductions et l'arbre de la science.

Étienne et Joseph goûtaient, pendant leurs jours de vacances, ce bonheur du premier âge, ce bonheur qui ressemble à une mélodie idéale dont nous ne pouvons, à l'âge mûr, essayer de reproduire les accords sans en changer l'intonation et sans y jeter de fausses notes. Mais peu à peu Étienne perdait la candeur primitive que son ami conservait dans toute son intégrité. A sa seconde année d'études, il affectait déjà, à l'égard de son fidèle camarade, certains airs de supériorité dont le bon Joseph se trouvait parfois assez surpris, mais qu'il supportait pourtant sans se plaindre. A la troisième année, il s'en revint boursouflé de grec et de latin; il avait eu plusieurs prix au concours; le maire de la ville l'avait embrassé devant une nombreuse assemblée en lui remettant des couronnes, et le principal avait déclaré hautement que c'était un élève doué des meilleures dispositions. Cette fois, il accueillit assez froidement le pauvre Joseph qui était accouru à lui dès qu'il avait appris son arrivée, et qui regardait avec admiration ses beaux livres et ses belles guirlandes de chêne. Il fut invité à dîner chez le notaire, chez le juge de paix du canton, et commença à se considérer comme un personnage. Ce fut bien pis lorsque, ayant fini son temps d'études à Pontarlier, il s'en alla à Besançon pour y suivre le cours de philosophie, et se préparer à l'examen du baccalauréat. Alors adieu les doux jeux d'enfant, les promenades sur la colline, les courses bruyantes dans la vallée. Étienne revint en vacances avec le fils du banquier dont son père cultivait la ferme, et il était si glorieux de se promener dans le village avec ce riche compagnon qu'il ne reconnaissait et ne saluait plus personne. Il y avait plus de quinze jours qu'il était de retour à la Seigne, lorsqu'un dimanche il rencontra Joseph, qui s'en allait, son livre de psaumes sous le bras, à la messe. Joseph vint à lui d'un air un peu gêné, mais riant, et lui tendit la main :—Bonjour, Étienne, dit-il, voilà longtemps que j'ai envie d'aller te voir, mais nous avons gros de besogne, comme tu sais, dans cette saison, et toi tu es souvent dehors. — Quel est ce paysan? dit le fils du banquier en jetant un regard de dédain sur les grossiers vêtements de Joseph. — Le fils d'un pauvre fermier, notre voisin, répondit Étienne en rougissant; puis, saluant son ancien ami d'un air protecteur : C'est bien, c'est bien, mon cher, nous nous reverrons une autre fois, et il s'éloigna. Joseph sentit son cœur se gonfler, une larme roula sous sa paupière; et ce jour-là, il essaya en vain de chanter au chœur comme il en avait l'habitude depuis quelques années. Il ne pouvait plus suivre les notes du plain-chant, et n'avait plus de voix.

L'amer chagrin que Joseph venait d'éprouver, et dont il ne voulut point avouer la cause à sa famille, quoique sa mère et son père l'interrogeassent à diverses reprises sur cette tristesse inaccoutumée, les parents d'Étienne l'éprouvaient de leur côté. Pour lui, ils s'étaient déjà imposé de longues privations, car dans les maisons de paysans des montagnes franccomtoises l'argent est encore rare, et pour pouvoir payer une année de pensionnat en ville, il faut vendre bien des sacs de blé. Souvent madame Finois avait résisté à la tentation de s'acheter une nouvelle robe ou un nouveau bonnet, par la pensée que l'argent affecté à cette dépense pourrait être remis plus utilement entre les mains de son fils; souvent, par la même pensée, M. Finois avait hésité à inviter un vieil ami à dîner. Les deux époux se communiquaient parfois leurs petits calculs, et se consolaient de la gêne matérielle à laquelle ils se soumettaient par toutes sortes de rêves brillants sur l'avenir de leur fils. Et ce fils, objet de tant de sollicitudes, de tant de vœux et de tant d'espérances superbes, traitait ses parents avec une froide et cruelle arrogance. A son retour de Besançon, l'injurieux mécontentement qu'il n'avait déjà pas craint de manifester éclata sans réserve. Il trouvait la maison sale, la nourriture grossière, il ne voulait plus s'asseoir à la table commune, à laquelle, dans plusieurs de nos villages, on a continué encore d'admettre les domestiques. Il fallut lui faire ses repas à part, et des repas composés de mets délicats dont on n'usait qu'aux jours de fête. Madame Finois tuait ses poules, fondait son beurre, repassait dans sa mémoire ses meilleures recettes de cuisine et attendait avec anxiété que son noble fils daignât lui adresser une parole de satisfaction.

La société du riche fils du banquier rendit Étienne plus exigeant envers sa famille et plus dédaigneux que jamais. Il se trouvait en face d'un jeune homme habitué au luxe de la fortune, aux usages élégants du grand monde, et une honteuse vanité étouffait en lui le sentiment de reconnaissance, de tendresse filiale, et il semblait rougir de l'humble toit sous lequel il était né, des braves gens qui l'avaient élevé à la sueur de leur front.

Ses études finies, il n'avait pu être reçu bachelier, mais cet échec ne lui causait pas la moindre humiliation. Il l'attribuait au mauvais vouloir des examinateurs, et se vantait d'être la victime d'une injustice. Il renonçait d'ailleurs bien volontiers, disait-il, à suivre, comme il l'avait projeté d'abord, un cours de médecine ou de droit, qui ne pouvait lui procurer qu'une très-petite existence; il allait entrer dans le commerce, et il se voyait déjà à la tête d'un important établissement, ayant chevaux, voitures, salons à la ville et jardins à la campagne. Pour réaliser ce beau rêve, il fallait d'abord que sa famille lui assurât pendant deux ou trois ans une pension, et l'idée ne lui vint même pas de s'informer si son pauvre père se trouvait en état de faire ce nouveau sacrifice, tant il était déjà possédé par l'égoïsme et fasciné par la présomption. Il s'en alla emportant sans scrupule le dernier écu de la maison. Mais de la sécheresse naît la sécheresse, et ses sœurs, qui autrefois s'effrayaient à l'idée seule de passer quelques semaines loin de lui, le virent partir cette fois sans regret, et les domestiques, qu'il humiliait à tout instant par sa hauteur, retournèrent, quand il eut passé le seuil de la porte, plus gaiement à leur travail. Son père et sa mère seuls furent tristes, d'une tristesse dont ils n'osaient pas s'avouer à eux-mêmes le secret.

CHAPITRE II.

Des mois, des années se passèrent. Étienne ne reparut plus à la Seigne. Les gens du village demandaient de temps à autre de ses nouvelles à son père, puis ils ne lui en demandèrent plus, car, avec ce tact exquis qui distingue les paysans des montagnes, ils comprirent que les choses allaient mal. En effet, Étienne en entrant dans le commerce, avait voulu vivre comme les fils des riches négociants avec lesquels il se trouvait en relations. Il voulut avoir un cheval, un appartement élégant, donner des déjeuners, faire des parties de campagne, et briller entre ses amis par l'éclat de sa dépense et le luxe de sa toilette. Un amour-propre insensé lui faisait oublier la situation de ses parents, et, pour paraître riche et généreux, il dépensait légèrement en une soirée le produit de plusieurs sillons péniblement labourés. Quand sa bourse était vide, il écrivait à sa famille de longues lettres où il énumérait complaisamment toutes ses brillantes connaissances et tous ses calculs d'ambition. Le pauvre père gémissait au fond de l'âme, répondait par quelques faibles représentations, et payait. Comme les demandes d'argent se renouvelaient souvent, et que le revenu de ses terres ne pouvait y suffire, il empruntait à gros intérêts, grevait d'hypothèques tantôt un champ, tantôt un pré, puis s'en revenait de chez le notaire et faisait de tristes réflexions.

A la fin de son noviciat dans le commerce, Étienne écrivit une nouvelle lettre qui jeta dans une agitation extrême le cœur de ses parents. Il n'avait point, disait-il, fait tant d'études ni dépensé tant d'argent pour arriver au simple état de commis de magasin. Il voulait être chef de maison, réaliser de prompts et larges bénéfices, et il trouvait une occasion superbe d'arriver en peu de temps au terme de ses vœux. Un de ses amis, inventeur d'une machine pour fabriquer des bouchons de liége, lui offrait de l'associer à l'exploitation de son brevet. Il fallait seulement, pour tenter cette grande et féconde entreprise, une misérable somme de vingt mille francs, et Étienne priait son père de les lui fournir, promettant de les centupler en peu d'années, et d'employer le produit de sa spéculation à acheter de belles et bonnes terres dans le val de Morteau.

— Qu'en penses-tu, Marianne, dit M. Finois à sa femme, en reprenant cette lettre ébouriffante pour la vingtième fois, et en plaçant ses lunettes sur son nez pour la relire encore.

— Ah! dit madame Finois, cet enfant nous coûte déjà bien de l'argent, que nous aurions pu employer à acheter quelques prés, ou à marier une de ses sœurs. Mais tout le monde dit que c'est un garçon plein d'esprit, et comme il est depuis plusieurs années à la ville, il connaît les affaires mieux que nous. Il me semble qu'il nous dit des belles raisons et que nous ne pouvons nous refuser à ce qu'il demande.

— C'est bien mon idée aussi, reprit M. Finois. Mais vingt mille francs, avec tout ce que j'ai déjà emprunté! Notre bien entier y passera.

— C'est une dure chance, il faut l'avouer, mais si notre Étienne devient riche, comme il l'assure, il nous revaudra tout cela; il achètera de grands biens dans le pays, mariera nos filles à Besançon, et nous pourrons nous en aller vivre tranquillement à la ville, comme les parents de Chauvignan de Morteau, qui n'avait qu'un petit patrimoine, qui a fait fortune dans le commerce, et qui à présent donne des bals à Besançon et reçoit chez lui le préfet et le général.

— Tout cela est bel et bon, reprenait Finois, mais vingt mille francs, et les frais du notaire, les actes, les hypothèques. Je sais ce qu'il en coûte, et il ne faut pas non plus que pour entreprendre si vite une si grosse affaire, on s'expose à vendre son dernier champ. J'y penserai, ajouta-t-il en se grattant la tête avec inquiétude. J'avais quelque idée de consulter à ce sujet notre voisin Prémont. C'est un homme de bon sens, qui entend assez bien les choses ; mais il m'a toujours blâmé d'avoir mis notre fils dans les classes, au lieu d'en faire un simple paysan comme son Joseph, qui pourtant est un brave garçon. Mais peut-être que, avec ses principes absolus, il ne voudrait point comprendre la véritable situation d'Étienne. J'y penserai.

Le père crédule y pensa et accepta tout ce que son fils lui proposait. Pour emprunter la somme qu'il devait fournir, il engagea à peu près le reste de son domaine, et se trouva obligé de payer des intérêts ruineux ; car, dans nos montagnes franc-comtoises comme dans la plupart des provinces de France, la culture des terres ne rapporte que deux ou deux et demi pour cent tout au plus, et M. Finois payait près de six pour cent, y compris les frais d'emprunt.

Étienne en exposant ces projets à ses parents était de bonne foi, et croyait sincèrement à son succès. Seulement il y croyait avec sa présomption habituelle, sans avoir pris la peine d'examiner et de scruter de point en point la spéculation qui lui était offerte. Une fois qu'il eut entre les mains les traites de son père, il se jeta tête baissée dans sa nouvelle industrie. Mais dans les calmes et sérieuses populations de Franche-Comté, les inventions nouvelles ne pénètrent que lentement, après maintes réflexions et maintes tentatives. Étienne et son associé avaient employé une grande partie de leur capital à former leur établissement; puis ils fabriquaient sans relâche, comme s'ils craignaient de ne pouvoir suffire aux commandes; mais les commandes n'arrivaient pas, et l'argent fuyait, fuyait comme l'eau entre les doigts. Pour satisfaire à des dépenses imprévues, à des engagements forcés, il fallut renouveler des billets, recourir à tous les onéreux expédients du négoce aux abois. Puis les protêts arrivèrent, puis le discrédit qui en est la suite, et enfin la faillite : une faillite telle que pour apaiser les créanciers et sauver l'honneur d'Étienne, M. Finois devait vendre tout ce qui lui restait.

Si les grands malheurs n'accablent point celui qui les subit, ils lui donnent une résolution de fer, une énergie inespérée; M. Finois, en apprenant la catastrophe de son fils, eut cette énergie. Il ne s'apitoya point sur la ruine de toutes ses espérances, il ne pleura point. Il s'en alla sur-le-champ trouver le notaire de Morteau et fit afficher la vente aux enchères de ses dernières pièces de terre, de sa maison et de son mobilier. Ah! ce fut un triste jour que celui où l'on vit cette famille, dont tant de gens avaient envié le sort, dépossédée de ses biens, assise dans une chambre en désordre, au milieu de ses meubles épars, la mère et les filles pleurant, le père froid et immobile, assistant sans se plaindre, sans murmurer une syllabe à tous ces hideux détails d'une enchère. Par un sentiment de délicatesse, les gens du village n'avaient point voulu se rendre à cette vente douloureuse. Il n'y vint que quelques habitants de Morteau, quelques paysans des environs. Ce fut un malheur de plus pour M. Finois, qui avait compté sur une vente fructueuse et qui n'eut, faute d'un nombre suffisant d'enchérisseurs, qu'un stérile encan. Joseph s'en revenait, vers midi, de faucher un pré, quand il vit sur le seuil de la demeure de son ancien ami les groupes de chalands occupés à faire leur choix : celui-ci examinant une armoire, celui-là palpant le poitrail d'une génisse.

— Ah! pauvre Étienne, dit-il en détournant la tête de ce triste spectacle, pourquoi as-tu voulu nous quitter, hélas! et pourquoi ne suis-je pas assez riche pour pouvoir te secourir? Et il s'éloigna, le cœur affligé, et ce jour-là, personne ne le vit rire et ne l'entendit causer comme c'était sa coutume. Mais le soir, pendant que sa famille, réunie autour de la cheminée, s'entretenait des résultats de la vente, il se glissa dans la maison de M. Finois, et prenant le pauvre homme par la main : Du courage, dit-il, la terre ne manque pas à ceux qui savent la cultiver, et s'il vous faut aux jours de semailles et aux jours de récoltes un bon bras d'ami pour vous aider, souvenez-vous que je suis là.

— Ah! merci, mon cher Joseph, s'écria M. Finois, je savais bien.... Mais Joseph, ému jusqu'au fond du cœur, et incapable de rien dire de plus, était déjà loin.

CHAPITRE III.

Après la vente de sa maison, M. Finois se retira dans le chalet appartenant au domaine dont il était fermier. C'était une pauvre construction à demi délabrée, dans laquelle il devait à tout instant éprouver la privation des confortables agréments de sa première demeure. Mais ses sentiments d'honneur étaient satisfaits. Personne n'avait plus rien à lui réclamer; et avec un travail plus assidu, une sévère économie, il pouvait encore assurer l'existence de sa famille; et, dans son inépuisable tendresse paternelle, il s'inquiétait moins de sa propre position que de celle de son fils. Il l'avait engagé à revenir à la Seigne en attendant qu'il trouvât une nouvelle place; et Étienne, trop fier pour rentrer dans son village après l'échec cruel qu'il venait de subir, voulait rester à Besançon. Le pauvre père pensait à lui sans cesse en s'en allant le matin à la charrue, en s'asseyant le soir auprès de son foyer. Madame Finois était poursuivie par la même pensée sombre, douloureuse, et souvent ses filles la surprirent cachant sa tête entre ses mains et pleurant. Étienne sentant sa faute, et déplorant le malheur de ses parents, leur écrivait souvent pour les consoler et les rassurer. Mais ses lettres et ses projets n'inspiraient plus la même confiance qu'autrefois. Les habitants de nos montagnes ont naturellement le cœur inquiet et disposé à la crainte plutôt qu'à l'espoir. Le paysan du Midi qui passe sa vie en plein air, qui n'a qu'à jeter d'une main indolente quelques semences en terre pour les voir fructifier par un bon soleil, est vif et léger. Le ciel bleu, qui sourit à ses regards, les verts coteaux que sa main féconde, lui donnent une attitude confiante et une facile gaieté. Le paysan du Nord, au contraire (et les montagnes de Franche-Comté ont toutes la physionomie des régions du Nord), astreint à un travail pénible et peu fructueux, tremblant aux jours de printemps de voir éclater une gelée ou une grêle qui anéantirait sa récolte, dominé en hiver par le sinistre aspect d'un ciel noir, par les rafles de la tempête et les tourbillons de neige ; renfermé solitairement sous le toit de son chalet pendant de longs jours et de longues soirées, où l'on n'entend que le vent qui gémit et le cri plaintif de l'oiseau épouvanté qui cherche un refuge, le paysan du Nord a l'esprit lent et réfléchi, la figure pensive, le cœur ferme et généreux, mais peu expansif. S'il chante et s'il rit, c'est en certains moments rapides, par l'effet d'une circonstance, et non point, comme l'homme du Midi, par un penchant inné, par une prompte et vive explosion. Chaque journée est pour un bon fermier de nos montagnes une journée occupée par un incessant labeur. C'est le champ d'orge ou d'avoine dont il faut creuser les sillons, le bétail dont il faut prendre soin. C'est un champ de pommes de terre à sarcler, une irrigation à établir dans une prairie, une coupe de bois à faire, souvent au péril de la vie. L'hiver même n'est pas pour lui une époque de repos. C'est dans cette saison que l'on transporte les denrées au marché, que l'on charrie les longues poutres de sapin. Le soir, quand toute la famille a terminé le travail du dehors, les hommes charpentent un timon ou réparent leurs instruments d'agriculture; et la femme a aussi une tâche continue à remplir. La femme de nos montagnes me rappelle ce beau passage des poésies de Schiller :

« Elle gouverne avec prudence le cercle de

famille, donne des leçons aux jeunes filles, réprimande les garçons. Ses mains actives sont sans cesse à l'œuvre ; elle augmente par son esprit d'ordre le bien-être du ménage ; elle remplit de trésors les armoires odorantes, tourne le fil sur les fuseaux, amasse dans des buffets, soigneusement nettoyés, la laine éblouissante, le lin blanc comme la neige ; elle joint l'élégance au solide, et jamais ne se repose. »

M. Finois était, depuis une année environ, dans sa nouvelle habitation, travaillant avec une ardeur juvénile, domptant par la fatigue physique les soucis du cœur qui l'agitaient, et n'ayant, en l'absence d'Étienne, pas de meilleure consolation que la satisfaction qu'il éprouvait chaque jour à remplir son austère devoir et les visites de Joseph, qui venait souvent causer avec lui, et qui l'aidait avec un généreux dévouement dans son labeur le plus pénible. Les choses en étaient là, quand un jour M. Finois reçut une lettre de son fils qui lui ouvrait une nouvelle perspective de fortune. Cette fois, ce n'était plus un projet aventureux, une spéculation téméraire. C'était un mariage avec la fille unique d'un riche épicier, qui lui apportait immédiatement en dot plusieurs centaines de mille francs. Le mariage était décidé, et les noces mêmes fixées déjà à un ou deux jours après. Étienne invitait ses parents à y assister, et promettait de venir bientôt à la Seigne. Cette lettre, qui annonçait une nouvelle si inespérée, trahissait pourtant une certaine tristesse qui n'échappa point à la perspicacité du cœur paternel. M. Finois s'en alla aussitôt faire part de cet événement à Joseph, qui en éprouva une grande joie.

— A la bonne heure, s'écria-t-il, voilà notre cher Étienne qui entre dans le vrai chemin. Moi je vais me marier aussi ; je crois que le mariage est une des plus sages, des meilleures conditions de la vie. Ma future n'est qu'une pauvre fille de paysan; mais honnête, douce, laborieuse, et le bonheur que j'éprouve me fait sentir plus vivement celui de mon ancien ami. Allez à ses noces, mon cher Finois, et ne vous inquiétez pas de la tristesse que vous croyez remarquer dans sa lettre. Cela tient sans doute aux mille préoccupations qu'il doit avoir en ce moment, et au souci que donne toujours tout changement d'état.

M. Finois fit ses préparatifs et se mit en route pour Besançon, sans pouvoir se défendre d'une de ces indéfinissables inquiétudes qui viennent on ne sait d'où, qui s'en vont on ne sait comment, qui s'appesantissent sur la pensée comme un nuage, et disparaissent comme une ombre. Étrange impression que nul raisonnement ne peut vaincre, que nul physiologiste n'explique, mais qui se renouvelle trop souvent pour qu'on puisse ne la traiter que comme un phénomène accidentel, et qu'il faut bien ranger parmi les mystères les plus notables, les plus profonds peut-être de la vie humaine.

M. Finois s'en revint huit jours après, à pas lents, la tête baissée, le regard triste.—Eh bien! s'écria sa femme en accourant au-devant de lui sur le seuil de la porte, eh bien, ce mariage?— Ah! un riche mariage! répondit M. Finois.

— Mais comme tu dis cela! il semblerait que tu n'as pas le cœur content.

— Allez me chercher ma veste et mon bonnet, dit M. Finois à ses filles; et lorsqu'elles furent loin. — Ma pauvre Marianne, reprit-il, en s'asseyant près de sa femme, il faut dire adieu à notre garçon.

— Eh! seigneur Jésus, tu m'épouvantes! que lui est-il donc arrivé?

— Il lui est arrivé qu'il est enchaîné pour le reste de sa vie à une méchante créature fière et froide qui lui reproche déjà la fortune qu'elle lui a apportée en dot, qui prétend le gouverner à sa fantaisie, et qui nous méprise toi et moi et nos filles comme de pauvres gens.

— Ah! le malheureux! le malheureux! Il ne pouvait pas faire une plus grande sottise. Mais comment donc a-t-il pu se décider à se marier ainsi?

— L'état de gêne où il se trouvait, l'envie

insurmontable de devenir riche, et cette femme est vraiment riche... Enfin que sais-je?... Mais j'ai bien souffert, et pour rien au monde je ne voudrais passer encore huit jours comme ceux que je viens de passer en face de cette femme qui me traitait.... Oh! c'en est fait. Notre pauvre Étienne est perdu pour nous. Sa femme ne lui permettra pas de venir dans ce village de rustres et de bestiaux, comme elle appelle la Seigne, et quant à retourner les revoir là-bas, non, c'est au-dessus de mes forces.

Au même instant, on entendit résonner des coups de fusil et de joyeux accents.

— Qu'est-ce donc? dit M. Finois.

— C'est notre ami Joseph qui se marie, répondit madame Finois. Il est venu nous inviter à ses noces, et j'avais presque promis d'y aller avec toi; mais à présent je n'en ai plus le courage. Ah! celui-là n'a point cessé d'aimer ses parents, de les aider dans leurs travaux. A présent il est bien heureux, et ils sont heureux avec lui. Le père Prémont a été plus sage que nous, il n'a point voulu faire de son fils un beau monsieur, et s'il nous voyait maintenant, nous qui avons été si fiers, ne lui ferions-nous pas pitié?

Les deux époux s'approchèrent en silence de la fenêtre pour voir passer le cortége. D'abord venaient les garçons d'honneur, avec de gros bouquets et de longs rubans attachés à leurs chapeaux; et les filles d'honneur parées de leurs plus belles robes et de leurs plus frais bonnets; puis le bon Joseph tout rayonnant de joie, et sa fiancée portant sur sa tête la couronne d'oranger, et sur ses joues pudiques, dans ses yeux modestement baissés, les signes de la candeur et de la bonté; puis les vieux parents que ce spectacle semblait rajeunir, et, de côté et d'autre, des tirailleurs lâchant à tout instant des coups de fusil dont les enfants accompagnaient l'explosion par des acclamations bruyantes. L'assemblée se dirigea vers l'église, où le prêtre, avant de bénir les mariés, leur adressa en quelques mots simples et touchants une allocution paternelle sur les devoirs qu'ils avaient à remplir, et sur la confiance qu'ils devaient avoir en Dieu. Les deux mariés se serrèrent la main en écoutant cette douce harangue. Les mères pleurèrent, et le père Prémont dit à un de ses voisins qu'on ne trouverait pas dans tout le diocèse de Besançon un prêtre qui parlât mieux que le brave curé de la Seigne. Après la messe, tous les invités se réunirent dans la demeure de Joseph. La table était mise dans la grange, car il n'y avait pas dans la maison une chambre assez spacieuse pour contenir tant de monde. Pour ce jour solennel, on avait tué le veau gras de la ferme, détaché de la cheminée les lourdes pièces de brésil, les gros saucissons fumés, et le père Prémont avait fait venir tout exprès du Jura un excellent tonnelet de vin. Le curé avait bien voulu consentir à assister à ce rustique festin, c'était pour la famille un honneur insigne dont elle était profondément reconnaissante, et le digne prêtre fut reçu à l'entrée de la maison avec autant de témoignages de respect qu'on eût pu en donner à un roi. Il prit place au haut bout de la table entre les jeunes mariés et la mère de famille, prononça le *bénédicité* que tous les assistants écoutèrent avec un pieux recueillement, puis, à la fin du dîner, adressa encore d'une voix émue quelques tendres recommandations aux deux époux, puis se retira suivi des naïfs remercîments de toute l'assemblée. Mais au moment où il allait franchir la barrière de l'enclos, le père Prémont, qui avait ses projets, l'arrêta et lui dit d'un ton humble quelques mots à voix basse. — C'est bien, c'est bien, répondit le curé, mais pas trop de bruit, et pas trop tard, je m'en rapporte à vous. — Soyez tranquille, monsieur le curé, s'écria joyeusement le fermier, j'en réponds; puis, revenant d'un pied juvénile dans la grange : — Allons, enfants, dit-il, le curé l'a permis, ôtez la table, et en avant le violon. Ces paroles donnent une sorte de commotion électrique à tous les convives. En un instant la table, formée de planches de sapin posées sur des tréteaux, est enlevée; la grange balayée, nette et polie comme un parquet. Le musicien ambulant du village monte sur un tonneau et lance le coup d'archet. Le père Prémont, qui semble avoir repris sa vivacité de vingt ans, donne la main à sa belle-fille. La mère Prémont est engagée par un garçon d'honneur, et la danse est en train, danse rapide et bruyante, où les femmes marchent à grands pas, où les hommes font sonner sur le plancher le talon de leurs souliers ferrés, où les enfants se mêlent hardiment, en sautant comme les grandes personnes, mais où chacun rit d'un gros rire sonore, et se livre à une joie sans réserve. Mais vers le soir, il fallait que tout fût fini, le père Prémont ne voulait pas encourir les reproches de son curé. On replaça les tables pour le souper. On répandit sur les époux, comme un symbole d'abondance, des pois, des fèves, du blé, puis la mère de famille les conduisit dans la chambre nuptiale, et avant de les quitter, se mit à genoux avec eux aux pieds d'un image de la Vierge, et fit avec eux une longue prière.

CHAPITRE IV.

Pendant que la famille Prémont, avec ses convives, se livrait ainsi à la joie d'une heureuse noce, le pauvre M. Finqis, assis au coin de son feu, repassait tristement dans sa mémoire tous les incidents du dernier voyage qu'il venait de faire à Besançon. Tant qu'il avait été soutenu dans sa lutte contre le sort par l'espoir paternel, il s'était senti plein de force, et il avait accepté sans murmure toutes les privations. Maintenant qu'il voyait son fils enchaîné à une position funeste, à un malheur irréparable, il fut abattu comme un malade, et faible comme un enfant. Il essaya en vain de se relever par toutes sortes de raisonnements, de se créer une nouvelle illusion. La plus tendre, la plus chère des illusions, l'illusion paternelle qui avait été le prestige de sa vie, le mobile de ses travaux, la consolation de ses mauvais jours, était morte en lui, et il tomba comme une plante vigoureuse qui n'a plus de séve, comme un ressort d'acier qui se brise dans une violente secousse. Le jour où Joseph vint le voir avec sa jeune épouse, le malheureux père était au lit. Le médecin qu'on envoya en toute hâte chercher à Morteau était un homme habile et expérimenté, qui, du premier coup d'œil, jugea qu'il avait à traiter une maladie morale, et qui, en prescrivant à M. Finois quelques remèdes innocents pour lui rendre un peu de calme physique, essaya surtout d'agir sur son esprit.

—Voyez, lui disait-il un soir qu'il l'avait trouvé dans une disposition meilleure que de coutume, voyez, mon cher ami, je ne vous blâme pas d'avoir eu de l'ambition pour votre fils, quoique à vrai dire, je n'aime point à voir les jeunes gens de notre pays sortir de la paisible et modeste situation où ils sont nés pour se lancer dans le grand monde. Je comprends bien que tous les fils de paysans et d'ouvriers ne doivent pas rester paysans et ouvriers. S'il en était ainsi, il s'établirait dans la société des castes privilégiées et des castes misérables, c'est ce que la raison divine et humaine ne peut admettre. Dieu répand les dons de la pensée, de l'intelligence, les rayons du génie, la flamme du courage dans la plus pauvre cabane comme dans les maisons splendides des grandes villes ; et nos montagnes s'honorent d'avoir donné le jour à une foule d'hommes illustres, qui, de leur obscure demeure de paysans, se sont fait par leur propre force un hom éminent dans le clergé, dans la magistrature, dans l'armée, dans les sciences. Mais il ne faut pas nous laisser trop facilement éblouir par ces brillants succès ; car, pour quelques tentatives qui réussissent, combien il en est qui tristement échouent ! L'essentiel aussi, lorsque les parents se décident à laisser un de leurs enfants s'en aller par une de ces routes hardies et périlleuses, l'essentiel est qu'ils le tiennent sans cesse d'une main ferme, qu'ils prennent à tâche de le préserver des folles erreurs et des sottes vanités auxquelles il est exposé ; qu'ils le rappellent souvent à son origine, afin d'entretenir en lui un sentiment salutaire d'humilité et le religieux amour du foyer de famille. Vous avez eu tort, permettez-moi de vous le dire, mon cher ami, vous avez eu tort de vous abandonner si promptement à tous les rêves de fortune de votre fils, et de paraître flatté de tout ce qui le flattait. Votre tendresse trop facile a soutenu sa présomption, et votre condescendance a augmenté sa vanité. Du jour où il s'en revenait du collége avec des airs de petit-maître, où il semblait dédaigner ses anciens camarades, son village, et jusqu'à sa maison natale, il fallait à l'instant même lui enlever pantalon de drap et habit fin, lui faire reprendre la blouse et les sabots, l'envoyer avec les domestiques à la charrue, et lui dire : Mon garçon, tu n'es encore rien, tu ne deviendras quelque chose que par ton travail et ta modestie, et tu ne mérites pas que tes parents s'imposent tant de privations pour payer tes maîtres, si déjà tu parais oublier les lieux d'où tu es sorti et les honnêtes gens au milieu desquels tu as passé les premières années de ta vie. Plus tard, il fallait.... mais à quoi bon chercher un remède trop tardif. Le mal est fait, hélas ! et vous en avez cruellement souffert. Cependant vous auriez tort de vous laisser décourager par une fâcheuse prévision de l'avenir. Votre fils est riche maintenant, il peut commencer à vous rendre une partie de l'argent que vous avez dépensé pour lui, et vous consoler par ses témoignages d'affection des douleurs amères qu'il vous a causées. Vous dites que sa femme le domine, qu'il est malheureux : les choses s'arrangeront sans doute mieux que vous ne le pensez. Il reprendra peu à peu la légitime autorité qu'il doit avoir dans sa maison, et après avoir passé par tant de difficiles épreuves, il reviendra chercher auprès de vous ce repos du cœur, cette satisfaction morale qu'on ne trouve que dans les vraies affections. Écrivez-lui tendrement, sagement ; rappelez-lui ces paisibles vertus de famille, ces simples et respectables devoirs dont il a eu l'exemple chez vous ; montrez-lui en perspective la douce retraite qu'il peut avoir quelque jour dans un cercle de bons parents et d'anciens amis, dans la paix de nos montagnes. Si son esprit est égaré, son cœur, nourri dès l'enfance de tant de bons principes, de tant de pieuses et bienfaisantes leçons, ne peut être entièrement vicié. Il vous reviendra, soyez-en sûr, triste peut-être, mais de la salutaire tristesse du repentir, corrigé par l'expérience et affermi dans de louables résolutions.

Ce langage du médecin pénétra comme un baume vivifiant dans le cœur affligé de M. Finois. Il se rattacha à une nouvelle espérance, il composa dans sa pensée tout l'avenir que le bon docteur lui avait fait entrevoir ; il écrivit à son fils une lettre touchante, expansive, et reçut quelques jours après une réponse qui renversa encore une fois l'édifice de ses songes. Étienne le remerciait avec une vive reconnaissance de toutes ses bontés, et sa lettre portait l'empreinte d'une âme vivement émue et pleine d'affection. Mais il allait partir, disait-il, pour l'Italie, sa femme l'exigeait impérieusement, et n'avait pas même voulu lui permettre de venir embrasser ses parents. Il partait le lendemain, et il ne croyait pas pouvoir rentrer à Besançon avant un an.

— Quoi! s'écriait le pauvre père en tournant cette lettre entre ses mains tremblantes, il est parti.... parti pour obéir à la volonté de sa femme, et il n'a pas eu assez de force pour résister à une cruelle exigence, pour venir voir son père, sa mère, ses sœurs, pour m'apporter un adieu.... hélas! le dernier adieu.

Cette fois, ni les prudents discours du médecin, ni les religieuses exhortations du vénérable curé de la Seigne, ni les tendres paroles de madame Finois qui surmontait sa propre souffrance pour ne songer qu'à celles de son mari, ne purent raviver la force morale du malade. Quand le trait de la douleur est entré dans une âme virile, il y reste fortement enraciné; les femmes pleurent et gémissent, les hommes se taisent, luttent et succombent. M. Finois avait reçu dans le cœur ce trait mortel, et nulle science humaine ne pouvait l'en arracher : il languit, s'affaissa et mourut.

Tandis qu'on le portait dans la froide terre du cimetière, la femme d'Étienne, lasse déjà de voir les villes et les plaines d'Italie, ramenait son mari en France. Étienne apprit en arrivant à Besançon l'affreuse nouvelle, et tomba dans une sorte de désespoir. Il s'accusa d'ingratitude, il se maudit, il écrivit à sa mère des lettres déchirantes, et lui envoya tout ce qu'il avait d'argent. Inutile secours ! on ne guérit point les plaies du cœur avec les dons de la fortune. Une seule larme d'Étienne eût fait plus de bien à la malheureuse veuve que tous les trésors de la terre, et Étienne ne venait pas ; la pauvre femme n'avait plus d'époux, et s'écriait qu'elle n'avait plus de fils.

CHAPITRE V.

— Je pars demain pour Besançon, lui dit un jour Joseph et j'irai le voir, quoiqu'il ait été bien cruel pour moi la dernière fois que nous nous sommes rencontrés. Voilà les récoltes finies, les dernières gerbes d'orge rentrées à la grange, et le dernier sac de pommes de terre mis à la cave ; ma bonne petite femme, ma chère Françoise, a travaillé comme une brave ouvrière ; je veux lui donner un peu de repos, lui montrer le pays, je l'emmènerai avec moi, et nous irons visiter mon ancien camarade. Si riche qu'il soit à présent, il reconnaîtra peut-être bien encore le pauvre Joseph.

— Ah! c'est lui qui est pauvre, mon cher Joseph, répondit madame Finois, pauvre de bonheur tandis que vous, en restant près de vos parents, en suivant la route qu'ils vous traçaient, vous vous êtes fait une vie paisible et heureuse. Tâchez de le ramener ici; je sais qu'il souffre, et quelques torts qu'il ait pu avoir, hélas! c'est mon fils, un fils toujours chéri, et mon cœur est tout occupé de ses peines; engagez-le donc à revenir. Le village où il est né, le chalet que nous habitons et où il a passé tant d'heures de son enfance, la tendresse de ses sœurs réveilleront en lui ces sentiments d'autrefois qui ne peuvent pas être encore éteints, et les pleurs d'une mère pénétreront dans son cœur comme une douce rosée.

— C'est bien, c'est bien, dit Joseph, ne parlez point ainsi, car vous me faites venir les larmes aux yeux; je le verrai, et s'il ne s'en revient pas avec moi, il y aura bien du mal.

Le lendemain Joseph attelait son meilleur cheval, qu'il appelait *le Blond,* à la charrette des montagnes sur laquelle il posait, pour asseoir commodément Françoise, un sac d'avoine; puis, prenant en main les rênes et faisant monter à côté de lui sa jeune femme parée de tous ses rubans, il donnait un coup de fouet au Blond, et il s'éloignait au petit trot, tandis que Françoise qui, pour la première fois de sa vie entreprenait un si long voyage, tournait la tête pour voir encore le village de la Seigne, comme si elle s'en allait au bout du monde.

Bientôt pourtant les paroles rassurantes de son mari, l'animation du voyage, l'aspect des lieux nouveaux qu'elle parcourait, effacèrent dans son esprit les vagues inquiétudes qu'elle éprouvait au moment du départ. C'était une de ces franches et candides natures qui s'abandonnent naïvement à l'honnête émotion qui les saisit, et à peine avait-elle fait une demi-lieue de chemin qu'elle riait et chantait déjà comme un enfant. Son mari avait pris la route de Morteau. Arrivé au bas de la côte des Lavottes, il mit pied à terre pour ne pas trop fatiguer le Blond. Françoise voulut aussi descendre de voiture, et, en cheminant le long des flancs de la montagne, elle s'arrêtait à tout instant pour contempler, avec cette vive et fraîche émotion d'une âme épanouie dans la pure atmosphère des champs, le magnifique paysage qui se déroulait à ses regards.

— Viens toujours, disait Joseph en souriant, quand tu seras là-haut, tu verras bien autre chose.

Et la jeune femme courait se pencher sur son

bras, puis s'arrêtait encore pour cueillir une dernière fleur d'automne, puis courait de nouveau rejoindre l'agreste équipage que le Blond traînait d'un pas animé et d'un air réfléchi, comme s'il eût pris part lui-même aux impressions de ses jeunes maîtres.

A la sommité des Lavottes, Joseph arrêta son cheval à la porte de la grande maison blanche de M. Guillemin pour lui laisser reprendre haleine, et Françoise resta immobile, silencieuse en face de ce magnifique val de Morteau, qui se déployait devant elle dans toute sa suave fraîcheur et toute son étendue, avec ses grands villages, ses hauts clochers, ses ceintures de sapin, les ruisseaux qui le sillonnent, et la ville pittoresque qui le domine du haut de son vieux cloître et du haut de sa terrasse. — Oh! que c'est beau! que c'est beau! s'écriait la jeune femme, et ses mains se joignaient sur sa poitrine, et ses regards, après avoir erré de côté et d'autre, se reposaient sur son mari, puis s'élevaient avec l'éclair d'une pieuse pensée vers le ciel.

Les gens du monde s'imaginent qu'avec leur intelligence exercée par la comparaison et leur goût raffiné, eux seuls peuvent sentir la vraie beauté d'un paysage, et il y a souvent plus de sentiment réel de cette beauté dans le cœur d'un simple enfant des champs, qui regarde, qui se tait, ou qui ne trahit son émotion que par un cri. Dieu n'a pas en vain donné l'azur du ciel, la verdure des bois, le miroir des lacs aux pauvres gens qui y vivent d'une vie obscure et laborieuse, et les poëtes, qui décrivent ces grâces de la nature dans leurs livres, les comprennent moins vivement peut-être que le paysan qui les observe dès son enfance, sans en parler. Pourquoi tant de pauvres familles condamnées à un rude labeur, à de constantes sollicitudes, ne veulent-elles point quitter le sol rocailleux qu'elles labourent avec tant de peine, et les cabanes enfumées où elles s'abritent, pour s'en aller vivre dans une terre plus féconde, sous un ciel plus chaud, si ce n'est parce que la nature qui les entoure les retient par un charme secret et indicible, parce qu'elle les subjugue en été par son éclatante splendeur, en hiver par sa terrible majesté?

Au delà de l'aride cime des Lavottes, Françoise retrouva avec joie les grandes et imposantes forêts de sapins qui environnent le village de Fuans, puis elle parcourut gaiement la belle route d'Avoudrey et tressaillit encore de surprise lorsqu'en arrivant à More, elle vit à ses pieds la verte vallée sillonnée par le Doubs, bordée à droite par des coteaux de vignes, à gauche par des rocs escarpés, et dominée, d'une part, par le fort de Bregille, de l'autre, par les longues murailles de la citadelle de Besançon.

Le jeune couple entra dans la ville à la nuit tombante ; les tambours et les clairons annonçaient l'heure de la retraite dans les rues, les soldats rentraient dans leurs casernes, les marchands allumaient leurs lampes, et les gens du monde revenaient de la promenade. Tout ce mouvement de la fin du jour, tout cet aspect d'une cité de guerre et de commerce étonnaient, effrayaient presque l'innocente Françoise, et lorsque son mari eût pris une chambre à l'hôtel, elle y entra comme un oiseau craintif, heureuse d'échapper à un tumulte si nouveau pour elle.

Mais dès le matin, Joseph était debout. — Allons, Françoise, disait-il, allons, il faut voir l'ami Étienne, et tâcher de le ramener près de sa pauvre mère.

En un instant Françoise eut fait sa toilette, et une toilette extraordinaire, car il s'agissait de se présenter dans le *Beau monde* de Besançon ; robe d'indienne, bonnet de tulle, un petit châle sur les épaules, un fichu rose noué autour du col, une croix en or sur la poitrine, et avec cette parure si simple, et réservée cependant pour les grands jours, et avec sa vive et fraîche figure, son front pur, ses yeux bleus pleins d'innocence, Françoise était charmante.

Les deux époux s'acheminèrent vers la grande rue où Étienne occupait toute une large maison. Joseph sonna au premier étage ; personne ne vint. Il sonna de nouveau d'une main vigoureuse, et, après un long moment d'attente, arriva un domestique qui, en se frottant les yeux, et en étendant les bras comme un homme qu'on vient d'arracher brusquement au sommeil, demanda, d'un ton brusque, qui pouvait se permettre d'éveiller les gens sitôt.

— Sitôt! s'écria Joseph, à cette heure-ci nous aurions déjà fauché près d'un arpent de foin. Sitôt! les gens de la ville ne savent donc pas quand il fait jour? Je voudrais voir M. Étienne Finois. Dites-lui que c'est un de ses amis qui le demande, Joseph Prémont de la Seigne.

— Ah! mon brave homme, reprit le domestique, il paraît que vous ne savez guère comment on vit hors de votre village. Monsieur n'est pas levé avant onze heures ou midi, et encore je doute que vous puissiez le voir aujourd'hui, car il est malade.

— Malade! repartit Joseph avec un accent d'inquiétude, mais pas assez, j'espère, pour ne pas recevoir un ancien camarade qui lui apporte des nouvelles de sa mère?

— Malade depuis près de trois semaines, ajouta le domestique, et le médecin paraît assez inquiet; mais je prendrai les ordres de monsieur, et nous verrons. Revenez à onze heures.

—Diable de ville! murmura Joseph en descendant l'escalier; quand un ami vient nous voir, on est prêt dès le matin à le recevoir, et il n'y a pas de domestique pour le renvoyer. Ah! au fait, il vaut mieux de toute façon rester à la Seigne. En parlant ainsi, Joseph donna le bras à sa femme, qui, dans son ignorance des usages de la cité, était elle-même toute confuse de cette première réception, et il profita des quelques heures de retard qu'on lui imposait pour montrer à Françoise les quartiers les plus connus de Besançon, les casernes, l'hôpital, le palais Granvelle, la vaste promenade de Chamars, la cathédrale de Saint-Jean et l'église de Saint-Pierre, où un noble enfant des vallées de Mouthe, dont Joseph connaissait l'honorable famille, avait fait, dans de modestes fonctions de vicaire, un noviciat à l'épiscopat méridional qu'il éclaire aujourd'hui par ses talents, qu'il édifie par ses vertus.

Vers onze heures, le jeune couple rentrait dans la demeure d'Étienne; le domestique qu'ils avaient déjà vu vint les recevoir, non plus à demi vêtu, mais portant la culotte noire, les souliers à boucles et l'habit à la française, profané par un galon de livrée; car la fille de l'épicier enrichi voulait se donner des airs de gentilhommerie et donner à tout ce qui l'entourait une apparence de grande maison.

— J'ai annoncé à monsieur votre visite, dit le domestique, et en entendant prononcer votre nom, il est devenu tout pâle. Qui êtes-vous donc?

— Un simple paysan, comme vous voyez.

— Un simple paysan, murmura le domestique d'un air qui semblait dire : ne pourriez-vous m'en apprendre davantage ? mais, ajouta-t-il, comme en se parlant à lui-même, ce ne sont pas mes affaires ; entrez, et attendez un instant dans ce salon, je vais prévenir monsieur, qui est toujours bien souffrant. A ces mots il disparut.

Joseph et Françoise traversèrent une salle à manger ornée d'armoires en acajou, où, au travers des vitres des panneaux, on voyait briller des vases de porcelaine et des piles de plats d'argenterie ; puis ils entrèrent dans le salon, rempli de glaces, de gravures, surchargé de tout côté de ces objets de luxe de l'aristocratie financière, qui, n'ayant rien d'autre à étaler, pour flatter son stupide orgueil, étale sottement sa fortune et se pavane dans son faste.

— Quelles choses superbes, s'écriait Françoise en promenant ses regards sur tout ce splendide ameublement, et que c'est triste de penser qu'il y a tant de pauvres gens dans le monde qui n'ont pas seulement un lit et pas un morceau de pain, tandis que d'autres....

— Va, va, ma bonne Françoise, dit le philosophe Joseph, les plus riches ne sont pas toujours les plus gais, et je suis bien sûr que ceux qui dépensent par vanité tant d'argent, et qui oublient les pauvres, le bon Dieu les punit. Et vois-tu, dans notre village de la Seigne, il n'y a point tous ces tapis et tous ces tableaux, mais nous avons bon pied, bon œil, bonne joie, et pas un mendiant ne s'arrête à la porte d'une maison sans qu'on vienne lui apporter....

Joseph en était là de sa comparaison évangélique quand le domestique rentra et lui annonça que M. Finois l'attendait. Les deux bons habitants de la Seigne furent introduits dans une chambre élégante où des rideaux de damas vert ne laissaient pénétrer qu'un demi-jour. Étienne, enveloppé d'une longue robe de chambre, était couché sur un canapé, le visage pâle, l'œil morne, le corps affaissé. Sur une table placée près de lui on voyait des fioles de sirop et des boîtes de médicaments. A l'aspect de Joseph, il fit un effort pour se mettre sur son séant, et lui tendant la main : — Ah! mon cher Joseph, lui dit-il, j'ai bien des torts à me reprocher envers toi. Je t'ai négligé, abandonné, et toi, tu as été d'une bonté parfaite pour mon pauvre père, pour ma mère, et tu es encore bon et généreux pour moi, puisque tu viens me voir. Pardonne-moi mes erreurs, j'en ai été bien puni. Puis se tournant vers Françoise : C'est là ta femme, sans doute, je reconnais sur sa figure le doux et noble type des montagnes. Tu as mérité d'être heureux, mon cher Joseph, et tu le seras, j'espère. Asseyez-vous là tous deux, près de moi, que je puisse vous regarder à mon aise. Hélas! il y a longtemps que je n'ai éprouvé une telle émotion. Écartez un peu les rideaux, dit-il au domestique, et laissez-nous.

Les deux époux s'assirent l'un à côté de l'autre devant le canapé, le cœur ému. Cette chambre obscure et silencieuse, ces drogues de pharmacie, cette figure malade leur causaient une impression de tristesse étrange qu'ils ne pouvaient maîtriser. Étienne et Joseph se regardèrent un instant sans rien dire, comme s'ils recueillaient en eux-mêmes les souvenirs du passé; et la jeune femme baissait la tête, incapable de prononcer une parole et de se rendre compte des sentiments qu'elle éprouvait.

Enfin Joseph se rapprochant de son ancien camarade, et lui prenant la main, qu'il serra avec une forte émotion : — Tu n'es donc pas heureux, mon cher Étienne, lui dit-il, dans cette belle maison, au milieu de tant de choses brillantes? J'ai regardé toute cette argenterie, ces tables en bois d'acajou, et ce lit en soie bleue qui est près du salon, tout ce qui excite ordinairement tant d'envie, tout cela ne rend donc pas heureux?

— Hélas! mon bon Joseph, reprit le malade d'une voix languissante, on ne s'assied point à ces tables avec le contentement que tu éprouves lorsque après avoir bien travaillé tout le matin, tu reviens à midi manger ta soupe de pommes de terre, et l'on ne dort point dans ces lits de soie comme sur les bottes de foin de la Seigne. La fortune m'est venue avec d'amers regrets et d'amères douleurs. Je ne puis jouir des biens qu'elle m'offre, et je regrette le temps où je n'étais comme toi qu'un pauvre enfant de village. Mon père, en me maudissant peut-être....

— Non, non, s'écria Joseph.

— Ah ! s'il ne l'a pas fait, il avait le droit de le faire ; car j'ai été dur, ingrat envers lui. Aveuglé par la vanité, ébloui par les apparences trompeuses de la richesse, j'ai tout sacrifié au désir d'être riche. Me voilà riche aujourd'hui, et plus misérable que le plus misérable mendiant qui s'en va de porte en porte implorer une aumône. J'ai épousé une femme que je n'aimais pas, que je ne pouvais aimer, une femme qui a vingt ans de plus que moi, et dont les cruels défauts sont tellement affermis par l'âge, qu'il n'y a plus moyen de les corriger. Un caprice l'amena de mon côté, et l'aspect de l'or me fit contracter cette union sacrilége contre laquelle mon cœur protestait et que Dieu ne pouvait bénir. Maintenant son caprice est passé, et, comme si elle se sentait honteuse de l'avoir éprouvé, il semble qu'elle prenne à tâche de me faire expier à moi-même la rapide affection que je lui avais inspirée. Il n'y a pas de jour qu'elle ne m'outrage, soit par un glacial dédain, soit par quelque dur sarcasme. J'ai pourtant essayé de vaincre l'âpreté de son caractère par la douceur et la résignation. J'ai cédé à tous ses vœux, j'ai obéi à toutes ses fantaisies; pour elle j'ai résisté aux prières de mon père qui m'engageait si tendrement à aller le voir; pour elle je laisse encore ma mère seule avec mes sœurs. Mais ma condescendance ne l'a pas émue un instant; elle ne l'a envisagée que comme l'acte de servitude obligée d'un malheureux qu'elle a, dit-elle, arraché à la misère pour l'élever au rang des plus riches citoyens de Besançon. A présent je n'ai plus ni force ni volonté. Ma vie est un martyre, et c'est ainsi que le ciel me punit du crime d'ingratitude filiale que j'ai commis envers mes parents.

En disant ces mots, Étienne laissa retomber sa tête sur son oreiller, et exhala le long et pénible soupir d'une poitrine oppressée.

— Mais il ne faut pas, dit Joseph, que tu te laisses ainsi abattre. Si cette femme te fait tant souffrir, et si tu n'entrevois aucun espoir de la rendre meilleure, il faut la quitter et venir vivre à la Seigne. Là tu retrouveras au moins la tranquillité et de bons vieux amis.

— J'y ai pensé, reprit Étienne, j'y ai pensé

plusieurs fois; et lorsqu'on m'a annoncé ce matin ta visite, j'ai songé aussitôt à te communiquer ce projet pour pouvoir l'exécuter; je dois cependant encore employer des ménagements, en parler à ma femme, et l'amener peu à peu, sans éclat et sans bruit, à cette séparation.

Au même instant la porte s'ouvrit et madame Finois entra. C'était une femme d'une cinquantaine d'années, qui, sur sa face amaigrie, dans sa froide et sèche prunelle, dans les minces contours de ses lèvres, portait tous les indices de cette âpreté et de cette arrogance de caractère qui faisait tant souffrir Étienne.

— Qui sont ces gens? demanda-t-elle d'un ton bref, en jetant sur Joseph et sur sa femme un regard dédaigneux.

— Deux de mes bons amis de mon village, répondit Étienne.

— C'est bien, je donnerai des ordres pour qu'on les fasse dîner à la cuisine.

— A la cuisine! s'écria Étienne avec colère; mon plus fidèle ami, l'ami le plus dévoué de ma famille, et sa jeune et aimable femme, à la cuisine! Non, madame, vous ne traiterez point ces gens-là comme des valets; et si Joseph veut bien accepter à dîner, il dînera ici à côté de moi.

— Peste! quelle parole! dit madame Finois; je venais savoir comment vous vous trouviez ce matin, mais je vois que je puis être parfaitement tranquille, et je vous laisse avec vos bons amis de la Seigne et avec vos paysans, ajouta-t-elle d'un ton de mépris en franchissant le seuil de la porte.

— Eh bien, Joseph? dit Étienne quand elle fut sortie.

— Eh bien! ma foi, ça n'a pas l'air d'une bonne femme, et je crois que tu ferais mieux de revenir à la Seigne que de rester ici.

— Oui, j'y suis résolu; seulement, je te le répète, il me faut encore un peu de temps pour préparer ce voyage; puis je suis malade, comme tu vois; et les médecins me menacent même d'un anévrisme. Il faut que je les consulte encore sur le régime à suivre là-bas. Mais peux-tu revenir me chercher dans quinze jours?

— Certainement, j'amènerai ma charrette et le Blond. Ah! la charrette est un peu dure, mais le Blond est une fameuse bête. On peut le mettre au pas, au trot, dans les montées et les mauvais chemins, il n'y a pas de danger qu'il recule. Si tu es encore malade, nous t'installerons sur la voiture avec une paire de coussins et des couvertures, et je réponds du reste.

— C'est donc convenu, mon bon Joseph, je compte sur toi, et désormais, sois-en sûr, tu retrouveras en moi un vrai et tendre ami.

— Bah! ne parlons pas de cela, le passé est

passé, comme on dit chez nous. Je vais te quitter, faire atteler le Blond et me remettre en route pour annoncer à ta mère qu'elle te reverra bientôt. Ah! sera-t-elle heureuse de cette nouvelle, la bonne brave femme!

— Quoi? veux-tu déjà partir sans déjeuner ici, sans prendre un verre de vin?

— Non, puisque je t'ai vu, mes affaires sont finies, et il ne faut pas que le Blond dorme en route si nous voulons arriver aujourd'hui à la Seigne. Adieu, mon cher Étienne, prends courage, dans quinze jours je serai ici, et tu auras bientôt une meilleure vie, je t'en réponds. Allons, Françoise, dis adieu à notre ami et partons.

Françoise, que le récit du malade et l'apparition de madame Finois avaient tristement émue, se leva en silence et s'approcha d'Étienne, qui la baisa respectueusement au front. Puis il détourna la tête pour cacher son émotion, et Joseph se retira, en essuyant du revers de sa main une larme dans ses yeux.

— Que penses-tu, à présent, dit-il quand il fut hors de la maison, du bonheur des riches?

— Ah! j'espère, répondit Françoise, que tous les riches ne sont pas à plaindre comme celui-ci. Mais il me semble que jamais je n'ai tant aimé notre vieille ferme de la Seigne et les champs que nous labourons.

CHAPITRE VI.

Au jour indiqué, le fidèle Joseph était de retour à Besançon. Il trouva son ami beaucoup plus faible et plus abattu que lorsqu'il l'avait quitté, et il apprit que les médecins, tout en reconnaissant que l'air des montagnes pourrait produire un effet salutaire sur la santé d'Étienne, n'osaient cependant l'exposer aux fatigues d'un voyage. Mais Étienne insistait pour partir. — Tout est convenablement arrangé, dit-il à Joseph, ma femme accepte cette séparation, et elle s'est retirée hier à la campagne pour me laisser une plus entière liberté d'action. Si je retarde mon départ, elle peut changer d'idée, revenir, et alors ce serait de nouveaux caprices et de nouvelles scènes que je ne puis plus supporter. Partons, quoiqu'en disent les médecins.

— Partons, répéta Joseph, nous marcherons lentement, et tu n'éprouveras de la sorte pas tant de secousses.

— Nous irons par Pontarlier, reprit Étienne, si rien ne t'empêche de faire ce détour : je voudrais revoir les lieux où j'ai passé d'heureux jours.

— Soit, dit Joseph, nous irons par Pontarlier.

Et prenant son ami par un bras, il le conduisit, ou plutôt le porta au bas de l'escalier, car Étienne était si faible qu'il pouvait à peine marcher. Joseph l'assit sur sa rustique charrette, l'entoura lui-même de coussins et de manteaux, et se mit en route.

Le voyage fut lent et triste. Joseph marchait à côté du *Blond* pour le maintenir à un pas régulier, pour le prendre par la bride et le détourner des ornières qui auraient donné de trop durs cahots à la voiture. De temps en temps il venait se placer près de son ami, et essayait de le réconforter par ses encouragements, par la perspective de la douce et paisible existence dont il allait jouir au village. Étienne l'écoutait la tête penchée, le cœur dolent, et ne lui répondait le plus souvent que par un triste sourire. Tout dans son attitude languissante, dans le son de sa voix, dans l'expression de son regard indiquait une profonde douleur morale et un abattement physique des plus inquiétants, et il y avait des instants où Joseph l'observait avec terreur, et lui parlait en soupirant comme à un pauvre être qui va rendre l'âme.

Les deux amis traversèrent ainsi l'hôpital du Gros-Bois, les forêts de Nods, les froids plateaux de Lavrine, et arrivèrent la nuit à Pontarlier. Étienne, se ranimant à l'aspect de cette ville où il avait passé plusieurs années de son enfance, dit à Joseph de le conduire près du pont, dans l'auberge de la bonne madame Pillod, où son père le faisait dîner chaque fois qu'il venait le voir au temps de ses études.

On le porta de la charrette dans un lit, on l'entoura des soins les plus empressés, et une servante reçut l'ordre de veiller la nuit près de lui, car il effrayait tout le monde par sa pâleur et sa faiblesse. Le lendemain par une de ces vives réactions qui éclatent parfois dans les plus graves maladies, il se leva de lui-même comme s'il avait recouvré subitement le complet usage de ses forces, appela Joseph et demanda à partir sur-le-champ; et Joseph, tout joyeux de cette apparence de santé si prompte et si inespérée, courait à l'écurie, bridait *le Blond* et l'attelait à la charrette.

Mais à peine arrivé à Arçon, le pauvre Étienne pencha douloureusement la tête sur un de ses coussins; son corps était affaissé, ses membres roidis, sa pensée seule conservait encore un reste de vie, et il recueillait toutes ses forces pour se retracer à lui-même et au bon Joseph, qui l'écoutait patiemment, ses doux souvenirs d'enfance.

— Voilà, disait-il, cet agreste village d'Arçon, avec sa rivière écumante et ses bruyants moulins, où je m'arrêtais toujours quand je revenais en vacances. Et plus loin :—Voilà les Maisons du bois avec la tannerie du brave Pourchet qui a vécu d'une vie si laborieuse et qui a rendu tant de services aux pauvres gens de notre canton. Il faisait largement crédit aux ouvriers nécessiteux, et prêtait sans intérêt et sans billet son argent à qui en avait besoin. Ce n'était qu'un simple tanneur ; mais ce tanneur, artisan de sa propre fortune, a reçu dans le cours de son honnête existence plus de bénédictions qu'un roi.

—Voilà, disait encore Étienne en continuant sa route et en rappelant avec joie dans son esprit toutes les douces réminiscences du jeune âge, voilà Montbenoît avec sa vieille et belle église et le château du général Morand, l'un des plus nobles, des plus mémorables soldats de l'Empire ; voilà Ville-du-Pont et le roc pittoresque des Élais, et le hameau riant des Jarrons.

—Ne parle pas, ne parle pas, disait Joseph, cela te fatigue, et tu sais bien que le médecin t'a recommandé par-dessus tout de ménager ta poitrine et de garder le silence. Mais Étienne, sourd à la voix de son ami, continuait à signaler tous les lieux par où il passait, et tous les souvenirs qu'il y rattachait.

Quand il fut au bas de la longue rampe qui, à partir du plateau des Jarrons, descend en ligne presque perpendiculaire entre un double rideau de sapins :—Ah ! s'écria-t-il, voilà le village de la Grand-Combe, où nos promenades vagabondes, nos courses d'enfant nous ont si souvent conduits. Bientôt nous verrons la Seigne : oh ! mon Dieu, donne-moi la force d'arriver jusque-là. Et Étienne prononçait ces mots en serrant ses mains sur son cœur comme pour y chercher une dernière force, et Joseph l'écoutait, le regardait avec une douloureuse anxiété, car il était facile de voir que cette vivacité de langage n'était que l'effet d'une animation factice, et que le pauvre Étienne était plus accablé que jamais.

À quelque distance de là, le malade, qui, après cette explosion du cœur, était retombé au fond de la voiture, se releva tout à coup par une sorte de mouvement électrique :—Arrête, s'écria-t-il, mon cher Joseph, arrête, cette vallée qui s'étend là-bas devant moi, cette forêt de sapins, et au bord de la forêt ce clocher, ces maisons, là, vois-tu, à droite, dans une espèce de brouillard ?....

— C'est la Seigne, murmura Joseph qui ne voyait de brouillard que dans les yeux effarés de son ami.

— La Seigne, oh ! mon cher village si longtemps oublié, oh ! mes malheureux parents. Ta main, ta main, Joseph, où suis-je, je n'y vois plus.... ta main.... ah ! je la sens, encore merci.... que Dieu te bénisse.... mon bon Joseph.... ma pauvre mère.

Et sa voix expira sur ses lèvres bleuies, et deux

grosses larmes filtrèrent le long de ses paupières fermées. Joseph éperdu s'élança sur la charrette pour le prendre dans ses bras, pour essayer de le ranimer; mais toutes tentatives furent inutiles: Étienne était mort.

PLAISIRS D'HIVER.

A MADAME DE COURBONNE.

S'il est au monde un être sans cesse injurieusement traité et durement calomnié, c'est ce pauvre génie à barbe blanche qui personnifie l'hiver. Les peintres le représentent avec un long manteau, une figure maigre et dure, et des mains décharnées étendues vers un brasier. Les poëtes l'appellent le sombre, le rigoureux hiver ; et s'ils veulent parler d'une âme en deuil, ils disent qu'elle est flétrie et triste comme l'hiver. Ah ! oui, c'est une douloureuse et terrible saison pour les indigents des grandes villes qui n'ont ni feu ni vêtements, qui tendent la main au coin des rues à l'indifférence des passants, pour les vieillards infirmes et les ouvriers sans travail, pour les pauvres familles des campagnes qui s'en vont chercher sur la neige les branches mortes des arbres que l'administration des forêts ne leur livre que d'une main avare. Mais n'oublions pas que, plus cette saison de l'année enfante de nouvelles souffrances, plus elle éveille de généreuses sympathies et s'ennoblit par de touchants actes de charité. Elle commence à la fête de saint Martin, qui partageait son manteau avec l'indigent, et cette fête est comme une pieuse indication des devoirs de charité qu'impose cette douloureuse époque de l'année. Ces devoirs ne sont pas remplis dans toute leur étendue ; hélas ! non, il faut le dire, les riches oublient souvent la misère que le ciel leur prescrit de soulager en leur accordant les jouissances des dons de la fortune. On passe à côté du malheureux sans prêter l'oreille à ses prières. On détourne ses regards du spectacle de l'indigence alanguie, pour ne pas se sentir troublé, dans son égoïste bien-être, par une image importune ou par un remords. Mais combien de pieuses pensées donnent aussi à ces mois d'hiver un caractère évangélique ; combien de réunions joyeuses et de bals brillants, où, sous une apparence de plaisir frivole, se cache un tendre espoir de bienfaisance ! La charité est une vertu tellement humaine et tellement chrétienne qu'elle pénètre dans les cœurs les plus insensibles, et subjugue les esprits les plus légers. Dans les grandes villes, elle a recours, pour produire son œuvre, à mille moyens ingénieux : loteries habiles, spectacles et concerts. Dans les campagnes, elle agit plus simplement et plus intimement. Dans les villes on se réunit au milieu des salons splendides, avec la pensée que la parure qu'on y porte a occupé utilement plusieurs ouvriers, et que l'offrande qu'on y dépose fera luire un éclair de joie dans la sombre atmosphère de la mansarde. Dans les campagnes on est en contact immédiat avec le pauvre; on le connaît depuis longtemps; on sait par quelle catastrophe inévitable, par quelle longue suite de malheurs il est tombé sous le poids de la misère : c'est un enfant du village, avec lequel les enfants riches ont grandi, qui a lutté avec eux de force et de souplesse dans les travaux des champs, dans les jeux des jours de fête, et dont ils ont aimé la figure riante. Dans les montagnes de Franche-Comté, le pauvre s'en va le dimanche après la grand'messe, sa besace sur l'épaule, de porte en porte à travers tout le village. La maîtresse de la maison lui apporte en souriant son humble tribut. S'il a froid, on l'invite à venir s'asseoir au foyer, on lui sert dans une large assiette la soupe chaude; et tout en allant et venant pour vaquer à ses devoirs, la bonne et charitable femme l'initie aux sollicitudes de la famille. — Mon fils aîné, dit-elle, est en voyage; vous prierez pour qu'il ne lui arrive aucun accident; ou bien : — Ma belle-fille est en couche, dites un *Pater* pour que le ciel la soutienne; et une autre fois : — Notre cher petit Antoine est malade; tenez, voilà ce que je vous donne : dites un *Ave Maria* pour lui chaque soir.

Et le pauvre se retire en promettant d'accomplir fidèlement la tâche qui lui est confiée, et la bonne mère se sent déjà le cœur réjoui par l'œuvre de charité qu'elle vient de faire et par la promesse du pauvre. Aux jours d'heureux événements, à un baptême, à un mariage, ou quand revient après ses six années de service un des fils de la famille parti comme conscrit, le pauvre arrive comme un hôte naturellement convié; il s'associe à la joie de la maison, et ce jour-là on lui donne le verre de vin réconfortant, la tranche de jambon fumé, et le gâteau fraîchement pétri. Quand il a fait son splendide repas, il se lève avec une nouvelle vigueur, et s'empresse de rendre toutes sortes de services. Il aide la servante à porter la chaudière sur le feu, et le garçon d'écurie à verser de l'eau dans l'abreuvoir. Le soir, il va se coucher sur un lit de foin dans la grange, et le lendemain, quand on lui a rempli sa besace, il s'éloigne en bénissant les braves gens qui, dans leur bonheur, ont si bien fait la part au pauvre, la part à Dieu.

Dans les régions du Nord, où les rigueurs de l'hiver sont plus longues et plus pénibles, on comprend plus vivement les devoirs qu'il impose. En Norwège, en Islande même, dans chaque habitation isolée, nous avons trouvé la chambre du pauvre qui existait jadis ainsi dans les riches-

maisons de paysans des montagnes de Franche-Comté. Le pauvre y rentre quand il veut; il en fait sa demeure pour tout le temps qui lui convient, et il s'y rend agréable par des qualités particulières, dont personne mieux que lui n'a le secret. Il connaît, comme les pauvres de Bretagne, les légendes féeriques, les traditions anciennes du pays, et les raconte ingénieusement au coin du feu; il est, comme le pauvre d'Écosse, doué d'une espèce de seconde vue; il dit à la jeune fille quel sera son fiancé; il enseigne au jeune homme la retraite de l'ours et le terrier du renard; il annonce au père de famille que l'été sera sec ou pluvieux, au pêcheur, que les bancs de poisson se porteront vers telle côte, et à la prudente ménagère, qu'il y aura une bonne récolte d'orge ou de lin : c'est le prophète ambulant, c'est le Mathieu Lænsberg de la contrée. Il lit dans les astres; il devine les tempêtes, et nul n'est en état comme lui de servir de guide au voyageur égaré, de l'aider à franchir un torrent et de lui frayer sa route sur une montagne de neige : c'est aussi le messager discret et fidèle de toutes ces habitations champêtres, dispersées sur un immense espace, et séparées l'une de l'autre par une distance de plusieurs lieues. Partout où il s'arrête, il a quelque honnête commission à remplir. Ici, c'est un témoignage d'amitié dont il est le naïf organe; là, c'est un papier important à remettre, ou un livre à échanger pour les longues veillées d'hiver ; car la poste ne passe point par ces demeures éloignées des grandes routes, et il fait lui-même l'office de la poste et des diligences.

En Suède, la pitié que la rude saison inspire s'étend jusqu'aux chétifs animaux privés d'asile et de nourriture. A certains jours d'hiver, le paysan suédois place ses gerbes d'orge sur le toit de sa maison, afin que les petits oiseaux, qui ne trouvent plus à becqueter sur le sol couvert de neige, viennent s'abattre et se reposer sur cette dîme de la moisson. Un écrivain allemand, Krummacher, a fait, dans son recueil de paraboles, un doux et touchant tableau de cet accord des sympathies de l'homme avec les êtres souffreteux qui l'entourent.

« Pendant les rigueurs de l'hiver, dit-il, un rouge-gorge s'en vint frapper à la fenêtre d'un bon paysan, comme s'il eût été bien content de pouvoir entrer. Le paysan ouvrit la croisée et reçut avec amitié la confiante petite bête dans sa demeure. Alors le rouge-gorge se mit à becqueter les grains et les miettes qui tombaient de la table, et les enfants l'aimèrent beaucoup.

« Mais lorsque le printemps reparut dans la contrée, et que les arbrisseaux se couvrirent de feuilles, le paysan ouvrit sa fenêtre et son petit hôte s'envola dans la forêt voisine, et construisit son nid et chanta sa joyeuse chanson.

« Et voilà qu'au retour de l'hiver le rouge-gorge revint dans la maison du paysan, amenant avec lui sa petite compagne. Et le paysan et ses enfants se réjouirent de voir comme les deux oiseaux le regardaient avec confiance, et les enfants firent cette remarque : — Les oiseaux nous regardent comme s'ils voulaient nous dire quelque chose.

« — Oui, répondit le père; et s'ils pouvaient parler, ils vous diraient : — La confiance éveille la confiance, et l'amour produit l'amour. »

Dans quelques contrées d'Europe, en Russie par exemple, l'hiver est l'époque de l'année où l'on entreprend les charriages les plus lourds et où l'on fait le plus de transactions commerciales. Les masses de neige aplanissent alors toutes les aspérités des chemins, et l'on transporte facilement d'une des extrémités de l'empire à l'autre les denrées que, pendant l'été, on ne conduit qu'avec une peine extrême par des sentiers rocailleux, ou par des routes marécageuses. En Suède, en Danemark, en Norwège, un froid hiver rend également toutes les communications plus promptes et plus faciles. Au lieu d'attendre un vent favorable, ou de prendre les rames pour traverser un lac, on attelle son cheval à un léger traîneau, et l'on arrive en quelques instants d'une rive à l'autre. Les conducteurs de la poste, qui font le trajet d'Abo à Grisselhamn, et ceux qui doivent franchir les Belt, se réjouissent de voir s'amasser sur les eaux une épaisse couche de glace ; car alors ils accomplissent rapidement une tâche qui, par un temps de dégel, est très-longue et souvent très-périlleuse. A défaut de traîneau, le Norwégien prend ses patins et s'en va avec la rapidité de l'éclair rendre visite à un ami ; les paysannes de Hollande portent ainsi leur lait et leurs volailles au marché de la ville, et le Lapon, plaçant ses pieds sous la courroie des longues planchettes effilées qui le soutiennent sur la neige, court plus vite que ses rennes à travers ravins et vallées.

Dans tous les pays, l'hiver est le temps des réunions les plus nombreuses, et des distractions les plus bruyantes. Les habitants des grandes villes, que l'été a dispersés de côté et d'autre, se rassemblent après leurs diverses migrations, et se rejoignent chaque soir à leurs dîners priés, ou à leurs concerts, au bal ou au spectacle. Les gens de la campagne ont aussi leurs soirées moins oisives que celles du grand monde, mais non moins agréables pour eux. Leur position leur fait un devoir de travailler chaque jour de l'année ; mais le travail sédentaire, paisible, de l'hiver, est une heureuse diversion au rude et ardent labeur des champs. Ici on teille le chanvre, là on file le lin ; à côté de la jeune fille qui tourne son rouet, le jeune homme natte une corbeille ou aiguise les dents d'un râteau. Dans les montagnes de la Franche-Comté, toute la famille se réunit sous le manteau de la vaste cheminée, et l'on conte toutes sortes d'histoires, et l'on s'émeut aux traditions du temps passé, et l'on rit aux anecdotes du temps présent. En Islande, à la lueur d'un pâle feu de tourbe, le pêcheur redit à ses enfants attentifs la chronique des vieux rois de Norwège, et les fables mythologiques de l'ancienne Scandinavie ; en Allemagne, il n'est si pauvre bourgeois qui n'ait pour s'égayer dans les heures nocturnes de l'aride saison ses contes populaires, sa chanson de Strauss, voire même son piano.

Puis, par une de ces matinées précieuses où l'atmosphère est calme, où les nappes de neige étincellent aux rayons d'un soleil sans nuage, on sort de sa retraite, on court avec bonheur sur la colline ; les jeunes gens se réunissent sur la molle arène où ils peuvent tomber sans péril, et luttent entre eux de force et d'adresse en face des anciens du village, juges expérimentés de ce rustique tournoi. Les enfants ont à quelque distance un autre champ de bataille. En France, on construit avec des blocs de neige des citadelles qu'une troupe de légers assiégeants attaque, qu'une autre défend, et qui souvent s'écroulent au moment où le parti vainqueur s'avance avec des cris de triomphe pour y planter une branche de sapin en guise de drapeau. En Russie, on construit des palais de glace qui fondent aux premiers rayons du soleil ; là c'est une idée de gloire militaire, promptement déçue ; ici une vanité de puissance souveraine, et toutes deux nous offrent, aux deux extrémités de l'échelle humaine, dans une enceinte d'obscurs enfants de village, et dans la capitale des tzars, une image frappante de la fragilité des grandeurs humaines. En Hollande, l'hiver est la saison des fêtes populaires, des vives et bruyantes kermesses, si souvent décrites, si vivement représentées par les écrivains et les peintres de ce pays. Alors, rivières et canaux, tout est gelé comme au temps où Pichegru prenait les navires néerlandais avec des escadrons de cavalerie. Sur chaque canal glissent des cohortes de patineurs avec ce joyeux entraînement auquel Klopstock a consacré une de ses odes. Sur chaque rive, on voit une foule de spectateurs, femmes, enfants, vieillards ; les uns qui ne peuvent pas encore s'essayer à ces jeux si vifs, mais dangereux ; les autres qui s'y sont longtemps livrés avec ardeur, et qui regrettent vainement, hélas ! de ne pouvoir plus s'y hasarder avec leurs jambes débiles. Des échoppes élevées en plein air exhalent un odorant parfum gastronomique, et appellent tous les agiles jouteurs au retour de leurs courses. Le poisson de Schevening se dore sur le brasier ; la gaufre parfumée pétille dans l'huile bouillante ; la flamme de genièvre étincelle fièrement à côté de l'humble cruche de bière, et les pipes des fumeurs entourent tout ce magique tableau d'un nuage flottant qui échauffe l'atmosphère de l'échoppe mobile, et forme autour de ses lambris disjoints un rideau protecteur.

Dans le Nord, l'hiver a fait, il y a quelques années, ce que tous les ingénieurs de l'École polytechnique ne peuvent tenter. Il a fait du détroit maritime qui sépare le Danemark de la Suède un pont de glace ferme et solide, qui rallie les deux peuples. On a établi là des cabarets nomades, des boutiques, et les habitants des deux rives du Sund, les étudiants de Lund et de Copenhague, sont venus là célébrer ensemble l'union scandinave, et chanter leurs chants populaires, le long de ce parquet de cristal étendu sur la tête du vieux Neptune.

Triste pourtant, oh ! bien triste et terrible est l'hiver quand, à travers les noirs nuages qui resserrent l'horizon et enveloppent le ciel, on n'entrevoit pas un rayon du soleil et pas une étoile ; quand le vent de la tempête se lève et balaie le sol de ses ailes sinistres en poussant de tous côtés ses lugubres hurlements. Sur les rivages de la mer les vagues résonnent bondissantes et furieuses, comme si elles allaient abolir la loi de Dieu qui les arrête sur un banc de roc ou sur un banc de sable. Dans les montagnes, les fiers et superbes sapins secouent leur lourd manteau de neige et se heurtent et se brisent l'un contre l'autre avec un horrible fracas ; dans les longues plaines de Russie, d'Allemagne, les rafales emportent des masses de neige qui flottent dans l'espace comme une trombe écrasante, et retombent comme un nuage. Les chalets retentissent jusqu'au milieu de leur paisible enceinte des coups impétueux de l'orage, les fortes poutres du toit craquent sous l'effort du vent impétueux, et la maison semble ébranlée jusque dans ses fondements. Pitié alors, pitié pour le pauvre pêcheur qui, sur sa frêle embarcation, se trouve surpris par un ouragan, et pour le voyageur isolé qui, sur sa route déserte, est enlacé par ces tourbillons ténébreux qui le fatiguent, qui l'épuisent et lui dérobent tout moyen de salut. Les cloches sonnent alors dans les églises de villages pour lui indiquer la direction qu'il doit suivre. Les honnêtes familles, abritées autour de l'âtre solitaire, prient pour lui. Oh ! puisse le son de ces cloches lui donner une heureuse direction; et puissent ces naïves prières appeler sur lui le prompt secours de Dieu !

Mais au milieu des nuits les plus ténébreuses, les habitants du Nord voient scintiller tout à coup, comme un signe céleste d'espoir et de joie, les lueurs argentées, empourprées de l'auréole boréale, qui tantôt se développe comme un réseau à mailles d'or, tantôt s'allonge comme une comète, ou s'épanouit dans l'air comme une fusée. Les paysans norwégiens disent que c'est le reflet des glaces polaires éclairées par le soleil qui les a fuis ; et les Groenlandais, avec cette sublime poésie des peuples primitifs, disent que ces lueurs si vives, si mobiles, si brillantes, sont les âmes des morts qui dansent à la surface du ciel.

Dans les régions plus tempérées, les jours purs et paisibles qui succèdent à ces heures d'orage réveillent dans tous les cœurs de douces impressions. Quel imposant aspect présente alors la nature sous son vêtement d'hiver, soit qu'aux clartés du soleil matinal on contemple les pics des glaciers étincelant comme des chaînes de diamants, et les montagnes avec leurs épaules blanches, et les sapins gigantesques avec leur verte cime, ou soit qu'on observe un site solitaire par une de ces nuits solennelles où le disque de la lune erre sur un ciel sans tache ; où nul oiseau ne gazouille, où nul vent ne soupire ; où la terre couve en silence sous l'épais manteau qui la revêt les germes de la récolte, l'espoir du laboureur. Alors on éprouve dans le calme des champs et des forêts je ne sais quelle impression triste et charmante qui saisit le cœur jusque dans ses derniers replis, et le porte avec une pensée d'humilité et de reconnaissance vers le Dieu tout-puissant dont la grandeur éclate dans la nuit des orages comme dans la magnificence des jours d'été.

Les anciens ne voyaient dans l'hiver qu'une froide et aride saison, où les dryades dormaient dans les bois et les naïades dans les eaux, où le fougueux Éole et le violent Borée chassaient des prés et des jardins la riante Flore et la généreuse Pomone.

Les chrétiens ont donné à cette époque de l'année un caractère auguste et tendre par les sentiments de mélancolie religieuse qu'elle leur inspire, par les deux grandes fêtes qui la consacrent : la Toussaint et Noël ; la Toussaint, jour funèbre, où les cloches qui se lamentent dans les nues, les chants des psaumes et du *Dies iræ*, rappellent aux cœurs oublieux le souvenir de ceux qu'on a pleurés, les courtes destinées de ce monde, l'espoir d'une autre vie ; et Noël où les cierges brûlent à minuit sous les voûtes des églises comme un symbole de la lumière céleste qui jaillit sur le monde, au milieu des ténèbres de la barbarie.

L'hiver est pour ceux qui savent user sagement de tous les dons de la vie une douce et fructueuse saison, une époque d'étude et de recueillement. C'est le temps où le maître d'école du village, qui tout l'été voit sa salle déserte, rassemble autour de lui ses petits élèves en blouse et en sabots, d'où il sortira peut-être, qui sait ! quelque Descartes ou quelque Bossuet. C'est le temps où le professeur d'université allemande, penché sur ses livres, recueille des textes anciens, amasse des notes, et construit l'échafaudage de son érudition. C'est le temps où le père de famille aime à s'asseoir près du feu pétillant, entre les souvenirs du passé et les songes de l'avenir, avec un livre sérieux qui occupe son esprit, ou un groupe d'enfants qui charme son cœur. Quiconque a su goûter sagement et dignement ces vrais bienfaits de l'hiver, s'écriera avec le tendre poëte Cowper : « Je te salue, ô hiver ! roi des plaisirs intimes, des joies du foyer, du bonheur domestique, de tous les agréments d'une solitude sans bruit, et d'une soirée sans trouble. »

LA SOURCE VERTE.

A MON AMI Ed. BOISSARD.

Il est un fait que je ne me lasse pas d'observer, que je voudrais pouvoir représenter dans son résultat général et dans ses nuances les plus variées, je veux parler de l'action radicale que la nature exerce sur le caractère, sur le tempérament, sur l'intelligence de l'homme, et de l'action accidentelle, passagère parfois, et parfois aussi très-vive et très-durable qu'elle exerce en certains moments sur nos dispositions d'esprit et sur nos passions. En partant de l'état primitif de la société, c'est-à-dire de cette époque ignorante, enfantine, où l'homme fléchit sous le pouvoir de la nature qui le subjugue, se prosterne devant les phénomènes dont il ne comprend point le secret, se fait un fétiche de la plante ou de l'animal dont la forme l'étonne, et en montant d'échelon en échelon, jusqu'au plus haut degré de la civilisation, on ferait un beau et intéressant tableau des diverses influences de la nature dans toutes les régions du globe et dans toutes les situations de la vie.

Si parfois, au milieu du tourbillon du monde, ou dans la sévère clôture d'une retraite studieuse, nous croyons pouvoir vivre de notre propre vie, et échapper à ces influences, un moment vient où nous les ressentons tout à coup plus fortes, plus puissantes que jamais, où nous les recherchons même avec un doux transport, ou une douloureuse inquiétude. Qui n'a éprouvé, en ses heures d'amour et de joie, le besoin de s'élancer au dehors, d'aller à travers champs, de respirer à pleins poumons l'air libre, l'arome des bois et des fleurs, d'associer à ses ardentes émotions tout ce qui se meut, tout ce qui chante, tout ce qui brille dans l'espace. Qui ne s'est senti en ses jours de deuil et de souffrance entraîné par un vague et indicible penchant loin des rumeurs des villes dans la solitude agreste? Pour les uns, cette nature au milieu de laquelle on cherche un refuge est la terre fortifiante qui raffermit le cœur après la lutte de la vie, la lutte d'Antée; pour d'autres, c'est une amie compatissante et tendre, que notre imagination revêt des nuages de notre âme, que nous croyons entendre soupirer avec nous et que nous croyons voir mêler ses pleurs à nos pleurs.

Dans ces profondes émotions, tout offre à nos yeux un caractère extraordinaire; selon le sentiment de joie ou d'affliction qui dilate ou oppresse notre cœur, la nature nous apparaît éblouissante de beauté ou ensevelie sous un voile de deuil, et l'influence qu'elle prend alors sur nous, et les images qu'elle nous présente, donnent parfois aux esprits les plus simples le langage le plus poétique.

J'en ai vu, dans un humble village de Franche-Comté, un exemple qui m'a vivement frappé.

En 18.., je m'en allais de Besançon visiter de nouveau mes montagnes natales. Je voyageais seul à pied, avec le bâton de houx à la main et la valise d'étudiant sur l'épaule. L'exiguïté de ma bourse m'eût forcé d'adopter ce mode de pérégrination, s'il n'eût été d'ailleurs d'accord avec mes goûts et mes rêveries nomades. Je n'avais d'autre but, d'autre désir que de suivre lentement tous les détours des sentiers les plus pittoresques, de contempler à mon aise, dans la naïve effervescence de mon imagination, les sites les plus frais et les plus grandioses, de revoir pas à pas les lieux chers à mon enfance, et consacrés pour moi par les souvenirs de ma famille; ici l'église de Doubs, où ma mère me portait sur ses bras, auprès d'une relique de saint justement vénérée; là, les coteaux de Pontarlier, où je courais impétueusement à la recherche d'un nid d'oiseau, et le village de Frasnes et l'affectueuse maison de Forbonnet où chaque année j'allais passer une partie de mes joyeuses vacances de collége. Nous laissons dans les lieux où nous avons vécu, surtout aux jours pleins d'abandon de la première jeunesse, une partie de nous-même qui s'y fixe et qui nous y ramène par une attraction indéfinissable. Si l'on pouvait matérialiser les émotions du cœur et les élans de la pensée, je comparerais volontiers ces souvenirs que nous dispersons de côté et d'autre à des pistils odorants, à des étamines de fleurs dont nous retrouverions le suave parfum sur le sol où nous les avons semés. Les anciens voyageurs racontent que dans les régions du Nord les paroles se gèlent dans la rigoureuse température de l'hiver. Mais dès que le printemps revient, on les entend bruire et soupirer dans l'air. Lorsqu'on retourne après quelques années d'absence aux lieux où l'on a vécu, il semble qu'on y trouve la réalité de cette fiction. Des bords du ruisseau, des grottes de la montagne, des verts arceaux des bois s'élèvent on ne sait quels accords aériens, quelles harmonies oubliées qui surprennent l'oreille et jettent dans le cœur un trouble inexprimable.

Je m'en allais donc ainsi de colline en colline, de vallée en vallée, tantôt entraîné dans ma marche par l'impatience de revoir quelque site désiré, tantôt m'arrêtant au bord de la route, regardant et rêvant.

Un jour j'arrivai dans un village dont je me rappelais avec joie la riante situation. La cloche de l'église tintait l'Angelus de midi, et la chaleur était accablante. Les paysans, après avoir tout le matin fauché l'herbe des prés, venaient de prendre leur rustique repas qu'on leur apportait de leur maison, et reposaient à l'ombre des sapins et des frênes. Mon intention était aussi de trouver quelque frais abri pour m'y asseoir une heure ou deux, et me remettre en route. Tandis que je cherchais de côté et d'autre une de ces sinueuses avenues de la colline que j'avais parcourues autrefois, je vis une femme qui se dirigeait vers un des points les plus touffus de la forêt; au même instant j'entendis une jeune fille s'écrier, en la montrant du doigt : Tiens, voilà Anne-Marie la folle! Sans y réfléchir, sans demander d'explication sur celle à laquelle on donnait cette fatale épithète, j'entrai dans la forêt sur les pas de la folle. Elle s'en allait le long d'un sentier rocailleux arrosé par un filet d'eau limpide et bordé de chaque côté par un tapis de mousse, par des tiges de violettes sauvages, de véroniques et des touffes épaisses de cette petite plante acide et rafraîchissante qu'on appelle dans nos montagnes le *pain du coucou*. Anne-Marie marchait si rapidement à travers les pierres anguleuses du chemin et les ronces, qui à tout instant entravaient le passage, que j'avais grand'peine à la suivre. Après maint et maint détour, j'arrivai enfin près d'une source que je ne connaissais pas encore et qui est comme une belle perle ignorée en ce monde. Qu'on se figure au pied d'une enceinte de rocs surmontée d'une couronne de sapins un bassin de granit évasé comme une coquille, et dans ce bassin une eau profonde, limpide, transparente comme une glace, claire comme une émeraude. On l'appelle dans le pays la *Source verte*, et ce nom est seulement trop prosaïque pour désigner ce diamant des bois. Sur la terre humide qui entoure le bassin s'étend une ceinture de gazon parsemée de myosotis, et l'eau pure, qui s'échappe à petits flots de son réservoir, coule en murmurant sous des feuilles de menthe et des rameaux de framboisier.

En regardant cette source si pure et entourée de tant de mystère, je me rappelais ce que Tieck, le charmant poëte, a dit dans son *Phantasus* de la fascination de l'eau : « De toutes les œuvres de la nature, l'eau est celle qui me paraît la plus admirable ; quand on la voit, et quand on écoute son murmure, il semble qu'il y ait là un être ami qui nous observe, nous comprend, nous attire, et désire entrer en communication avec nous. Il sourit à notre gaieté, il nous plaint dans notre tristesse, il jase et babille follement, quand nous nous livrons à quelque léger entretien. Enfin il s'associe à toutes nos émotions ; il semble aussi qu'il y ait dans la voix du ruisseau qui traverse la solitude des montagnes une sorte d'oracle qui nous donne des accents prophétiques, et nulle croyance, selon moi, ne s'identifie plus avec les naïves impressions de l'homme que celle des Nixes et des nymphes aquatiques. »

Quand j'atteignis à cette merveilleuse oasis, Anne-Marie était déjà assise au bord de la source, immobile et sérieuse. A mon approche, elle se leva comme une biche effarouchée; mais voyant que je m'avançais timidement sans oser dire un mot, elle s'assit de nouveau, et resta là, le corps penché, la tête appuyée sur une de ses mains, le regard ardemment fixé sur l'eau du bassin. C'était une femme d'une trentaine d'années, qui, à en juger par la régularité de ses traits, par le doux et limpide azur de ses yeux, par quelques boucles de cheveux blonds s'échappant de son léger bonnet, avait dû être belle autrefois; mais il n'y avait plus aucune fraîcheur sur son visage, et ses joues amaigries et ses lèvres décolorées ne portaient que l'empreinte d'une de ces funestes souffrances qui peu à peu usent et brisent les ressorts de la vie.

Je m'assis à quelques pas d'elle, désireux de lui parler, et ne sachant comment engager l'entretien. Je ne cessais de l'observer, et j'espérais à toute minute qu'elle me parlerait elle-même; enfin, voyant qu'elle restait toujours dans son état d'impassibilité, je me hasardai à rompre le silence, et je lui dis en m'efforçant de prendre l'inflexion de voix la plus douce : « Que regardez-vous donc dans cette source? »

— Eh! monsieur, répondit-elle sans détourner la tête, je regarde ce que vous pouvez bien regarder aussi, si c'est votre plaisir; ma petite fille Lucie.

— Comment? votre petite fille Lucie dans cette eau du bassin?

— Oui donc. Est-ce que vous seriez comme les gens du village, qui disent que je suis folle, et que la pauvre enfant est dans le cimetière? Moi, je sais bien qu'on n'a mis dans le cimetière que son cercueil, et que son corps est ici. Ces fleurs bleues, ce sont ses beaux yeux qui me sourient; cet oiseau qui chante, c'est sa voix qui m'appelle. Oh! je l'entends, et je la vois bien, je vous assure; mais je voudrais pouvoir l'enlacer dans mes bras, la serrer sur mon cœur; et elle aussi désire venir à moi; malheureusement elle est retenue par cette eau verte qui l'enveloppe comme une grande robe froide, dont ses petits pieds, ses petites mains ne peuvent pas se dégager, et j'ai déjà bien eu des fois la tentation de me jeter là pour la prendre. Mais je ne sais ce qui me retient, il me semble qu'elle me fait signe elle-même de rester sur cette pierre, de l'attendre, et je reviens ici matin et soir, et j'écoute et j'attends.... Tenez, voyez-vous, ajouta-t-elle après

un instant de silence, voilà l'eau qui s'agite....
c'est la chère enfant qui a reconnu ma voix et qui
essaie d'arriver jusqu'à moi.

Un rameau d'arbre, détaché par le souffle de la
brise, venait de tomber au milieu de la source,
et la malheureuse mère, se levant à demi, suivait d'un regard inquiet, égaré, le mouvement
produit à la surface de l'eau; puis, reprenant sa
première attitude, et joignant avec une douloureuse résignation ses mains sur sa poitrine : Non,
reprit-elle, je me suis trompée, ce n'est pas encore elle; mais j'ai bien fait ce matin ma prière
à sainte Anne, ma patronne, puis à sainte Lucie,
la patronne de ma pauvre petite, et je crois que
je la verrai aujourd'hui. — Et n'avez-vous donc,
lui demandai-je, plus d'autres enfants pour vous
consoler de la perte de celui-là?—Non, monsieur,
je n'ai plus rien en ce monde, ni parents, ni époux,
ni enfants, plus rien. J'ai pourtant été une femme
bien heureuse. Ah! mon Dieu, il y a là à l'entrée
du village une maison.... tenez, vous pouvez en
distinguer une partie, là à travers les arbres.
Dans cette maison, j'ai passé des jours de félicité
comme il n'y en a plus nulle part. J'avais un
bon et honnête mari qui n'avait d'autre souci
que de me voir toujours gaie et contente, et notre
Lucie qui nous faisait rire et pleurer de joie
comme des enfants. J'étais trop fière de mon bonheur; j'aimais mon mari plus que tout au monde,

j'aimais ma fille plus que le bon Dieu, et le bon Dieu m'a punie. D'abord mon mari est mort d'une manière affreuse. Un soir d'hiver qu'il s'en revenait de Pontarlier où il avait été conduire un chariot de blé, il fut surpris par un tourbillon qui l'empêchait de reconnaître son chemin, et il périt dans les neiges. Mes parents étaient déjà morts depuis quelques années, il ne me restait plus rien sur la terre que ma Lucie, et croyez-le, monsieur, quand je parlerais mieux qu'un prédicateur, je ne pourrais pas dire ce que cet enfant était pour moi…. un trésor sans pareil, un ange, un chérubin du ciel; rien qu'à voir ses beaux yeux si doux et si purs; et ses lèvres roses si riantes, c'était à se mettre à genoux devant. Je passais quelquefois des heures entières à tenir entre mes mains ses petits pieds blancs et à les couvrir de baisers. Le jour, je l'emportais avec moi dans les champs; pendant que je travaillais, je l'asseyais au bord d'un sillon à l'ombre sous un arbre; mais, à tout instant je revenais près d'elle; elle souriait en me voyant venir, et me tendait ses mains, et je l'embrassais, je la quittais, je la reprenais encore. C'était une vraie folie. Le soir, je ne me couchais qu'après m'être assurée bien des fois que ses paupières étaient closes, et qu'elle dormait paisiblement. Dès que je m'étais mise au lit, je me sentais saisie tout à coup d'une nouvelle anxiété, tantôt il me semblait que sa couchette penchait d'un côté, ou que sa couverture était mal jointe ; je me relevais, j'allumais la lampe. Quand j'avais bien tout regardé, tout examiné, je me moquais moi-même de mes craintes, puis j'allais me recoucher pour me relever bientôt après avec quelque nouvelle inquiétude. Enfin, monsieur, quatre années se passèrent ainsi ; Lucie marchait, courait, mais jamais je ne voulais la laisser seule ; j'avais comme le pressentiment du malheur qui devait me frapper. Voilà ce qui m'est arrivé. J'amenais quelquefois Lucie près de cette source, je m'asseyais là où je suis, et je cousais ou je tricotais pour elle pendant qu'elle s'amusait à cueillir près de moi des fleurs ou des fraises. Un jour que j'étais là, travaillant comme de coutume, la femme de notre voisin Pierre qui m'avait aperçue en allant ramasser du bois, m'appelle pour l'aider à charger son fagot. Ce n'était qu'à quelques pas, j'y cours, laissant au bord de la source, comme une malheureuse mère sans prévoyance, ma pauvre fille toute seule. Le fagot était mal fait, il fallut le relier une première, une seconde fois, puis le placer sur la tête de ma voisine, et comme elle passait par un taillis assez épais et qu'elle était embarrassée de son fardeau, je l'accompagnai encore un instant pour écarter les broussailles qui obstruaient son chemin. Quand je revins près de la source, une sueur froide me glaça les membres, une robe flottait au milieu du bassin, et deux petits pieds s'agitaient à la surface de l'eau. Je ne sais plus ce qui se passa. Il me semble seulement que j'ai vu des ombres noires passer devant moi, et qu'on m'a emportée dans ma maison. Après cela on a dit que j'étais folle, et puis que ma petite fille était ensevelie dans le cimetière. Vous voyez bien, monsieur, qu'elle est ici, et qu'il faut que je vienne ici l'attendre.

— Oui, lui dis-je, attendez, pauvre mère, vous retrouverez quelque jour votre enfant.

Elle me regarda fixement comme pour voir si je lui parlais d'un ton sérieux, puis elle reprit : Quand j'étais toute jeune, on me racontait à la veillée qu'il y avait dans les lacs, dans les sources de nos montagnes des esprits invisibles qui enlevaient les beaux enfants et qui les emportaient au fond de leur grotte. Ma petite Lucie était si belle! peut-être qu'un de ces esprits l'aura enlevée, et qu'après m'avoir tant fait souffrir il se laissera toucher par mes prières.

Je ne savais que répondre à cet étonnant assemblage de raison et de folie. Tout jeune encore, et sorti à peine des bancs du collége, je n'avais jamais assisté à ce douloureux naufrage de la raison humaine. Je me souvenais de la pâle Ophélia et de la pauvre fille de Sterne, mais l'aspect de cette mère cherchant avec le délire de sa tendresse son unique enfant dans le miroir d'une eau limpide, me saisissait plus vivement que le chant funèbre de Shakspeare, et l'idyllique et touchante élégie du voyageur sentimental. J'aurais voulu répandre quelque consolation dans le cœur de cette malheureuse femme, et son étrange et désolant état me troublait tellement que je ne trouvais pas une seule parole à lui adresser. Dans mon embarras, j'eus recours au plus vulgaire de tous les moyens, à ce moyen à l'aide duquel tant d'êtres qui se font une charité facile, s'imaginent pouvoir alléger toutes les souffrances des pauvres gens. Je tirai de ma poche quelques pièces de monnaie et je les offris à Anne-Marie.

— Je vous remercie, monsieur, me dit-elle d'un air de dignité qui me fit rougir de mon erreur, je n'ai besoin de rien. Donnez cela aux enfants qui n'ont ni bas ni souliers, qui ont froid comme ma pauvre petite qui est là nuit et jour, hiver et été, avec sa robe de toile dans l'eau de la source.

Je m'éloignai avec la douleur de n'avoir pas même pu faire en passant quelque bien à cette pauvre mère, et j'appris par un paysan du village que tout ce qu'elle m'avait raconté sur la mort de son mari et sur la mort de sa fille était parfaitement exact. Elle est, ajouta le paysan, d'une bonne famille de laboureurs des environs, et assez riche pour vivre fort à son aise. Plusieurs fois on a songé à la faire entrer dans une maison de santé de Besançon, mais c'est une chose impossible. Dès qu'on lui parle de quitter ce village, elle jette des cris de désespoir, et demande en grâce qu'on la tue plutôt que de l'enlever à la terre où repose son mari, à la source où elle croit voir son enfant. La pauvre femme est bien à plaindre ; il faut espérer que Dieu viendra à son secours.

Dieu est venu à son secours. Trois ans après je visitais les mêmes lieux, j'allai voir la source verte, mais Anne-Marie n'y était plus. Elle était depuis six mois ensevelie entre sa fille et son mari, et sur sa tombe fleurissait une tige de myosotis.

LE CHANT DU CYGNE.

A MADAME LA COMTESSE DE BOIGNE.

C'était une charmante croyance des anciens, une croyance toute poétique, immortalisée par Platon, ce grand poëte de la sagesse humaine : on disait qu'après s'être longtemps bercé sur les flots limpides, le cygne, sentant sa dernière heure venir, repliait ses ailes blanches, et, dans un chant plaintif et tendre, exhalait son adieu aux rives fleuries des lacs, à l'onde fraîche, au ciel d'azur. Les naturalistes déclarent savamment que c'est là une folle erreur, que le chant du cygne n'est qu'un cri rauque et discordant. J'en veux à la science qui, par ses rigoureuses observations, nous ramène si souvent à la froide réalité. Il est tant de fables plus riantes que l'histoire, et tant de douces erreurs populaires plus instructives souvent que l'austère vérité ! Mais si la science ne peut admettre la mélodie du chant du cygne, elle n'anéantira pas du moins le touchant symbole renfermé dans l'antique croyance des Grecs. Pour eux, sans doute, le cygne n'était qu'une image gracieuse, une image de la vie humaine, de ses rêves flottants, de ses tristes soupirs et de ses suprêmes aspirations. Si le cygne ne chante pas à ses derniers moments, l'homme chante tout ce qu'il a de plus profond, de plus douloureux, de plus cher dans le cœur. Ce n'est qu'un cri parfois, un soupir, un mot qui meurt sur les lèvres, une ligne ajoutée à un tableau, une note qui achève une mélodie, et toute sa pensée est là, et ceux qui ont vécu dans son intimité, et ceux même qui sont restés étrangers à ses joies et à ses souffrances, reconnaissent dans ce dernier mot, dans ce dernier effort de l'intelligence, un regret vivement senti, un rêve d'amour, une adorable idée d'espoir. Weber compose dans la fièvre de l'âme cette déchirante mélodie qu'on appelle sa *dernière pensée*, qui tour à tour vous plonge dans les abîmes de la douleur, et vous emporte dans un monde idéal. Mozart écrit sa messe de *Requiem*, et se dit qu'il module lui-même sa messe de mort. Raphaël, enlevé si jeune à ses ravissantes conceptions, n'a-t-il pas vu planer sur lui, dans un dernier rêve, une de ces images de vierge dont il saisissait dans les sphères divines la grâce et la beauté? Van Eyck n'a-t-il pas vu jaillir sur sa couche funèbre quelque étincelle de ces regards mystiques qui illuminent d'une lueur céleste la figure mortifiée de ses vieillards et de ses apôtres? Pétrarque n'a-t-il pas murmuré sur son lit de mort, dans sa langue mélodieuse, un de ses adorables sonnets adressés à Laure, à cet ange inspirateur de son imagination, emporté à l'âge le plus fleuri et le plus beau?

Nell'età sua più fiorita e più bella.

Socrate, déjà à demi glacé par la ciguë, relève la tête vers Criton et lui dit : « Nous devons un « coq à Esculape. » Caton, avant de se donner le coup mortel, dans son sublime désespoir, lit et médite le sublime traité de Platon sur l'âme. Winkelried, en se précipitant au milieu des piques autrichiennes, s'écrie, en se tournant vers ses compagnons d'armes : « Je vais ouvrir un chemin à la liberté. » Gustave-Adolphe, en rangeant ses troupes pour cette terrible bataille de Lutzen où il devait périr, joint les mains, lève les yeux au ciel et dit : « Jésus, Jésus, aide-moi à combattre aujourd'hui pour l'honneur de ton saint nom[1]! » Napoléon, ravi sur sa couche de Sainte-Hélène par un dernier rêve de gloire et une dernière idée de combat, s'endort en murmurant : « Tête d'armée ! » Remercîment au dieu de la santé, qui délivre des misères de ce monde un corps épuisé, méditation philosophique, accent de liberté, religieuse invocation d'un roi,

[1] Jesu, Jesu, hielp mig i dag strida till ditt helig namn æra.

cri de guerre d'un héroïque conquérant, ah! le chant du cygne est là, le chant qui est la dernière expression de la pensée la plus vitale, ou la soudaine révélation de l'accomplissement d'un vœu!

Et, pour ne parler que de quelques poëtes récents, n'est-ce pas un vrai chant du cygne que les plaintives élégies de Gilbert, de Millevoye, les iambes d'André Chénier, les vers du pauvre Kirke White sur le cimetière, et les tendres et philosophiques pensés de Novalis? N'est-ce pas aussi un chant du cygne, une pensée révélatrice, que ces dernières paroles exhalées par les deux plus grands hommes modernes de l'Allemagne.

Goëthe, qui dès sa jeunesse n'avait été passionné que du besoin de s'instruire, de faire de nouvelles découvertes dans l'art et dans la science, s'endort du dernier sommeil et s'écrie : « Plus de lumière! plus de lumière! *Mehr licht! mehr licht!* »

Schiller, qui a passé tant de longues années à lutter contre les douleurs de l'exil, les sollicitudes de la misère, le fardeau de l'adversité, serre dans ses bras son plus jeune enfant et s'affaisse sur son oreiller. — Comment vous trouvez-vous? lui demande-t-on. — Toujours plus tranquille, répond-il. « *Immer ruhiger.* »

Un écrivain qui joint à une expérience toute

spéciale un sentiment moral et religieux très-élevé, M. Lauvergne, professeur de médecine de la marine royale de Toulon, a publié un livre d'un grand intérêt sur les divers genres de mort qu'il a observés [1]. Après avoir rempli ses devoirs de médecin près du malade qui réclamait ses soins, il étudiait en philosophe cette dernière lutte du corps humain aux prises avec la mort, ces derniers jets de la pensée qui, dans les crises de l'agonie, se réveille tout à coup comme une flamme qui va s'éteindre. Si la vie n'est, comme l'a dit le savant Franc-Comtois Bichat, « que l'ensemble des fonctions qui résistent à la mort [2], » n'est-ce pas, au point de vue purement physique, un moment solennel à saisir que celui où ces puissances intérieures, ces puissances hostiles dont parle le même physiologiste, achèvent d'anéantir notre force de réaction ; où toute une existence que nous avons vue naguère si belle, si forte, si riante, se plie sous le poids qui l'oppresse, s'étiole, succombe ? Que si, au lieu de nous en tenir à cette définition matérielle, nous cherchons dans le corps qui se paralyse une étincelle divine que rien ne peut

---

[1] *De l'agonie et de la mort dans toutes les classes de la société*, 2 vol. in-8º. Paris, Baillière, rue de l'École-de-Médecine, nº 17.

Le même auteur a publié en 1841 un autre livre très-intéressant qui a pour titre : *Les forçats considérés sous le rapport physiologique, moral et intellectuel*, 1 vol. in-8º. Chez Baillière.

[2] *Recherches physiologiques sur la vie et la mort*, p. 2.

éteindre, dans les tortures de la fièvre un essor surnaturel, dans la pâleur glaciale de la mort le rayon d'une âme impérissable, quelles nobles et salutaires réflexions un tel spectacle ne doit-il pas faire naître en nous?

M. Lauvergne a parcouru dans ses peintures funèbres toute l'échelle sociale. Il s'est assis au chevet du pauvre et à celui du riche; il a suivi dans ses derniers tressaillements la jeune fille au cœur sans tache et la vieille femme coquette qui, en face de l'éternité, étudie dans sa glace un nouveau sourire. Son livre est une galerie mortuaire mille fois plus variée et plus saisissante que celle du pont de Lucerne, de l'église de Lubeck, et des symboliques images de Holbein. Ici, c'est le prêtre à la prière fervente, qui, sentant approcher son heure suprême, demande à voir célébrer encore devant lui le sacrifice de la messe, qui fut sa sainte joie, qui sera son suprême espoir; là, c'est un malheureux coupable d'un grand crime, condamné par les lois, repoussé par la société, qui, sur son lit d'hôpital, se souvient du toit natal, de sa jeunesse pure et charmante, et pleure en invoquant le pardon de sa mère et le pardon du ciel; c'est un matelot qui, sur les vagues de l'Océan, adresse un dernier soupir à sa femme, à ses enfants, et murmure une prière au Dieu des pauvres gens; c'est une simple fille de village, qui de sa vie n'a tenu un livre, qui ne sait ce qu'on entend par ces mots de science et de doctrine, qui seulement répète matin et soir, avec une foi naïve, les paroles que Jésus-Christ enseignait à ses apôtres : « Notre Père qui êtes au ciel. »

Dans une autre série de tableaux couverts d'une ombre sinistre, c'est la honteuse victime de la débauche effrénée qui, aux portes du tombeau, repousse avec horreur, comme consolation, les doctrines qu'elle n'a point voulu accepter dans le cours de sa vie comme enseignement. C'est le joueur qui, dans une effroyable hallucination, voit encore tomber sur le tapis vert les cartes qui ont fait son perpétuel tourment. C'est l'avare, dont M. Lauvergne nous raconte ainsi la mort affreuse : « Cet homme qui, dès sa jeunesse, n'avait eu qu'un unique désir, le désir d'amasser une fortune, n'éprouvait encore, à ses derniers moments, qu'une même pensée : de l'or, de l'or ! s'écriait-il. On ouvre son secrétaire, et on lui met sous les yeux un sac pesant. Sa main nerveuse et glacée le palpe, il sourit et il retombe sur l'édredon : de l'or, de l'or ! dit-il une seconde fois. On cherche dans son coffre, et des rouleaux sont encore apportés sur son lit. Il les regarde, il n'est pas encore satisfait. Son pouls bat à peine et ses regards sont vitrés et pulvérulents. Il essaie de parler et répète : de l'or ! de l'or ! Son agent d'affaires parcourt les endroits qui peuvent en recéler, il en retrouve encore ; mais ce n'est point assez. Il est dans un état d'impatience fébrile, il va mourir. Son âme détachée de son corps erre sur ses lèvres, elle semble vouloir articuler un dernier mot. Un ami prête l'oreille, et, dans un faible soupir, il entend murmurer : de l'or ! de l'or ! »

Toutes les scènes de deuil auxquelles l'auteur de ce livre a assisté, tous les incidents qu'il retrace forment une haute leçon de morale. La mort y apparaît comme une merveilleuse révélation de la vie. Elle enlève à l'hypocrite le masque trompeur qu'il a porté pendant de longues années aux yeux du monde. Elle dévoile le secret des trames les plus habiles, des combinaisons les plus profondes. Elle fait éclater dans un regard effaré, dans un cri impétueux, la haine que l'on couvait dans son cœur, la passion que l'on voulait contenir. « Quand la mort, dit M. Lauvergne, ne termine pas brusquement une existence, les phénomènes de l'agonie tracent à l'improviste, aux regards de l'observateur impartial, un portrait inexorable. Alors l'âme qui déloge se montre telle qu'elle fut. Quelques heures lui suffisent pour exposer, dans toute sa nudité, le résumé d'une longue vie. »

Dans cette crise définitive des maladies humaines, dans ce moment solennel où l'esprit, suspendu au bord de l'éternité, regarde cette contrée indécouverte dont parle Hamlet, ces rivages ignorés d'où nul voyageur ne revient, tous les vains rêves de ce monde disparaissent, le cœur, enlacé par les liens des convenances, de l'amour-propre et de l'ambition, rejette ce fragile réseau dont il fut longtemps enveloppé, et son sentiment le plus profond et sa pensée la plus vivace s'élèvent à travers un voile nébuleux, comme un rayon de soleil à travers les brumes de la vallée. Pour les uns, cette dernière manifestation est un douloureux accent du mal, un remords funeste, une justice providentielle. Pour les autres, c'est un soupir harmonieux, l'exhalaison d'une âme tendre et pure, un regret plein de douceur pour les affections de la terre, un espoir plein d'avenir pour les promesses du ciel.

Qui de nous n'a assisté, tout jeune encore, à ces derniers combats de la vie, entre un médecin qui désespère et un prêtre qui console, le soir, dans une chambre silencieuse, en face du Christ d'ivoire qui semble étendre ses bras sur le malade comme pour l'appeler à lui, et d'une pauvre sœur de *Bon-Secours*, qui murmure à voix basse ses charitables prières pour ceux qui s'en vont et pour ceux qui restent? Qui de nous n'a éprouvé alors une indicible émotion de crainte, d'angoisse, de doute, et n'est resté l'âme attachée aux lèvres pâles, aux paupières affaiblies d'un ami, d'un père, d'une femme adorée, épiant un dernier regard, attendant un dernier mot? Et si ce regard, et si ce mot expriment un tendre et noble sentiment, ah! nous l'emporterons dans notre deuil comme une céleste bénédiction, et sans cesse nous nous en souviendrons. Ce sera le chant du cygne qui, dans nos heures solitaires, vibrera au fond de notre âme, qui nous ravivera dans notre tristesse et nous fortifiera dans notre abandon.

Je me souviens de la mort de la jeune comtesse Ebba Brahe, qui répandit le deuil dans toute la ville de Stockholm. Mariée à dix-huit ans à un homme de son choix, et saisie dans le charme de son bonheur par une maladie mortelle, elle tenait à la dernière minute de son existence la main de son époux chéri. Sa pensée était encore fixée vers lui et ses yeux ne le voyaient plus. « Où est Nils? disait-elle, où est Nils? Oh! monsieur le docteur, par pitié, faites que je voie encore Nils? »

Je me souviens du vénérable poëte Wallin, archevêque d'Upsal. Il terminait à soixante ans une carrière occupée par de généreux efforts, illustrée par de brillants travaux, et, près de rendre le dernier soupir, il dictait ces vers, dont je ne puis rendre dans une traduction la suave harmonie, mais dont j'essaierai du moins de reproduire la touchante image :

Pauvre front fatigué, repose en paix, repose ;
Que tes derniers pensers d'espérance et d'amour
S'en aillent maintenant vers l'éternel séjour
Où le soleil d'en haut éclaire toute chose :
    Repose en paix, repose.

Pauvres bras fatigués, croisez-vous sur mon sein,
Croisez-vous pour prier à cette heure suprême.
Déjà ma faible voix meurt sur ma bouche blême,
La force m'abandonne, et je touche à ma fin :
    Croisez-vous sur mon sein.

Pauvre âme fatiguée, il a fallu combattre.
Mais l'heure de la paix à présent va venir.
A tout ce qui t'aima donne encore un soupir.
Et puis repose après ta lutte opiniâtre :
    Il a fallu combattre.

Une femme est morte l'année dernière qui avait dévoué toute sa jeunesse, tout son avenir à deux chastes et profondes affections qui se confondirent en une seule. Orpheline dès son bas âge, privée dans son enfance du doux appui paternel, des doux soins d'une mère, elle n'avait connu les plus grandes tendresses du cœur que par son mari, la plus ravissante agitation que par son enfant. L'enfant mourut avant elle, et la pauvre femme, le sachant mort, l'associait, dans ses heures de fièvre, à toutes ses douleurs et à toutes ses anxiétés : « L'enfant souffre, disait-elle, son pouls bat trop fort, sa tête est brûlante. Il a soif, donnez-lui à boire. » A ses derniers instants, quand la main de la mort commençait à glacer ses membres, elle voyait encore planer sur elle l'image de cet enfant tant désiré et tant pleuré ; elle serra la main de son mari, et lui dit : « Vois-tu ce pauvre petit qui n'a pas de vêtements, il a froid, il grelotte. » Et elle mourut avec cet appel conjugal et cette pensée maternelle.

Je voudrais qu'un homme de cœur, un homme de goût et d'intelligence s'appliquât à rechercher ces derniers accents de la vie, ces *novissima verba* des âmes nobles et pures, et les recueillît sans y rien ajouter, sans en rien retrancher. Il ferait, j'en suis sûr, un livre de haute poésie, plein de sages enseignements et de puissantes consolations.

ERRATUM.

Page 10 au lieu de Medula, Ortésius, Bouin, Gaspardon Chenancas, *il faut lire* : Merula, Ortelius, Bruin, Gaspard Ens et B. Rhenanus. Page 252 au lieu de rafles, *lisez* : rafales.

TABLE.

Avant-propos. . . . .
Besançon. . . . . Page.   1
Les Montagnes du Doubs. 20
Le Mythe des Cigales. 67

Une Famille pauvre. (A M. Rocher.)

Chapitre I. 74
Chapitre II. 91
Chapitre III. 107
Chapitre IV. 125
Chapitre V. 132
Chapitre VI. 152

Les Voyageurs et l'Ambitieux. 168

La Vierge de Monpetot. (A madame la marquise
   de Dolomieu.). 173

La Vouivre. (A mon ami Ant. de Latour.)

Chapitre I. 182
Chapitre II. 190
Chapitre III. 199
Chapitre IV. 208

UNE ASCENSION AU SUCHET. (A mon ami Ed. Charton.) . . . . Page 215

ÉTIENNE ET JOSEPH. (A mon ami P. A. Patel.)

    Prologue. 230
    Chapitre I. 235
    Chapitre II. 245
    Chapitre III. 251
    Chapitre IV. 260
    Chapitre V. 266
    Chapitre VI. 282

PLAISIRS D'HIVER. (A madame de Courbonne.). . 288
LA SOURCE VERTE. (A mon ami Ed. Boissard.). . 303
LE CHANT DU CYGNE. (A madame la comtesse de Boigne.). 317

www.ingramcontent.com/pod-product-compliance
Lightning Source LLC
Chambersburg PA
CBHW060334170426
43202CB00014B/2775